ZHONGGUO WENHUA DUBEN ZHIJIAOBAN

中国文化读本
（职教版）

传承中国文化　　弘扬工匠精神

陈强／编著

中南大学出版社

www.csupress.com.cn

·长沙·

图书在版编目（CIP）数据

中国文化读本：职教版／陈强编著. —长沙：中
南大学出版社，2020.9
ISBN 978 - 7 - 5487 - 4132 - 9

Ⅰ.①中… Ⅱ.①陈… Ⅲ.①中华文化—通俗读物
Ⅳ.①K203 - 49

中国版本图书馆 CIP 数据核字（2020）第 155490 号

中国文化读本（职教版）
ZHONGGUO WENHUA DUBEN（ZHIJIAOBAN）

陈 强 编著

□责任编辑　胡小锋
□责任印制　易红卫
□出版发行　中南大学出版社
　　　　　　社址：长沙市麓山南路　　　　邮编：410083
　　　　　　发行科电话：0731 - 88876770　　传真：0731 - 88710482
□印　　装　湖南省汇昌印务有限公司

□开　　本　787 mm×1092 mm 1/16　□印张 12.5　□字数 263 千字
□版　　次　2020 年 9 月第 1 版　□2020 年 9 月第 1 次印刷
□书　　号　ISBN 978 - 7 - 5487 - 4132 - 9
□定　　价　32.00 元

不忘本来　守望中国价值

在历史上，中国是当之无愧的工匠大国。中国孕育了光辉灿烂的技术文明，对工作的信仰、对品质的执着、对道德的坚守展现着工匠大国、品牌大国的风采与特色！工匠，并非狭义上的手工艺匠人。无论是教师、医生、工人，还是服务人员，每个人都是掌握某项或多项技能的"工匠"。从自己的岗位做起，让产品在自己手中精起来、美起来，做一个推动国家崛起的"工匠"，让"中国制造"再次成为享誉世界的名牌，让"文明古国"再次绽放出新的光彩，正是我们每个人光荣的使命和义不容辞的责任！

作为一名职业院校的教师，在与同学们朝夕相处的二十多个年头中，深刻感受到文化对同学们的影响。为同学们编写一本《中国文化读本》（职教版）是我一直以来的一个梦想。今天，提笔撰写这一读本，我想抛弃课堂说教的方式，以平等的态度、尊重的目光、朋友的身份，将我关于中国传统文化的所思、所感、所触与同学们一起分享。为此，我希望这本书不仅能为同学们提供一种对中国文化的生动的、通俗的介绍，而且能为同学们提供一个对中国文化新鲜的、有深度的认识方向。我认为，只有这种有深度的认识才能照亮中国文化的本来面貌。出于这个目的，这本书抛弃了过去常见的面面俱到的写法，采取了一种新的写法，就是抓住中国文化中一些最有特色的内容和亮点，尽量用典型的事例和材料进行比较具体和深入的介绍，在介绍知识的同时，力求讲出中国文化的精神，讲出中国文化的内在意味，讲出中国文化的核心价值。我特别注意阐明中国文化中体现人类普遍价值和现代意蕴的内容。这些内容，不仅是中华民族的宝贵精神财富，也是全人类共同的精神资源。我希望，这样写出的读物，同学们在获得中国文化的具体知识的同时，可以感受到中国文化的内在精神，感受到中华民族的伟大生命力和创造力，感受到中国人的活生生的性格、灵魂和情趣。

我们伟大的祖国，是一个有着五千年乃至一万年悠久历史的文明古国。中华各族人民在这块广袤的大地上，以其聪明才智和辛勤卓绝的劳动，创造了光辉灿烂的古代文化。中华优秀传统文化和工匠精神源远流长、博大精深，是中华民族宝贵的遗产。今天，我们学习、研究、整理这一份珍贵的遗产，是想通过认真地借鉴历史文化知识，并在现代化实践中不断地创新，构建中国特色社会主义先进文化，加强中国文化和历史的教育，对于弘扬中华民族的优良传统和爱国主义精神，全面提高当代青年的人文素质和创新精神，具有十分重要的现实意义。

我撰写的这本读本不是一本学术专著，而是一本提升广大职业院校、技工院校学生的人文素质课教材，旨在通过对中国传统文化中核心内容的梳理，从中国传统文化的生成和发展，中国古代哲学、文字、教育、文学、艺术、风俗礼仪以及中国传统文化的继承与创新等方面介绍中国传统文化，使同学们通过认识我们国家和民族的历史文化，树立正确的人生观，理解新时代"工匠精神"的历史演变及其内涵，增强民族自信心和自豪感。本书共十二章，包括中国传统哲学、史学、文学、艺术、科技、美德、民俗风情、文物等方面的内容。我构思主要基于以下考虑：一是有针对性，为同学们输入养分；二是有可读性，力求做到文笔清晰、通俗易懂、趣味性强；三是有延伸性，不强求填充知识，而是关注同学们的兴趣，使教学效果在课堂外延伸。

作为一名常年深耕于职业教育的工作者，我倾力将校园打造成中华优秀传统文化的传播阵地，让同学们感知中国文化、中国思维、中国力量。以文化为帆，实践为桨。高度关注中华优秀传统文化的传承和积淀，让同学们获得舒展生命的自然张力。这本《中国文化读本》(职教版)正是基于这样的理念和出发点而编写的，不过分追求学科的系统性、完整性，强调从同学们的实际出发，重点突出文学、历史、音乐、美术、书法、精神道德等人文学科的基础知识，力求深入浅出、雅俗共赏，融知识性和趣味性于一体，使同学们在阅读中感悟人生，体会关怀，于无形中得到精神熏陶和境界升华。

我希望这本书的出版能够为职业院校和技工院校开展人文素质教育做出有益的贡献，并通过试用、修订，反复锤炼，能够更具特色，并广受师生的欢迎，成为人文素质教育的精品图书。

本书有许多不足之处，还请各位同仁给予宝贵的意见，再次表示感谢！

总之，我希望读者通过这本书，不仅仅获得中华优秀传统文化的一些知识，而且能进入中国文化的深层，进入中国人的心灵世界，感受和把握中华传统文化内在的精神和核心价值，获得一种对于中国文化的有深度的认识。从文字上来说，我力求写得明白通畅，有情趣，有韵味，有中国风格。同时，我精心挑选了几十幅插图，希望这些图片和文字互相映发，给读者带来美的享受。

陈强

2020 年 3 月

目录

中华文脉与匠人匠心

　　工匠精神是对工作的执着，对所做的事情和生产的产品精雕细琢、精益求精。其实质就是现代企业人的信仰及对信仰的坚守。而工匠正是呈现这种精神的载体，他们以炉火纯青、登峰造极的技艺，以一丝不苟、精益求精的工作态度，以孜孜不倦、精雕细琢的职业精神，见证着平凡中的崇高与伟大，谱写了人生辉煌的乐章。

　　古往今来，工匠精神一直都在改变着中国，改变着世界：木匠鼻祖鲁班、"蔡侯纸"发明者蔡伦、活字印刷术发明者毕昇、景德镇瓷器祖师赵慨、造桥匠师李春、棉纺织专家黄道婆、苏绣大师沈寿、内画画师马少宣……中国自古以来就是一个"工匠大国"，我们有责任，也有义务将这种工匠精神传承下去。

　　这世间的物品，最珍贵、最不可替代的，其实只有一个字——"人"。很简单，人有情怀，有信念，有态度。在这个略显浮躁的时代里，我们迫切需要一种专注的、执着的精神，一种"肩负使命、勇于担当"的责任感，以及一颗无论外界多么嘈杂，都可以心无旁骛、保持宁静的"匠心"。

一、文脉与匠心

　　在很早时，古人研发了许多文化，一些还流传至今，他们对于自己的成果，一直坚持着一种从始至终的工匠精神，这是他们对自己本职工作的执着、敬佩，更是对美好事物的追求，是每一个工匠自身所应具备的精益求精、刻苦钻研的精神。例如，古代的瓷器、甲骨文、丝绸、金银、雕刻等，无不体现他们的工匠精神，以及对于民族文化的表述。工匠们反反复复，一遍又一遍地尝试，表现出的精益求精，便是对于工匠精神的诠

1

释，同时，也体现了优秀传统文化一直影响着我们。

中国古代哲学堪称中国文化的灵魂。哲学并不是要获得"真理"这个概念，而是将哲学与自己所处的行业相融合，用哲学思考指导我们的工作，庖丁解牛、田忌赛马、拔苗助长、画蛇添足等哲学故事都给中国匠人很大的哲学启发。

中国文学中记载了很多工匠的故事，有造纸术改进者蔡伦，有木匠祖师鲁班，有布业始祖黄道婆，有造桥匠师李春……当今，一段段匠人匠事仍然被传唱，成为激励一代代中国制造的精神支柱和行业榜样。

中国艺术中的书画、乐舞、雕塑等展现出了中国人的审美和韵味，一笔一画、一动一静都淋漓尽致地表现出了中国匠人精益求精的精神。

四大发明是中国古代科技的瑰宝，造纸术、印刷术、火药、指南针，工匠创造的四大发明不仅推动了中国进步，对世界的发展也是影响很大的。

中华传统美德潜移默化地影响着中国匠人们，中国工匠所表现出来的仁、孝、义、礼、智、信、勤、俭等美德，让我们看到了工匠不仅要具有精湛的技艺而且还要有高尚的品德，才能够成为行业精英。

民以食为天，中国自古以来就是美食大国，在中国大江南北的巷子里还传承着百年老店的手艺，中国人耳熟能详的美食有北京烤鸭、长沙臭豆腐、天津小笼包、上海馄饨、武汉热干面、兰州拉面、河南烩面……

中国工艺中，中国工匠的技艺可以说是巧夺天工的。走进中国的工艺展廊，你可以看到中国木匠、中国铁匠、中国瓷匠，他们都在自己所在行业中创造出了精湛的艺术作品。

有人说，一个国家的文物承载着这个国家的历史文化。谈起中国的文物，我们会想到秦始皇陵兵马俑、八达岭长城、颐和园、故宫、青花瓷、青铜器等。中国文物不计其数，历代创造中国文物的设计师和名匠也不计其数，每一件文物都蕴含着工匠的心血和智慧。

中华文化绵延五千年，每个时代都有每个时代的工匠，他们用自己的智慧铸就了一件件惊人作品，成为我们现在的文化遗产，丰富了中国文化的多样性，其中所彰显的工匠精神激励着一代代职校学生，推动中国制造走向世界顶端。

二、工匠精神的当代价值

要使工匠精神回归社会，它的基点要建立在怎样认识工匠精神的当代价值。工匠精神被作为中国发展重要概念提出，并不是贪新骛奇，或者抱守古人，而是因为工匠精神在现今社会具有很大价值。这种价值体现在不同的层面上。

1. 工匠精神的经济价值

经济价值是人作为社会存在物而得到发展的物质基础。而作为物质的经济价值，是通过主体的对象化的过程实现的。马克思主义观点指出："在人的活动的对象化过程中，不但客观条件改变着，例如乡村变为城市，荒野变为清除了林木的耕地等，而且生产者也改变着，炼出新的品质，通过生产而发展着和改造着自身，造成新的力量和新的观念，造成新的交往方式、新的需要和新的语言。"当下的中国在经历经济快速发展的过程中，也造就了一个中产阶级崛起的时代，他们以新的观念、新的需要和新的交往方式建立一种新的社会经济关系。对好的产品的渴求，也就意味着对工匠精神的渴求。因此，中产阶级消费的崛起必将带来消费升级，必将带来产品经济价值的重新定位。作为企业而言，为了更好地满足消费升级的大趋势，不仅要在产品功能上做到极致，还要赋予产品更多的精神内涵。新时代的工匠精神并非抱守古人，而是随着时代需求存续、发展，不仅要兢兢业业、精益求精，还要融入产品新元素；不仅要传承古人，还要有全面创新。只有这样，才能让工匠精神在中国大放异彩，体现工匠精神在当今社会的价值。

2. 工匠精神的道德价值

工匠精神不仅涉及产品的经济价值，更是道德价值的集中体现。所谓道德价值，通常用"善""正义""光荣"等概念作出评价。它是指人的行为对社会所具有的意义，是道德行为、道德品质和道德理想符合道德原则的一种精神价值。而"工匠精神"作为一种职业精神，是一种严谨和负责的敬业精神。它要求工匠对工作怀有庄敬之意，对产品拥有敬畏之心，对技艺提升永远孜孜不倦。这种信念的坚守和对工作充满责任感和使命感的精神，恰恰是社会对任何一种职业的基本道德期待。一个有工匠精神的工匠也许并没有刻意思考过自己行为的道德意义，但他们行为的本身已经隐而不彰地渗透在道德价值的建构当中，从而引领社会风尚，改变经济运行方式，最终改变我们看待世界、与世界打交道的方式，从而改变我们自己的存在方式。

当然，任何社会都会面对道德和利益的关系问题，但道德和利益并不必然对立。我们不能说追求物质利益就必然道德低下，也不能说生活清贫就必定道德高尚。为富不仁在特定的社会环境下有其存在的可能性，但一般来说，靠损害别人利益而致富，那种"不仁"并不在于"富"本身，而在于如何"为"。而工匠精神就是把道德与利益统一起来，让勤勤恳恳、兢兢业业、具有工匠精神的人富起来，让不择手段者、唯利是图者没有生存空间，这是人们对道德的诉求，也是我们改革所倡导的。我们提出社会主义核心价值观，其中"敬业"就是和工匠精神要求一致的。

3. 工匠精神与人的价值

人的价值有其两方面的内容：一是人的社会价值，即人所创造的价值；二是人的自我价值，即人所享用的价值。人的价值的实现，从其本质来看，都取决于他的艰苦努力，取决于他对别人、对社会的实际贡献。如果承认人的价值取决于他在社会实践中的艰苦努力，那么，谈论人的价值就只有积极意义，而无消极意义。人的价值所要否定的只是消极的东西，例如，官僚主义、特权主义、无所作为、巧取豪夺、碌碌无为等。人的价值观是催人向上、使人进取的。因为人的价值虽说与人享用的价值有关，但并不取决于此，恰恰取决于人所创造的价值。尊重人的价值，实际上就是尊重创造价值的自由。

工匠精神所体现的恰恰是人的社会价值和自我价值的统一。当一个工匠为社会提供最好的产品时，他就实现了他的社会价值。同时，他劳动的付出又得到了社会的尊重和肯定，实现了他的自我价值。但是，如果我们对这个问题的探讨仅限于此的话，还是不够的。根据马克思主义的观点，人的价值的最高目标在于人的全面而自由的发展。所谓全面而自由的发展就是每个人在体力、智力、品格和社会关系等方面得到自由而充分的发展。也只有在自由而全面的发展中，人才能感受到自己存在的价值。

对于一个具有工匠精神的人而言，他们在工作中会有最美好的工作体验。产品是工匠们自由意志的表达，是自我想法的表露。他们的制造活动是建立在自由精神基础之上的，他们在工作过程中能够获得真正的满足感和快乐感。沈阳鼓风集团高级技师徐强曾说过，他听到轰鸣的机器声，就像音乐一样美。他摸着机器是柔软的。徐强以工匠精神来做事，工作对他不是枷锁，而是价值的体现，因而，他对工作是忘我的投入，他的生命因工作而获得绽放。人的价值也因工作而获得提升。

4. 工匠精神的文化价值

在中国的历史长河里，我们不难看出在我们中华民族文化的血脉里，早已蕴藏着工匠精神的基因。中国是世界文明古国，中华民族辉煌灿烂的文化皆来自中国工匠精神的创造。是工匠们用他们的聪明才智和改造自然的气魄为我们的历史留下了永恒的光辉。李约瑟曾做过这样的论断："倘若没有中国古代科技的优越贡献，我们西方文明的整个过程，将不可能实现。试问若无火药、纸、印刷术和罗盘针，我们将无法想象，如何能消灭欧洲的封建主义，而产生资本主义。"由此可见，西方人每每引以为豪的近代欧洲文艺复兴与西方现代化，实际上却打上了中国文化和中国工匠精神的烙印。

然而，当中国进入工业文明阶段，工匠精神却衰落了。中国文化也显得黯然无光。中国工匠精神的衰落，在于工匠历史的断裂。工业文明崛起，一个显著的特征就是现代技术使现代文化获得了它在世界历史上的支配地位。现代文化对于一切非现代文化的征服都是通过现代技术得以完成的。面对现代技术的冲击，手工匠人逐渐被工厂流水线所取代。取而代之的，是标准化、格式化和大制造。中国在改革开放的快速发展中，中国人的审美，大部分是由这种外来的现代文化主导的。

今天我们对工匠精神的思考，也是对中国文化的思考。按照马克思主义的观点，文化是由历史进程所创造的。而历史是由人创造的历史。唯物主义的最高形态是实践的唯物主义，因为它看到了物质世界中能动的活动的主体——人，看到了人及其力量，看到了文化的力量。对此，我们重视工匠精神，也就重视了中国文化。冯友兰曾说："活的东西的发展是需要时间的。"相信，在工匠精神成为社会主流意识时，中国文化在走向现代化、走向世界的更高层次和必然趋势中，迎来的将是以中国创造、中国智造为主体的新文化的诞生。

三、承传统文化，做时代工匠，创出彩人生

2017 年的《政府工作报告》提出，要大力弘扬工匠精神，厚植工匠文化，恪尽职业操守，崇尚精益求精，完善激励机制，培育众多"中国工匠"，打造更多享誉世界的"中国品牌"，推动中国经济发展进入质量时代。我国是制造业大国，制造业在国民经济中的地位和作用举足轻重。当前，我国正处在从工业大国向工业强国迈进的关键时期，培育和弘扬严谨认真、精益求精、追求完美的工匠精神，对于建设制造强国具有重要意义。为此，要以树匠心、育匠人、出精品为抓手，大力弘扬工匠精神，为推进中国制造的"品质革命"提供源源不断的动力。

树匠心是弘扬工匠精神的根本。工匠精神，匠心为本。有没有工匠精神，关键是看有没有一颗安于默默无闻、执着于追求卓越的匠心。树匠心，就要坚守初心、执着专注，秉持赤子之心，摒弃浮躁喧嚣，在本职岗位上坐得住、做得好。怎样才能坐得住、做得好？关键是要做到专心专注、追求至精至善，将产品的每个细节都尽可能做到极致。树匠心需要良好的社会文化环境。我国历史上的工匠精神源远流长，从古代的鲁班雕木成凰、庖丁解牛，到新中国成立后的大庆精神、"两弹一星"精神、载人航天精神等，都是工匠精神在不同历史时期的生动彰显。树匠心既要弘扬优良传统，又要紧跟时代步伐、勇于开拓创新。我们应该从中华优秀传统文化中汲取营养，不断赋予其新的时代内涵，让尊重劳动、尊重知识、尊重人才、尊重创造成为社会共识，让工匠精神薪火相传、发扬光大。

育匠人是传承工匠精神的基础。工匠精神，匠人为基。广大技能人才是工匠精神的主要传承者、实践者、创新者。拥有一支技艺超群、敬业奉献的技能人才队伍，是建设

制造强国的坚强保障。近年来，随着职业技能培训事业快速发展，我国技能人才队伍不断壮大。人社部统计数据显示，截至 2017 年底，全国技能劳动者达 1.65 亿，其中高技能人才 4 791 万人，分别比 2004 年提高了 89% 和 151%。但也应看到，与世界制造强国相比，我国制造业大而不强、科技含量总体不高的问题依然突出，技能人才队伍仍然存在总量不足、结构有待优化、供需矛盾突出等问题，技能人才的发展渠道偏窄、待遇偏低，社会上重学历、轻技能的观念还没有根本扭转。实践证明，只有培养大批技能人才，才能有力支撑制造强国建设。培育技能人才既要激发其内在动力，又要构建有效激励机制。应在健全制度、落实措施方面做好顶层设计，建立健全培养、考核、使用、待遇相统一的激励机制。在实践中，应探索产教融合、校企合作的技能人才培育方式，完善职业技能等级认定政策，为技能人才成长搭建平台、创造条件，让更多的大国工匠脱颖而出。

出精品是践行工匠精神的目的。工匠精神，精品为重。精品就是优质产品。习近平总书记指出，要弘扬"工匠精神"，精心打磨每一个零部件，生产优质的产品。只有打造更多的精品、优质产品，塑造更多的"中国品牌"，中国经济发展才能进入质量效益时代，中国制造业才能在做大做强中跻身世界前列。出精品要以精益求精的追求，从创新上找动力，在产品和服务两方面下苦功。在产品方面，应注重改进制造工艺、产品性能。在服务方面，应努力提升管理服务水平，不断满足用户对产品和服务品种多样化、品质高端化的需求。出精品要以品质为保证，在品种、品质、品牌等方面深耕细作，着力解决质量稳定性、消费安全性等问题。当前，应严格执行工序标准，普及卓越绩效、精益生产、质量诊断等先进生产管理模式，加强从研发设计、物料采购、生产制造到销售服务的全过程管理，让工匠精神体现到一件件精品上。

中国科学技术大学前校长朱清时说过："一个国家、一个社会需要多种多样的人才，既要有一流的科学家、教授、政治家等，也要有高素质的工人、厨师、飞机驾驶员等高技能人才。"社会的发展，离不开各行各业的"工匠"们。如今，伴随着中国梦和民族复兴的伟大进程，在建设工业强国、品牌强国、质量强国的时代背景下，工匠精神不仅是各行各业需要传承和发扬的时代精神，也是我们每个人都要努力追求的职业与人生境界！

工匠的人生必将是一个精彩的人生、充实的人生、幸福的人生、快乐的人生！而工匠的中国也必将是一个崛起的、富强的、文明的、进步的中国！让我们每个人都从自己的岗位做起，做一个推动国货崛起的"工匠"，重新定义"中国制造""中国品牌"的世界形象！

第一章

时代精华：中国传统哲学

> 为天地立心，为生民立命，为往圣继绝学，为万世开太平。
>
> ——张载

一、儒家思想与工匠文化的价值观

相敬相爱促和睦，重义轻利获尊重，礼仪诚信创和谐，这些都是工匠文化构建所必需的。儒文化主张的就是义利观、讲礼仪、道诚信、谈和气。

1. 树立义利统一观

义与利作为矛盾的两个方面，既对立又统一，二者的价值选择有所侧重，更强调"见利思义"。

《论语·里仁》曰："君子喻于义，小人喻于利。""义"是儒家倡导的基本道德规范之一，认为君子要通晓道义，而小人则只注重利益。古人有很多描述"义利"的词句，如："见利思义"，"以义生利"，"因民之所利而利之"，"不义而富且贵，于我若浮云"。"义"是一种美德，是人们在社会活动交往中的一种道德规

孔子画像

范。"君子义以为上","君子有勇而无义为乱，小人有勇而无义为盗"，"义然后取"。"不义而富且贵，与我如浮云"意为合乎道德的、合乎道义的东西，我才会去争取获得，否则，即使给我多少的好处我也不会去做。

在看待"义利"上，儒家思想是把"道义"看得重于一切，但是并不反对追求利益，认为"义利"是统一的，从"富而可求也，虽执鞭之士，吾亦为之"(《论语·述而》)可以看出这一点。儒家主张"君子爱财，取之有道""富与贵，是人之所欲也；不以其道得之，不处也。贫与贱，是人之所以恶也；不以其道得之，不去也"，劝诫我们不要见钱眼开，要见义思利，而且还给出了"取利"的方法。《大学》中有"是故君子先慎乎德。有德此有人，有人此有土，有土此有财，有财此有用"，这里的"人""土"，对于我们今天的企业来说，就是人才和市场。这句话用循环的系统语言论证了德、人、土(市场)、财(利)、用的关系，还给出了为什么这样做的因果——"德者本也，财者末也。外本内末，争民施夺。是故财聚则民散，财散则民聚"，"货悖而入者，亦悖而出"。

儒家思想教诫工匠：在面临义和利的冲突时，应该把公利放在第一位，私利放在第二位，"义然后取"，而决不可违背道德去追求私利。

2. 推行仁、礼价值观

孔子强调"仁"："志士仁人，无求生以害仁，有杀身以成仁。""君子无终食之间违仁，造次必于是，颠沛必于是。""里仁为美。择不处仁，焉得知？""不仁者不可以久处约，不可以长处乐。仁者安仁，知者利仁。"在儒家看来，"仁"是人的本质，人之所以为人其根本在于"仁"。"仁"有二意：一是"爱人"；二是"克己复礼"。"爱人"是一种人类之爱，这种爱是有等差的，首先是自己的父母、亲人，其次是他人、天下人，最后不仅要爱人类，而且要爱万物。"己欲立而立人，己欲达而达人"，要去关心人、帮助人、成就人，认真为社会和他人做贡献；"己所不欲，勿施于人"，要宽容人、体谅人、尊重人，不损害他人和社会的利益。"克己复礼"就是克服主观喜好，承认"礼"的客观存在，使自己的言行符合"礼"的要求。孔子还反复强调领导"修己"的重要性，在《论语》中有相当一部分内容就是在教育人如何"修己"，"其身正，不令而行；其身不正，虽令不从"。

儒家要求管理者治理天下要"循天理、重道德"，孟子进一步提出了天理就是民心，"民为贵，社稷次之，君为轻"(《孟子·尽心章句下》)。"以人为本，本治则国固，本乱则国危。""知、仁、勇三者，天下之大德也。""若行五道，必须三德。无知不能识其理，无仁不能安其事，无勇不能果其行，故必须三德也。"这与企业管理中以人为本的思想是契合的，对如何调动人的积极性、用人、选人、制定决策提供了根本的方法。

3．诚信观

从哲学上讲，价值观是关于对象对主体有用性的一种观念。从古至今，诚实守信是工匠的立身之本，是工匠对顾客、合作者忠实守约的责任感和正义感。

信，从人，从言。信的本意是真心诚意、专一不移，是五德之核心。人的言论应当是诚实的、真情的，不虚伪。孔子曰："人而无信，不知其可也。"（《论语·为政》）"与朋友交，言而有信。"（《论语·学而》）孔子不仅把"信"看成是为人处世的基本品德，实行道德修养的重要途径，还把"信"看成是与朋友相交必须遵循的道德规范。

诚信自古就是一个人赖以安身立命的道德准则。儒家把"诚"提到非常重要的位置，是三纲八目的主要内容。"诚信"的原则与方法是：信必须符合于道义，"信近于义，言可复也"。信又有大信、小信之分，"君子贞而不谅"。信，不可轻诺，在许诺他人之时，首先要"先度其事之合义与不合义"，合义则诺，不合义则不可轻诺。"信则人任焉"，有诚信就能得到任用，如果不讲信用，就没有办法在世上生活。

"吾日三省吾身：为人谋而不忠乎？与朋友交而不信乎？传不习乎？"（《论语·学而》）孔子也教导弟子应"谨而信"，他告诉人们在日常行事做人中，要"谨慎守信"，并时时反省自己是否守得住诚信。因为只有守得住诚信，才能被人信任，才能与民诚信，担得起治理天下之重任。子张问"仁"于孔子，孔子说"恭、宽、信、敏、惠，能行五者于天下，为仁矣。恭则不侮，宽则得众，信则人任焉，敏则有功，惠则足以使人"，即守信才能得到别人的信任。子贡问政，孔子说"足食、足兵、民信之矣"，当子贡又问必须去掉两项之时，孔子说"去兵""去食"；"自古皆有死，民无信不立"。这说明了"信"高于"兵"与"食"。

现在有一些企业认为企业存在的价值和目的就是为了创造利润，因此不讲道义，不惜制假、贩假、以次充好来损害消费者的利益，来追逐超额的利益，这不但不利于这些企业的长远发展，破坏了企业的自身形象，更扰乱了市场经济的秩序。所以，我们职校生要牢固地树立信用意识，以信誉至上，注重商业道德；反对随意毁约、言而无信；要诚心待客，货真价实；要惜守信用，严格履约。从思想上消除"恶搞动机"，减少"道德风险"；"不弄虚作假，不瞒上欺下，不歪曲事实，不偏听偏信"。只有"诚信不欺、重约守信"，自觉维护公平竞争的市场秩序，维护社会公共利益，才能维护自身的信誉和形象。

4．"和"的经营哲学

孔子曰："礼之用，和为贵"（《论语·学而》），主张"君子周而不比"（《论语·为政》），"群而不党"（《论语·卫灵公》），"四海之内，皆兄弟也"（《论语·颜渊》），极力追求人与人之间的和睦、和平与和谐。

然而，儒家所提倡的"和"，并不是僵死的同一，而是包含着差异、对立、竞争的"和"。孔子提出："君子和而不同，小人同而不和。"（《论语·子路》）孔子区别了"和"与"同"两个不同的哲学概念，"和"是多样性的统一，"同"则是一味地附和甚至结党营私。孔子还明确主张，"君子应取前者而弃后者"。与人和谐相处，宽厚待人，是君子人格中必不可少的一个重要方面。

古之和谐思想，在处理人与人的关系方面，提倡"宽和处世"，创造"人和"环境，追求以人际关系和谐为主题的"大同社会"；在处理人与自然的关系方面，主张"天人合一"，强调人要以尊重大自然的客观规律为最高准则，以崇尚自然效法天地作为人生行为的基本依据；在处理人与社会的关系方面，强调以"和睦、和平、和谐"及其社会的秩序和平作为价值目标，为当代构建和谐社会企业文化建设，提供了可借鉴的精神食粮。

随着经济的发展，环境污染、能源短缺、土地沙化等现象越来越严重，威胁到人类的生存和发展，这恰恰违背了人与自然的和谐。儒家思想认为自然界不仅是人类生命之源，而且是人类价值之源。其价值越来越受到当代工匠们的重视。

"和"文化告诫工匠在自身稳定、持续发展的内在要求下，能够形成一股团结协作、积极向上的力量，把企业的生存环境优化到最佳状态；在企业内外营造一种有利于企业发展的良好氛围，形成各部门之间相互协作的良好运作体系。

二、道家文化中的工匠之道

道家是春秋战国时期的主要学派之一。道家学派以春秋时期老子关于"道"的学说为理论基础，主要揭示宇宙及社会万象的本质、根源、构成及其变化。道家学说的核心内容，以老子的"道法自然"为基点，主张人们在思想上遵循"生而不有，为而不恃，长而不宰""清静无为"的道理；政治上主张"无为而治""小国寡民""不尚贤，使民不争"；伦理上强调"绝仁弃义"，认为"失礼者，忠信之薄，而乱之首"；行为上表明"顺乎自然""守雌守柔""以柔克刚"。

中国传统的道家思想影响深远。不管是理论学者还是实践管理者，都试图重新认识挖掘其思想内涵，在国内企业文化建设中，都在运用道文化。如生存之道、竞争之道、品牌之道、成功之道等引申概念，都展示着道家思想在管理哲学上的深刻蕴涵。

（一）道家的主要哲学思想

1. 道法自然

"道"是老子哲学的中心范畴。"道生一，一生二，二生三，三生万物"（《道德经》第四十二章），告诉我们宇宙中的万物发生和发展都遵循着一个恒定不变的自然规律。"人法地，地法天，天法道，道法自然"，自然是指自然界，比如天地、四季更替、昼夜交替，都是客观的存在。根据客观现象，应该遵循自然，要按照事物发展的本质去行事，强调对自然规律的顺从和尊重。

"道"是一个大系统，人是"道"的一个成就，分化为人，即"能"。"道"有一个中心点，即"中"。"中"是道的动力、宇宙的原始点。以"无"为用。"三十辐，共一毂，当其无，有车之用。埏埴以为器，当其无，有器之用。凿户牖以为室，当其无，有室之用。故有之以为利，无之以为用。"（《道德经》第十一章）意为所有的辐条最终集中的中心，一定是一个空心所在，如果没有辐条，车轮难以形成承载。但如果它最后集中的地方是实的而不是空的，那它就不能够发挥车轮的作用。同样的道理，我们经常使用杯子、茶壶、碗等器皿，也因为有了它中间的空间，才能使有形的构成发挥作用。房子假如没有门窗、墙壁，就不能构成房子，但我们之所以要用门窗、墙壁营造这样一个物体，目的就是要使用它所拥有的空间。

庄子曰：水之积也不厚，则其负大舟也无力。风之积也不厚，则其负大翼也无力。在企业管理过程中，方法固然很重要，但要让这些方法发挥作用，必须依靠文化。只注重"术"而忽视"道"，只注重"方法"而忽视企业内环境的文化建设，必将使组织缺乏可持续发展的能力和动力。任何事物都具有双面性，既可获利，也可能"自残"。企业文化相对于企业资产来说属于"无"，构建好这个"无"，才能大展宏图。

2. 阴阳正反

老子曰："有无相生，难易相成，长短相较，高下相倾，音声相和，前后相随。"（《道德经》第二章）"有"与"无"互相产生，难与易相互形成，长与短相互衬托，高与低相互依存，音与声相互配合，前与后相互跟随，这就是阴阳相辅之道。事物既矛盾又相互依

老子画像

存、相互渗透、互相补充，这就是自然界普遍存在的规律。既然自然界本来是这样，就应该"道法自然"，从这种自然现象中感悟出"阴阳正反"的处世之道。

"天下皆知美之为美，斯恶已。皆知善之为善，斯不善已。"《道德经》中矛盾现象列举了很多：阴阳、美丑、是非、有无、吉凶、亲疏、善恶、奇正、利害、治乱、同异、难易、长短、洼盈、轻重、雌雄、左右、天地、大小、刚柔、上下、胜败、得失、为不为、有为无为、争不争、善不善，等等。事物存在的状态、性质乃至发展的缘由，皆由阴阳构成。由于其阴阳的相互渗透、互补、相辅相成，决定了事物的变迁、更替和发展。

3. 无为而治

"无为而治"，体现的是一种自然主义的管理模式，并不是很多人认为的什么都不干，都不做。

"将欲歙之，必固张之；将欲弱之，必固强之；将欲废之，必固兴之；将欲取之，必固与之。"（《道德经》第三十六章）"常道无为而无不为。"（《道德经》第三十七章）"无为"是针对"有为"而言，而"无为"又常常与"无不为"联系在一起，根据辩证原理由此分成了三层："有为—无为—无不为"。依据"道"的观点看宇宙间的万事万物，其生长、发育都是自然而然的事。天地万物如此，人的思想行为方式也应该如此。人要按照"道"的"自然"和"无为"的本性，保持"清静无为"的状态，把握好自己的思想情绪和行为尺度，遵从事物发展的客观规律。

在企业经营过程中正常的规章制度是必不可少的。可是规章制度的制定并不是最终的目的，目的是在规章制度的实施过程中所带来的效益和结果。所以规章制度在实施执行时不能完全靠强制性的手段，而应该是使企业的员工产生共同的愿景，并在执行规章制度的人员之间产生一种共识。这样规章制度的执行不仅效率高、主动性强，还有利于企业的发展，有利于员工受益。规章制度也就成了员工行为的一面镜子，而不带有强迫性。企业文化的柔性管理正在这些方面体现出来了，假如企业文化建设对内没有形成统一性的认识，各项规章制度的实施就很难落地。日本东芝收购了一家国内破产的企业，不到一年，就使该企业扭亏为盈。其秘诀就是强化企业文化建设，使原来的职工对新的企业文化产生了认同，在日本东芝企业文化远景"为了美好的明天"下一起努力。看似简单的管理行为却蕴含着高深的"无为而治"的哲理，达到了"四两拨千斤"的效果。

（二）道家文化对工匠的影响

老子的哲学智慧，是道与术的统一。其中，道是规律，术是方法。既要认识事物发展的客观规律，又要懂得"不争、处下、祸福观"等管理之术，即办事要高调，做人要低调，反映了道家所崇尚的"自然平和"的竞争心态。

1. 不争

"上善若水。水善利万物而不争，处众人之所恶，故几于道。居善地，心善渊，与善仁，言善信，政善治，事善能，动善时。夫唯不争，故无尤。"（《道德经》第八章）这里老子用水来作比喻阐述"不争"之智慧。最高的"善"就犹如水一样，它帮助万物而不与之相争，处在众人所不喜欢居住的地方，所以它几乎就是"道"的代名词。水的"不争"，体现的正是"道法自然"。

老子曰："善用人者为之下。"（《道德经》第六十八章）善于用人的，必然谦虚待人、居人之下。引申到企业竞争中，就是善于运用"危机感"，使员工感到时刻有竞争的威胁，生存与危机并存，希望与挑战同在。在竞争中不是"居上"，而是"处下"，即不是主动挑起竞争，而是被逼应战，为生存去竞争，为希望实现愿景而努力。

强者要"善下之"，"处下"才能更强。否则，强者"处上"，则矛盾对立面就会转化，强者就会转为弱者。老子曰："功遂，身退，天之道也。"人们在功业成就后谦虚退让，不去争名夺利，这正是老子的处世哲学，也是成功企业家之明鉴。

"不争"的原则深刻地阐述了"柔之胜刚，弱之胜强"和"人之生也柔弱，其死也坚强"的道理。

柔弱之道，以柔弱为用，主张一切行为都不要太刚强，刚者容易先受摧残，强者容易先受到屈折。道者就应是以静待动，守柔弱而不妄动，从而开阔自我容让的胸怀。学习水柔弱而能攻坚强的精神，以积极的人生态度，处世应物，健养身神。"不争"之义与"柔弱"思想有着正能量的联系。

在老子看来，"柔弱胜刚强"同样具有水的秉性。"天下莫柔弱于水，而攻坚强者莫之能胜，以其无以易之。"（《道德经》第七十八章）水虽然表面上看起来是柔弱卑下的，但它却能穿山透石，任何坚强的东西都无法阻止、战胜它。

从"柔弱胜刚强"的智慧来看，企业管理中可以反衬出两种管理不符合其道：一种是锋芒毕露，左砍右杀自以为威风；另一种是斤斤计较，患得患失，机关算尽。这两种人早晚会在人生事业中品尝到失败的滋味。在激烈的市场竞争中，若能谦虚待人、严以律己，不与人争一日之长短、一时之得失，而是努力地发展完善自身，应之较百世之兴衰、万民之利害。

管理中以柔克刚是企业成功的秘诀，柔即企业文化不用严格的规章制度，也不用任何一种管理工具、方法、手段，而是在于发挥人的最大能力和天赋，使人们找到共同的奋斗目标，并在内外环境、条件的变化中朝着一致的目标前进。面对客观存在的社会现象，人们都会产生一定的行为，这是由价值观所支配的。当企业建立起共同的价值观念时，其面临的重大问题就会有共同的态度，自觉地产生一致的行为。要实现这一理想境界，靠"硬性管理"是万万不能的，只有柔性管理才有此独特的功能。

2. 处下

"江海所以能为百谷王者，以其善下之，故能为百谷王。"企业领导者要想管理下属，就要把下属的意见摆在上面；要想领导下属，就必须把自己摆在下属的后面，对下属态度谦恭，个人利益退后。这样，下属就会拥戴领导并积极工作。

"王天下"乃管理之最高境界，老子用"百谷"和"江海"的例子，说明了其中的关键所在。那就是"善下之"，就是处于下游而非上游，处于地势、海拔低的地方而非高处。以此比喻，一个领导者要"王天下"，就要把自己的地位摆在民众的后面，要谦恭、退后，而不能高高在上、盛气凌人、以势压人、作威作福。"以其不争，故天下莫能与之争。""善下之"，表面上看是"不争"、消极。然而，那是手段，其目的是"争"，且是"天下莫能与之争"。从这里可以看到两点：一是老子的"自然无为"绝不是消极无为；二是"处下""不争"的结果是"天下莫能与之争"，矛盾转化。

老子曰："善用人者为之下。"善于用人，必然谦虚待人、居人之下。孺子不可辱。人才，有极强的自尊心。他们的自尊心得不到满足，是难以尽力而为的。所以管理者要"不欲琭琭如玉，珞珞如石"。管理者处于领导地位，本身就容易引人注目。如果不加注意，任意突出自己的地位、权势，必然与下属之间形成越来越深的等级鸿沟。于是，凝聚力就无从谈起，只会相互疏远，甚至对立。等级鸿沟时间长了，就会使下属心理失衡，产生心理障碍。这样，既无益于下属的健康，也会影响其工作质量。刘备三顾茅庐；刘邦设坛拜韩信为将；孙权在合肥闻鲁肃来，竟"下马立待之"，"请肃上马，并辔而行"。企业管理者，对人才待之以礼，自己"为之下"，才能"善用人"。

"贵以贱为本，高以下为基。"任何高贵的事物，都扎根于贱下的事物之上。如同一座宝塔，塔尖处于"高贵"的地位，塔身、塔底、塔基处于"贱下"的地位。管理者要"处下"，要尊重下属，这样才能稳住自己的塔身、塔基。

3. 祸福观

"祸兮，福之所倚；福兮，祸之所伏。"（《道德经》第五十八章）这是说：灾祸、不幸的本身含着幸福，幸福紧靠在灾祸旁边；而幸福和福气是灾祸的藏身之所，灾祸藏伏在幸福、福气之中。"塞翁失马"，就是"祸兮，福之所倚；福兮，祸之所伏"的典型例证。

在管理过程中，"福""祸"是普遍存在的。畅销和滞销、景气和疲软、希望和危机、机遇和风险、存和亡、安和危等，这些矛盾会相互转化。工匠文化的作用之一就是要积极地创造条件，使这些矛盾向"福"的方向转化。对企业来说，顾客的意见、投诉、埋怨，似乎是"祸"。然而，就在这个"祸"里面却藏着顾客需求。如果企业能正确地看待这些信息，及时根据顾客的需求，改善自己的产品和服务，调整营销手段，就能更好地赢得顾客，赢得市场，就能因"祸"得"福"。

企业不景气，市场疲软，似乎是大"祸"临头。然而，越是在这种危机的情况下，企业才会真正发现自己在经营管理上的毛病，并下决心去整改。很多发展就源于不景气之时。从这个观点看，不景气也未必全部都是坏事。例如，还可凝聚员工，让更多的员工与企业同命运、同呼吸，齐心协力共渡难关。反之，企业内部安定、和谐的局面，往往使人陶醉。安定、和谐虽是"福"，但并非不存在矛盾，只是矛盾处于协调状态而已。如果由此放松了对人际关系的协调，对新出现的各种管理矛盾不闻不问，局面随时会由安定、和谐而转为动乱、不和谐，由"福"变"祸"。安定、和谐绝不是一劳永逸的，在一定时期内是会转化的。

"既以为人，己愈有；既以与人，己愈多。"(《道德经》第八十一章)这句话是说，没有任何保留，尽量帮助别人，自己反而更充足；尽量给予别人，自己反而更丰富。将这种"为""与"所体现的爱，施舍下属，就获得爱的反馈。这种"为""与"所体现的爱，施于顾客，则赢得顾客，赢得市场。这种"为""与"所体现的爱，施于社会，施于国家，就赢得知名度。"与"和"得"之间，形成了辩证的关系。"与"，从表面看是付出，是"失"；但是，"与"带来的是"得"，这个"得"大大超过了"与"之"失"。因此，"既以为人"，必"己愈有"；"既以与人"，必"己愈多"。

对于"与""得"的关系，老子还曾说："是以圣人执左契，而不责于人。"(《道德经》第七十九章)这句话的意思是：掌握了"道"的圣人，他对待人，就好像是保存着借据的左契(存根)，只给予他人，而不向人索取偿还。"执左契，而不责于人"，与"既以为人""既以与人"，是一个指导思想。然而，"执左契"者，越"不责于人"，被"与"者越会回报于你。从而，必然是"己愈有""己愈多"。这个效果，比"责于人"更有理，一切是自觉、自为，符合"自然无为"的真谛。

三、工匠的哲学素养

1. 工匠自身的哲学素养

工匠的思想与言行素质具有相关性，优秀的匠人对企业的发展至关重要。当代工匠还应具备这样几方面素质：政治素质、个性品质、能力素质、身心素质等。

政治素质。合格的工匠在政治上具有敏锐性和坚定性，具体体现在：要有坚定的政治立场，关心时事政治，端正思想作风和工作作风，不断适应社会发展的变化，勇于摒弃和冲破旧的思想观念,站在时代发展的高度分析问题和认识问题。

个性品质。个人品质是人从事或完成一定活动的本领力量,马克思称之为"人的本质力量。"作为优秀的时代工匠如果没有高尚的品德和职业素养作为保障,是无法在纷繁复杂的企业竞争环境中取得成功的。

能力素质。能力素质包含远见卓识、人际沟通能力。远见即战略眼光,比一般人站得高,看得远,能把注意力放在对全局最关键的问题上,预见未来的发展趋势。优秀的工匠只有不断地与时俱进才能让工艺之作不被时代淘汰。

身心素质。"上古之人,其知道者,法于阴阳,和于术数,食饮有节,起居有常,不妄作劳,故能形与神俱,而尽终其天年,度百岁乃去。"(《素问·上古天真论》)讲的就是其生活方式。工匠每天百事缠身,甚至处于高度的压力之下,如果没有强健的体魄、旺盛的精力是难以为继的,很难想象一个体弱多病的人能够在本行业取得显著成绩。此外,心理素质也是衡量一个工匠是否可以列入优秀企业家行列的尺度之一。领导者良好的心理素质应体现在其进行企业领导活动过程中应具有完善的个性、稳定的情绪、崇高的事业心、承受挫折的坚强意志。

2. 工匠具备的哲学思维

动态性思维。今天的企业较30年前企业最大的差别,就是原来有利于环境稳定与控制的因素正在瓦解,企业的经营环境正在从以前相对稳定的静态,向日益复杂多变和充满不确定性的动态环境转变。一切以市场为导向,满足顾客需求,企业要立足市场,就需要企业员工了解自己的资源,在动态的环境下实现企业的相对静态竞争。这种动态模式不仅对企业的管理活动提出了新的要求,也对工匠发展提出了新的要求——要把握企业的动态优势。首先,要根据企业环境的动态性及特殊要求,确定自己的战略目标,并对实现战略目标所要求的能力进行对比分析,确定存在的瓶颈。其次,预测可能的未来状态,评价每种状态下的竞争互动,利用逻辑推理用智慧做出决策。

战略性思维。大量的实践证明,一个没有战略性思维的工匠,是很难对企业的未来全局有清楚、全面的认识。作为时代工匠,要提高其战略性思维能力。首先要有一切都有不确定性的可能,"安不忘危,存不忘亡,成不忘败,得不忘失"。还要有对市场格局的科学分析,努力提高前瞻性思维能力。

创新性思维。市场经济具有复杂性、多变性的特点,它要求工匠必须从相互联系的诸多要素中概括出新的东西来,尤其是在现代社会生产和科学技术发展迅猛的条件下。全球经济出现多元化,工匠所面临的环境多变,动态性更加显著,因此要不断提出新的问题、开拓新的领域,才能使自己在竞争中处于主动地位。世界风云多变,如1998年亚洲金融风暴、2008年美国次贷危机、2011年欧洲债务危机等,不确定性因素不断出现,具备创新性思维尤为重要。

系统性思维。所谓系统性思维，就是从整体性、层次性、结构性、功能性等方面加以分析的思维方式。我们从系统的角度来考察和管理经营，有助于提高企业的整体效率。工匠有了系统的观点，将更易于在各部门的需要和企业整体的需要之间保持适当的平衡，使工匠不至于只关注某一领域的特殊作用而忽视了企业的总体规划和目标。

3. 工匠的管理哲学

"学而优则仕"的时代已经过去，在企业中更常见的是"专而优则管"。专业技术以严谨求先进，管理以艺术求精益。企业家的管理技能与管理艺术，将直接决定所领导的员工及其企业的发展与成长。

明晰各职能部门的责任，各司其职，各负其责。企业管理者要懂得分工和放权，没必要事必躬亲。《吕氏春秋·审分览》中生动地举例说，人与马一起走，人不如马快，可是，人坐在马车上驾马，情况就不一样了。

做好榜样，建立良好的企业家形象。企业家形象包含两方面：一是要出色地、专业地完成自己的本职工作；二是要在工作态度和职业精神上给下属带好头。《论语》云："其身正，不令而行；其身不正，虽令不从。"企业家唯有以身作则，才能取得被管理者的信任和拥护。"信则人任焉"，"人自古皆有死，民无信不立"。管理工作只有得到被管理者的拥护，才有可能搞好。

宽以待人，不计小过。企业家要有容人的气度，一种厚道的修养，要爱人。"水至清则无鱼，人至察则无徒。"心怀仁心，才能做到宽以待人，"仁者爱人"，"泛爱众"。以爱己之心爱护、关怀、尊重别人，做到与人友善。"爱人"有三原则：一是"己欲立而立人，己欲达而达人"，即自己欲立欲达的事，也要尊重他人立与达的权利和欲望；二是"己所不欲，勿施于人"，即自己不愿意做的事就不要强加于他人，不要以自己的行为标准和价值判断来要求下属，不要人为地制造自己和下属之间的紧张关系；三是"无求备于一人""躬自厚而薄责于人"，即宽以待人，严于律己。

唯才是举，知人善任。举贤才就是"选贤与能"，"贤者"是指协助企业家掌握全局的人，这种人有协助管理者驾驭全局的能力，亦称管理者操盘手；"能者"是指在具体的工作部门从事具体工作的人，即具备做好某种工作的专业知识与技能的人。在孔子看来，有各方面的"能人"在，即使最高层缺乏"贤人"，也可以保持一个较平稳的局面，而不致发生重大的失败，或者很快陷于失败，但仅有"能人"也不能使全局工作达到理想的状态，实现"天下大治"，"贤"与"能"应并举。西汉的创始人刘邦曾经说："出谋划策，决胜千里，我不如张良；安抚百姓，筹集粮饷，我不如萧何；统帅百万大军，战必胜、攻必克，我不如韩信。这三个人都是杰出人才，而我能够用他们。"贤人要成为"以道事君"

的"大臣"，即成为领导团队的核心成员；能人要成为以自己的本领负责专项工作的"具臣"。

"以退为进，执中和合。""江海所以能为百谷王者，以其善下之，故能为百谷王。是以圣人欲上民，必以言下之；欲先民，必以身后之。是以圣人处上而民不重，处前而民不害。是以天下乐推而不厌。以其不争，故天下莫能与之争。"（《道德经》第六十六章）老子以江海之为百谷王的譬喻，说明圣人所以为圣人就在于他谦下、退后，而民乐推之。由此推之，企业家要想管理好企业，员工所向是根本，应把员工放在合理的角度去行事去作为，才能真正得到员工的跟随。《道德经》第七十九章中讲道："和大怨，必有余怨。"这是对"和"的一种否定，只讲"和"是不能彻底解决问题的，要做到"执左契而不责于人"，才能把握"和"的根本，才能实现对"和"的追求。"善有果而已，不敢以取强。果而勿矜，果而勿伐，果而勿骄，果而不得已，果而勿强。"（《道德经》第三十章）就像圣人"执左契而不责于人"一样，做事只需要达到自己的目的即可，不必要以为自己做好了就可以在他人面前显示和炫耀自己的行为。"以退为进"是一种技巧，要把握时机遵循道之规律；"执中和合"有本有末，执中为本，和合为末，要执本而逐末，以本而用末。抓住事情的关键，才能调和管理者和被管理者之间的矛盾，求同存异。

【思考与讨论】

1. 孔子在中华文化史上的巨大成就或历史贡献是什么？

2. 儒家哲学是如何在当代工匠身上体现的？请举例说明。

3. 作为一名职校生，应如何将儒家哲学和道家哲学与自己的实际生活相结合？

【工匠故事】

工匠哲学——遵循规矩方能游刃有余

只有顺其自然，才能驾驭自然。

——英国著名哲学家弗朗西斯·培根

中国传统文化中所蕴含的哲学在工匠创作的过程中，无论在建筑设计还是绘画创作无不彰显着哲学的光芒。《潜夫论·赞学》说："譬犹巧倕之为规矩、准绳，以遗后工也。"尧舜时期的巧匠倕发明了规、矩、准绳，为后世工匠所效法。"规"是一种画圆的工具，"矩"是直角曲尺，"准绳"是量尺。后人将"规矩""准绳"引申为做事的标准、法则、原则。

南唐徐锴说："为巧必遵规矩、法度，然后为工……"遵守规矩成为工匠发挥技艺的重要原则。《庄子》中庖丁解牛的技艺之所以精湛，是因为他懂得遵循牛的自然构造原理，因此工作起来才能游刃有余。

齐白石"衰年变法"

国画大师齐白石在绘画艺术上的成长经历，就是一个不断突破成法、变更自我的过程。55 岁时，齐白石二度进京卖画，但境况窘迫，只能借居法源寺，常以烤白薯充饥。他自以为画作深得古贤青藤、八大、原济之神韵，却不被世人赏识。虽然他的画比同类画家作品便宜一半，但仍少人问津。

有一天，大画家陈师曾在琉璃厂偶然见了齐白石刻的一枚印章，觉得很不一般，便顺藤摸瓜找到了齐白石的住处。当他细细看完齐白石满箱的画作之后，觉得他的画十分有味道，便劝齐白石自成一格，不必媚于世俗。

由于齐白石取法宋代杨补之以工笔画梅，时人不喜，以至于门庭冷落。陈师曾听说后，对齐白石说："你的画酷似八大、青藤、大涤子，犹先贤在世，如能稍加变通，定能锦上添花！"他建议齐白石另辟蹊径，自出新意。陈师曾一番真知灼见，令 57 岁的齐白石痛下"衰年变法"之决心。

陈师曾把恩师吴昌硕的画送给齐白石，齐白石眼界大开，仔细揣摩学习起吴画的精髓来。他通过"背临"的方式，体会吴画在构图、意境、起笔、用墨、设色上的匠心。"背临"是齐白石学画的独特之处，是先将画识记于心，然后再现和留存起来。有一段时间，齐白石还把吴昌硕一段关于作画的体会抄写在

齐白石

床头，早晚各默诵一遍。在"变法"的这段时间，齐白石取法最多的就是吴昌硕的。

经过反复摸索，齐白石终于自创"红花墨叶"一派。有一次，林琴南看到齐白石以新技法画出的梅花后，大为赞赏，称"南吴北齐，可以媲美"。吴，即指吴昌硕。

齐白石曾作诗一首："青藤雪个远凡胎，缶老衰年别有才。我欲九泉为走狗，三家门下轮转来。"青藤、雪个、缶老，分别指的是徐渭、八大山人朱耷、吴昌硕，为了学习艺术，齐白石愿意轮转为这三家做"走狗"。

有一天，陈师曾与齐白石调侃道："白石先生，从今以后，你再也不必为青藤、雪个他们轮转做'走狗'了，他们若在天有灵，会情愿拜你门下做'走狗'的。"齐白石连说："岂敢，岂敢，在所有古今先贤面前，我永远是条忠实的'走狗'。"

　　齐白石在绘画艺术上始终没有停止学习和变革的脚步，虽然衰年渐老，但他的艺术却如日中天，很多精彩之作多为 65 岁之后所作。

　　从齐白石"衰年变法"的经历可以看出，遵守规矩中变与不变的辩证统一。遵守规矩，不变的是要遵守创作的原则和坚守事物的客观规律；变的是观念以及自身的创作方法。无论是从事艺术，还是经营企业，道理都是如此。

【阅读关键词】　规律、创新、辩证

【成长启示】　在人生的道路上我们会遇到很多的矛盾，只有遵循事物的发展规律，不断创新，人生道路才会走得更远更长。

第二章

历史精粹：中国传统史学

> 以铜为镜，可以正衣冠；以古为镜，可以知兴替；以人为镜，可以明得失。
>
> ——唐太宗

中国古代史学成就极为辉煌，诸种体裁的史学著作可谓应有尽有，而且这些不同体裁的史学著作既各有渊源，自成系统，又互相补充，彼此相互印证，共同汇成了波澜壮阔的历史文化长河。

一、国学之史学精粹

1. 史家之绝唱《史记》

《史记》是中国古代史学首推的经典之作，因为它的出现标志着中国古代史学的正式形成。也因此其作者司马迁被尊称为中国古代的"史学之父"。

《史记》在中国史学发展中的重要性集中体现在它在把握极其宏丰的历史资料的基础上，以实事求是的态度创作了我国第一部规模宏伟的通史。在司马迁以前，我国虽然已经有了《春秋》《左传》《国语》《战国策》等极为重要的历史文献，但是，这些著作都只记载着某个时期，或是某些地方的历史，还不是从古至今、包容全面的通史。只有到了司马迁《史记》的出现，我们才有了一部真正的通史。《史记》叙述了中国古代自黄帝以来约 3 000 年发展的历史，其内容既成系统，又极为丰富，共计 130 篇，526 500 多字，不论从内容上和分量上来讲，都可以说是一部空前未有的史学巨作。

《史记》的另一个伟大成就是为我国史书开创了纪传体的新体裁。《史记》130 篇，分为十二"本纪"、十"表"、八"书"、三十"世家"、七十"列传"。本纪、表、书、世家和列传就是南宋史学家郑樵所说的"五体"，它开了中国史书纪传体的先河。虽然司马迁所用的五种体例，也有它们各自的渊源，而非司马迁所创立，但把这五种体例综合成为一种新的史书形式，这确为司马迁所首创，所以清代著名史学家赵翼在论及司马迁《史记》的这一功绩时曾这样说过："司马迁参酌古今，发凡起例，创为全史，本纪以序帝王，世家以记侯国，十表以系时事，八书以详制度，列传以志人物，然后一代君臣政事，贤否得失，总汇于一编之中。自此例一定，历代作史者，遂不能出其范围，信史家之极则也。"（《廿二史札记》卷一《各史例目异同》）可见，纪传体的创立，是司马迁对中国古代史学的巨大贡献。《史记》之后，纪传体的史学体裁便成为中国古代史学的主要体裁。

特别值得一提的是，《史记》还具有相当的人民性。《史记》记载的当然主要是属于帝王将相等统治阶级的事迹，但是司马迁的注意力并不只局限在这里，他在列传中，还记述了不少游侠等下层社会的人物。尤其难能可贵的是，他敢于歌颂封建统治阶级的"叛逆"，譬如把农民起义的领袖陈胜也列入世家，并且把陈胜起义比之于汤武之革命。这显然是以极大的热情歌颂了下层人民对封建统治的反抗精神。同样地，他也为楚汉争雄中败北的项羽写下了本纪，并给他以极高的评价。所以在《史记》中我们可以读到作者对项羽的如下赞美文字："分裂天下而封王侯，政由羽出，号为霸王。"而且，司马迁还从同情广大被压迫人民出发，一方面歌颂了许多反抗封建统治的英雄人物；另一方面，他也敢于揭发和抨击那些强暴的统治者及其大小爪牙的各种罪行。譬如他在《平准书》中说汉武帝穷兵黩武、卖官鬻爵；在《封禅书》中说汉武帝迷信神仙，劳民伤财；他痛恨专制统治的严刑峻法，于是，专列一章，在《酷吏列传》中给予了揭露；他怜恤劳动人民为徭役所累，所以在《蒙恬列传》中指责蒙恬"阿意兴功"之罪；如此等等。可见，司马迁在叙述各种人物活动的历史时，是有所褒贬，有所爱憎的，这种褒贬和爱憎在一定程度上是与当时广大被压迫人民的思想感情联结在一起的。这显然是《史记》富有人民性的表现。即此一点，就如鲁迅所说，它已成"史家之绝唱"，后代史家之作几乎无法望其项背。

《史记》在中国史学史及整个文化史上的贡献还是多方面的。鲁迅提及《史记》时曾称其为"无韵之离骚"。可见即使从文学的角度看，《史记》也有值得推崇的地方，从一定意义上甚至可以说，《史记》不仅是一部伟大的历史著作，而且也是一部伟大的文学作品。司马迁在撰写人物传记的时候，根据自己对于人物的理解和认识，善于选择素材，加以剪裁和组织，通过生动的故事情节和简洁的语言，深刻地刻画出人物的性格，反映出社会的真实生活面貌。譬如在《淮阴侯列传》里写韩信少时忍辱胯下，在《留侯世家》里写张良亡匿下邳，为圯上老人进履等等，都是在一些小事件上给以细致的描写，因而加强了人物的真实性。至于《项羽本纪》里写的项羽设鸿门宴和垓下之围等，都是著名的有细节有场面的故事，为后世所熟知。这也许就是司马迁的许多人物传记区别于后来一些历史著作的人物传记而富有文学性的一个最大的特色之所在。

2. 通贯古今的编年史杰作

编年体作为中国古代史书的最主要体裁之一，其特点是以时间为线索记叙历史。从《春秋》开始，各诸侯国都曾有按年记事的编年史，这些编年史大抵以"春秋"命名。编年史的著作在《春秋》之后，还有《左传》与《汉纪》问世，但它们都是以断代为基本格局。这一局面直到北宋司马光主持编撰的《资治通鉴》的出现才得以改观。司马光的《资治通鉴》上

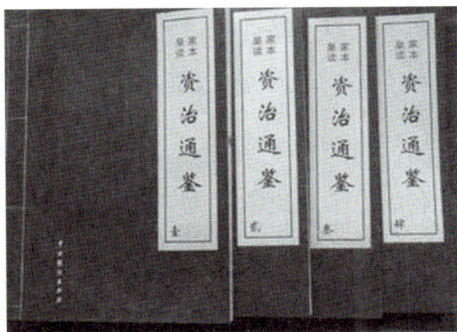

司马光的《资治通鉴》

起战国下终五代，按年记载，上下贯通，剪裁得当，内容宏丰，成为继《史记》之后包容年代最长的通史之一。《资治通鉴》也因此成为中国古代史学史上又一划时代的巨著。鉴于司马光的巨大成就，后人把他同汉代的司马迁相提并论，视为中国古代史学史上的两大伟人，并称为"两司马"。

《资治通鉴》作为中国古代史学的又一巨著，其成就无疑是多方面的。首先，它既改变了汉唐以来以纪传体独居史学垄断地位的局面，又革新了自《春秋》以来编年史的叙事方法。我们知道，由于纪传体如刘知几所说的"既举大略，又备细事"，所以自《史记》以后，汉唐间一直是史书的正统叙事方式。但纪传体也有如刘知几所说的，"同为一事，分在数篇，断续相离，事后屡出"（《史通》卷二《二体》）的弊端。这种叙事不集中、不连贯，前后重复以及时间概念不明确的缺点，也是比较突出的。正因为如此，"正史"卷帙浩繁，不便通读。所以司马光说："《春秋》之后，《史记》至《五代史》，一千五百卷，诸生历年莫能尽其篇第，毕世不暇举其大略，厌烦趋易，行将泯绝。"（《通鉴外纪后序》）正是在这种情况下，司马光要发愤编写一部新的史书，他对这部史书的编写要求一是求简，二是求通，用以取代繁杂的汉唐以来的正史。《资治通鉴》正是因此而成为中国古代编年史的杰作。关于《资治通鉴》在这方面的贡献，清代学者浦起龙曾这样说过："弃编年而行纪传，史体偏缺者五百余年，至宋司马氏光始有《通鉴》之作，而后史家二体到今两行。坠绪复续，厥功伟哉。"（《史通通释·古今正史·按语》）可见，一度中衰的编年

体史书，正是因《资治通鉴》的出现才又蓬蓬勃勃地发展起来的。

《资治通鉴》作为编年史杰作，其贡献还表现在改革和革新了叙事的方式。关于叙事之史学的重要性，刘知几说过："夫史之称美者，以叙事为先。"（《史通》卷六《叙事》）叙事对编年史来说，也有一个由简到繁、由低到高的发展过程。这个过程大致可以归纳为：草创于《春秋》，形成于《左传》《汉纪》，完善于《资治通鉴》。因为《资治通鉴》虽然是编年纪事，但绝不是简单地按年月编排，形成流水账式的记载；它往往采用灵活叙事的各种方法把一些事件的前因后果和背景材料较为集中地加以叙述，从而使编年史的写作达到了一个新的高度。

3. 史学理论之巨著《史通》

中国古代的历史学成就还体现在史学理论方面。唐代著名的史学理论家刘知几编撰的《史通》二十卷，其内容广泛，不仅论及史书编撰、史学准则、史学史、史学流派等问题，而且还特别评论了史书编撰中的体例、书法、史料、行文和史家修养等史学理论的重要问题。因而《史通》一书可以视为是对唐以前史学理论之系统而全面的总结，它标志着中国古代史学理论的确立。

刘知几的《史通》

《史通》对于中国古代史学文化的影响，首先体现在它进步的历史观上。《史通》明确反对命定论的错误历史观。刘知几认为，天道和人事是截然不同的两种现象，不能混为一谈。历史上许多兴亡成败的事情，主要是由于人事的原因，跟天命没有什么关系。如司马迁在《史记·魏世家》中评论魏国灭亡时曾说过这样一段话："说者皆曰：魏以不用信陵君，故国削弱至于亡。余以为不然。天方令秦平海内，其业未成，魏虽得阿衡之佐，曷益乎?"刘知几在《史通》中对司马迁的这一说法则不以为然，他说："夫论成败者，固当以人事为主，必推命而言，则其理悖矣。"（《史通》卷十六《杂说上》）他还从历史上许多兴亡的事实中，指出国家的兴亡往往在于国君有无才德："夫推命而论兴灭，委运而忘褒贬，以之垂诫，不其惑乎?"（《史通》卷十六《杂说上》）很明显，刘知几认为历史属于"人事"范围，不能用命定论来解释。他认为司马迁著作中所含有的命定论的观点，往往为后代学者所承袭，这就形成了一种不良的理论传统。刘知几在这里谈到了史家不应以虚妄的"天命"解释历史的"事理"，这在当时显然是非常卓越的见解。

刘知几《史通》中的进步历史观还体现在他的历史进化论的观点上。刘知几认为历史是变化的、不断进步的，"古往今来，质文递变"（《史通》卷一《六家》），因而每个时代都有其不同的智慧来处理历史问题。他在《模拟篇》中精辟地指出："世异则事异，事异则备异。必以先王之道，持今世之人，此韩子所以著《五蠹》之篇，称宋人有守株之说也。"所以《史通》在谈到历史发展的情况时，往往用所谓"远古"（或上代）、"中古"（或中世）和"近古"（或近代）的概念来表示特定的历史阶段。据此《史通》还从人文演变的角度，隐约地谈到了每个历史阶段的特点："上古之世，人惟朴略"（《史通》卷六《言语》），这一时期文化比较落后；"及中叶，文籍大备"（《史通》卷一《六家》），这一时期文化有了很大的发展；"近古人伦，喜称阀阅"（《史通》卷九《序传》），亦即是说近代由于出现了世代做官的士族地主，他们垄断了社会财富和文化知识，因此史书的著作便多了。刘知几当然不可能对社会历史发展阶段问题做出科学的说明，但是他对历史阶段的这种看法，并非全凭臆想，而是依据一定的客观史实为依据的。

《史通》的重要历史文化价值，还在于它在史料学和史学编纂学方面的独特贡献。刘知几的《史通》在史料学上的贡献首先表现在对史料的分类上。《史通》在《杂述》篇中，把史书分为"正史"和"外传"两大类，又分"外传"为偏记、小录、逸事、琐言、郡书、家史、别传、杂记、地理书、都邑簿等十个门类。值得注意的是，他所说的正史，并不限于纪传体的史书，同时也包括编年体的史书，不仅指《史记》以下的诸史，而且包括《春秋》以上的诸经。在《杂述》篇中，他还提到《吕氏春秋》《淮南子》《抱朴子》等子书。以他的话说就是"多以叙事为宗，抑亦史之杂也"。可见，《史通》在中国古代史学中最早把子书也归入了史类，这样就扩大了史学的范围，为治史者开辟了更广阔的研究途径。《史通》对史料学的贡献还体现在提出了史料的"博采"和"善择"相统一的原则。刘知几曾这样说过："盖珍裘以众腋成温，广厦以群材合构。自古探穴藏山之士，怀铅握椠之客，何尝不征求异说，采摭群言，然后能成一家，传诸不朽。"（《史通》卷五《采撰》）这就是说，搜集史料应力求广泛，孤陋寡闻绝不能成史家不朽之业。但是仅仅只搜集众多的史料也是不够的，还必须对于史料的真伪加以考辨，去粗取精，去伪存真。所以刘知几不但对于"偏记小说"不敢轻信，对于"正史"的史料价值，也采取分析与批判的态度。所以，他对于《尚书》《春秋》以及《史记》以下的各朝正史莫不采取这一"博采"和"善择"相统一的方法。刘知几在《史通》的《杂说下》中甚至这样说道："假有学穷千载，书总五车，见良直而不觉其善，逢牴牾而不知其失，葛洪所谓藏书之箱箧，五经之主人。而夫子有云，虽多亦安用为？其斯之谓也。"

二、史界彗星，通史明珠

历史学家在历史的长河中留下了光辉的足迹，在孕育和写作历史的过程中所蕴含的坚忍不拔、自强不息、一丝不苟、实事求是的精神更为当代工匠传唱。

1. 司马迁忍辱负重，用生命铸就《史记》

司马迁（约前145—前90），字子长，我国西汉伟大的史学家、文学家，所著《史记》是中国第一部纪传体通史，被鲁迅称为"史家之绝唱，无韵之离骚"。

元封三年（前108年），司马迁三十八岁时，正式做了太史令，有机会阅览汉朝宫廷所藏的一切图书、档案以及各种史料，他一边整理史料，一边参加改历。

司马迁狱中撰写《史记》

等到太初元年（前104年），我国第一部完整的历书《太初历》完成，他就接手其父编写《史记》。

天汉二年（前99年），汉武帝派贰师将军李广利带兵三万，攻打匈奴，打了个大败仗，几乎全军覆没，李广利逃了回来。李广的孙子李陵当时担任骑都尉，带着五千名步兵跟匈奴作战。单于亲自率领三万骑兵把李陵的步兵团团围困。李陵的箭法十分好，兵士也十分勇敢，五千步兵杀了五六千名匈奴骑兵，单于调拨更多的兵力，然而仍然无力与李陵相抗衡。就在单于准备退军之时，李陵手下有一名士兵叛变，将李陵内部军情告发。他告诉单于李陵后面没救兵，而且教单于部下制作连发连射的弓箭。单于于是继续与李陵作战。最后李陵寡不敌众，只剩了四百多汉兵突围出来。李陵被匈奴逮住，投降了。大臣们都谴责李陵不该贪生怕死，向匈奴投降。汉武帝问太史令司马迁，听听他的意见。司马迁说："李陵带去的步兵不满五千，他深入到敌人的腹地，打击了几万敌人。他虽然打了败仗，可是杀了这么多的敌人，也可以向天下人交代了。李陵不肯马上去死，准有他的主意。他一定还想将功赎罪来报答皇上。"汉武帝听了，认为司马迁这样为李陵辩护，是有意贬低李广利，勃然大怒，说："你这样替投降敌人的人强辩，不是存心反对朝廷吗？"汉武帝就把司马迁下了监狱，交给廷尉审问。司马迁也因此事被判了死刑。第二年，汉武帝杀了李陵全家，处司马迁以宫刑。他本想一死，但想到自己多年搜集资料，说："人固有一死，或重于泰山，或轻于鸿毛。"他有写一部历史书的夙愿，因此

中国文化读本（职教版）

为了完成《史记》的写作，忍辱负重，苟且偷生，希图出现一线转机。

《史记》是司马迁用一生的精力、艰苦的劳动，并忍受了肉体上和精神上的巨大痛苦，拿整个生命写成的一部永远闪耀着光辉的伟大著作。

2. 国民史学大家朱希祖

朱希祖，字逖先，或作遏先，1879 年出生于浙江省海盐县长木桥上水村。

1909 年夏，朱希祖自早稻田大学毕业归国，先后任教于杭州浙江两级师范学堂、嘉兴第二中学。著名文学家沈雁冰（茅盾）是他在嘉兴教书时的学生。1911 年 10 月，辛亥革命爆发，南方各省响应。朱希祖携眷回到故乡海盐，被推戴为海盐县民政长，后改民事长、知事。从政半年，颇有政绩。1912 年 3 月，他辞去海盐知事而到沈钧儒任司长的浙江省教育司任职。1913 年正月，他与马裕藻一起作为浙江省代表出席教育部在北京召开的国语读音统一会。他因提出的注音符号方案获得通过而名播京师，会后被北京大学聘为预科教授。1915 年 2 月又被聘为文本科教授，主讲中国文学史。

1932 年 10 月，朱希祖应中山大学校长邹鲁之聘南下广州，任国立中山大学史学系教授、文史研究所主任，并兼任广东通志馆修纂。在广州，他进一步访求了南明史料，实地考察南明史迹，发现了一些此前未知的南明君臣墓葬，这对他多年从事的南明史研究是一个推进。他在这一时期对屈大均的研究卓有成绩，为新修《广东通志》做出了重要贡献。他为学生开设的课程"中国史学概论""元明史""《史通》研究""地方志研究"等，也深受学生欢迎。他在中山大学的时间大约是一年有半。

1936 年 2 月，他受章太炎之约，到苏州章氏国学讲习会讲学，每月一次。他还利用课余时间，与长子朱偰及滕固等人在南京及周边区域考察六朝陵墓，辨认文字，从事摄影、测量、考证工作。他作为主要执笔人，最终完成了《六朝陵墓调查报告》一书。

1937 年 7 月，日本发动全面侵华战争。9 月，中央大学决定将校址迁到重庆。国破家亡与流离失所，是当时所有中国人经历的苦难。家庭人口众多、拥有大量藏书的朱希祖，对此更有切肤之痛。他多年节衣缩食换来的丰富藏书，包含民族文化之瑰宝，寄托着他学术人生的希冀，但在兵荒马乱的形势下，他无法将之带到重庆。为把书籍存放于安全之地，他费尽心机，艰辛备尝，以致 10 月下旬南京一带战事危急方启程入蜀。中央大学迁到重庆后，虽然条件艰苦，但依然弦歌不辍，学生组织史学会，推他为会长。当时教育部拟颁大学课程标准，作为资深教授，他郑重地提出了自己的建议，对国内高校历史学科的规划和建设产生了深远影响。作为一个史学家，他深知保存历史对国家和民族兴亡的重要意义，强烈建议政府设立国史馆，建立总档案库，以保存民族文化。1939年，他代国民党元老张继起草了"建立总档案库筹设国史馆议案"，提交国民党五届五中全会，获得通过。

1940 年，国民政府成立国史馆筹备委员会，聘他为秘书长（后改总干事），负责实际筹备工作；不久，又兼任考试院考选委员。他既谋修史，又忙于考选事务，往返跋涉，精力交瘁。于是，他辞去中央大学史学系主任及教授职务。他的教授生涯至此结束。

此后，朱希祖虽然名义上属于政府公务人员，但主要精力还是集中在学术研究方面。他一生花费精力最多的南明史，在历经了资料搜罗和史实考证之后，本应进入撰写阶段，但因为资料迁藏于异地，不能着手进行，于是他转向了先秦史、民族史及西南史的研究，并取得诸多成就。1943 年 3 月，中国史学会在重庆成立，朱希祖当选为理事和常务委员。进入 1944 年，朱希祖的身体更加虚弱，时常生病，几度住院，7 月 5 日终因心肺衰竭逝世于迁至重庆的上海医学院附属医院，享年 66 岁。

朱希祖是 20 世纪前期影响很大的历史学家。他经历了应对科举考试的早期教育，又是较早出国科班学习近代社会科学的知识分子，其间还成为国学大师章太炎的入室弟子。这一学术背景决定了他在中国近代学术史上的作用。也就是说，他是中国学术由旧转新的过渡性学者，肩负着引领中国学术实现近代转型的重要职责。他在国内著名大学担任教授 30 年，特别是担任北京大学史学系主任 10 年，对中国现代史学体系的建立贡献良多。他的研究领域宽广，一生著述繁富。除史学外，他在小学、音韵及文学、经学、考古等领域，均有深厚造诣。曾经与他进行过学术论辩亦是他学生的傅斯年在其逝世后这样说道："逖先先生在史学上之建树，当世无多，诚足以上追前贤，下示来许。"从朱希祖一生行谊看，这个评价诚非虚语，确为实言。

【思考与讨论】

1. 请列举几个中国历史上知名的史学工匠。
2. 是时代造就了工匠，还是工匠创造了时代？

【工匠故事】

工匠之路——择一事，终一生

故天将降大任于是人也，必先苦其心志，劳其筋骨，饿其体肤，空乏其身，行拂乱其所为，所以动心忍性，增益其所不能。

——孟子

李斌：小工人，大梦想

这是一个工人的中国梦，为了这个梦想，工人李斌一直在努力。

1980年，从技校毕业的李斌进入当时的上海电气液压泵厂，成为一名工人。由于在工作岗位上的优异表现，1986年，他被派往瑞士一家工厂学习数控机床的操作。

"说是学习，实际上开始做的都是最简单的工作，就是按按钮。"李斌说，"外国的技术工人没有意愿教我们，并且我们也没有学习的基础。"当时我国工厂普遍使用的还是原始的传统机床，数控机床几乎没有。在瑞士第一次看到数控机床，震惊于这种高效智能的生产机器的同时，李斌也暗

劳模李斌在工作中

下决心，要学习这种先进的机床操控技术，服务于祖国的建设事业。

外国工人不教，李斌就自己在一边观摩；程序看不懂，李斌就写在本子上慢慢研究。一段时间后，他对数控机床有了更深的认识，工作之余也开始抽时间练习机床的操作。终于有一天，机会来了，工厂接到一个急活，但是正值瑞士的公共假期，厂里大部分技术工人都已经放假回家，没人能加工这种产品。李斌自告奋勇，在众人质疑的目光中圆满完成了加工任务。"从此以后，外国工人看我的眼神都不一样了。"李斌说。

学习期满后，瑞士企业的一位负责人开玩笑地对李斌说："你别走了，我们愿意用一台数控机床来换你。"李斌也半开玩笑地说："你一台机床才100多万元人民币，我的梦想可不止这个价。"

回国后，李斌认真地对厂领导说："学知识、学技能，仅仅是我的第一步追求，用知识和技能为企业和国家创造更大的效益，才是我的最终追求。"

李斌是这样说的，也是这样做的。在工厂工作的最初20余年间，李斌和同事共完成工艺攻关230余项，自主设计刀具180多把，改进工装夹具80多副，完成工艺编程1 600多个，开发新产品57项。其中对于液压泵技术的创新改进，让国产液压泵跻身国际先进水平。

液压泵是李斌所在工厂的主要产品之一。受制于技术水平，国产液压泵的最高转速总在每分钟 2 000 转以下，而世界最高水平每分钟能达到 6 000 转。为保证质量，我国高端工程机械配套的高端液压泵大部分依赖进口。

"外国人能做到，为什么我们不能做到？"李斌主动向厂领导提出要求承担"高压轴向柱塞泵/马达国产化关键技术"的攻关任务。

这是一个具有世界级水平的项目，有 11 个关键技术难点，其中最大难点是柱塞环零件，厂里的技术人员已历经 20 余年都未能攻克。李斌知道，制造柱塞环关键是攻克材质和热处理工艺技术。为此，李斌团队积极寻找各方资源开展产学研合作，最终用了近一年时间解决了这一最大的技术难点。

李斌团队成员大都来自生产一线，为了使生产和攻关两不误，大家坚持工作日加班周末不休息。功夫不负有心人，经过 200 多次试验，11 个关键技术难点被逐个攻破，产品主要技术性能达到国内领先、国际先进水平。项目成功攻关，从此打开工程机械行业的高端市场，取得了良好的经济效益。该技术先后成功申请了 19 项发明专利和 21 项实用新型专利，获得了国家科技进步二等奖。

李斌说："中国工人的技术并不比外国工人差，只要我们好好干，产品也能做得同外国的一样好，只要我们有一颗追求高标准、高品质的匠心，有一种不达目标决不放弃的精神，始终对自己所从事的职业充满感情、充满忠诚，就一定会走得更好更远。"

现在，李斌是享受国务院特殊津贴的数控专家、中国高技能人才楷模、全国劳动模范、全国人大代表……但他依然奋斗在数控加工一线，作为上海电气液压气动有限公司数控工段长、国家级技能大师工作室负责人，他正带领他的团队为了工人的中国梦努力着。

【阅读关键词】 热爱、钻研、坚持

【成长启示】 为理想而奔波，在时光深处，铸刻深深浅浅的奋斗痕迹，这是一种幸福。

时代精灵：中国传统文学

一、诗词中的民族气节

追溯历史长河，我们清楚地看到，中华诗词贯穿于中国历史的每一个时期，是中华民族精神的重要组成部分。中国是诗的国度，从《诗经》、楚辞到唐诗、宋词、元曲直至现代新诗，诗歌如同一根经线贯穿着不同时空的历史人文，折射出特定的时代气息。而支撑这根经线不断生发的便是华夏子孙生生不息的民族精神。

众所周知，"诗言志""文载道"是我国历来的传统。源远流长的中华诗歌不仅是一种文学形式，而且也是中华民族在历史征程中所选择的一种独特的生存方式和表达形式，它积淀着整个中华民族的精神体系、文化结构、思维模式、品格智慧及终极价值等。诚如当代学者刘士林所言，如果说西方人是用理性的大脑去思考和实践，那么中华民族则是用诗性的心灵去感受和生活的。

1. 自强不息，刚健有为

战国时期楚国三闾大夫屈原忠而被谤，屡遭放逐，但仍在《离骚》中高歌"路曼曼其修远兮，吾将上下而求索"。这种百折不挠、不遗余力地追寻真理真知的精神并没有因屈原投江而亡，反而超越了文学层面积淀成为恒有理想、不懈追求的文化精神。

汉末建安时期，面对社会动乱和民生疾苦，以曹操父子为代表的诗人群体继承了汉乐府民歌的现实主义传统，表达高扬的政治理想，间或抒发人生感叹，具有风骨遒劲、慷慨悲歌的阳刚之气，史称"建安风骨"。典型的如曹操的《龟虽寿》：

神龟虽寿，犹有竟时。

螣蛇乘雾，终为土灰。

老骥伏枥，志在千里。

烈士暮年，壮心不已。

盈缩之期，不但在天；

养怡之福，可得永年。

幸甚至哉，歌以咏志。

该诗分三层意思。第一层开头四句以神龟和螣蛇的终为土灰，说明世间一切事物（包括人的生命）终将灭亡。这四句似乎消极，其实不妨看作诗人对自然现象的理解和思索。第二层中间四句集中抒发了诗人老当益壮的雄心。虽然到了晚年，却并不消极，反而要用继续建功立业来消弭人生短暂这一憾事。第三层意思是说人的寿命虽有期限，但加强人的主观修养，也可延年益寿。这首诗体现出曹操积极进取、奋发向上的精神面貌，同时也鲜明地反映出建安诗歌慷慨激昂的时代风貌，其积极进取的精神千百年来一直震荡着天下英雄的心灵。

唐代的边塞诗歌主要描写边塞战争、风土人情以及战争带来的各种矛盾，诗风悲壮，格调雄浑，足以表现盛唐气象。王昌龄便是边塞诗派的代表，他创作了《从军行》组诗，其中第四首为：

青海长云暗雪山，孤城遥望玉门关。
黄沙百战穿金甲，不破楼兰终不还。

该诗写戍边将士杀敌立功的决心和必胜的信念。前两句从边塞景象写起，勾画出一幅极为辽阔的边地风光图；后两句笔锋一转，着眼于一个普通战士，表现他在极为艰苦的边地出生入死，竟致铁甲磨穿，但仍然无怨无悔，发出了忠勇豪迈、胆气干云的誓言，读来令人热血沸腾。

"行路难"是乐府旧题，多咏叹世路艰难及贫困孤苦的处境。但李白的《行路难》（第一首）在悲愤中不乏豪迈气概，在失意中仍怀有希望：

金樽清酒斗十千，玉盘珍馐直万钱。
停杯投箸不能食，拔剑四顾心茫然。

> 欲渡黄河冰塞川，将登太行雪满山。
>
> 闲来垂钓坐溪上，忽复乘舟梦日边。
>
> 行路难，行路难，多歧路，今安在？
>
> 长风破浪会有时，直挂云帆济沧海。

该诗篇幅不长，却具有长诗气势跳荡、波澜起伏的特色。经过巧妙的艺术构思，诗人将自己的失望和希望、抑郁和奋发急遽地迭相交替，再间以长短句，适当运用感叹词，恰到好处地反映了其情感迭变的历程。最后两句笔锋一转，铿锵地表达了自己的信念和追求：终有一天能乘风破浪，冲开险阻，远渡沧海，实现自己宏大的理想。

据说王之涣传世只有六首绝句，《唐诗三百首》选了两首，其一便是有名的《登鹳雀楼》：

> 白日依山尽，黄河入海流。
>
> 欲穷千里目，更上一层楼。

该诗开篇即有一种大气派，展现的是由眼前之景所引起的无限想象和无穷趣味。后两句更是达到了精神境界的至高完美，集中体现了民族文化中自强不息的可贵气质，终成为影响千古的励志名言。

2. 生于忧患，家国意识

古典诗歌中所蕴含的悲天悯人的情怀、以天下为己任的忧患意识也是民族文化的精华所在。这种忧患意识通过儒家哲学的继承弘扬，成为中华文化的优秀传统之一。自孔子"道之不行，已知之矣"的义无反顾开始，中国的文人士子怀抱着一腔治国平天下的热情，愿以天下为己任，为民请命，先天下之忧而忧等精神气质在古典诗歌中充分彰显。

《诗经》中就普遍表现出忧患心理。诗三百篇，提到"忧"的达一百余首，深刻表现了诗人们对人生痛苦的体认，对人世艰难的隐忍以及对国运民生的关怀。战争带来的社会变动是"百川沸腾，山冢崒崩，高岸为谷，深谷为陵"（《小雅·十月之交》），人的思维开始动荡，在"人之云亡，邦国殄瘁"（《大雅·瞻卬》）的绝境中，人们的忧患意识油然而生。许多诗人把批判的矛头从天上转向人间，发出不平之鸣和抗议呼声，如《伐檀》中反剥削、反压迫的意识，《硕鼠》中摆脱奴役、寻找和美家园的理想。可以说，《诗经》中忧患意识的根本意义就在于表现诗人们在面临生存困境时，不去寻求冥冥中神秘力量的救助，而是激发刚强奋发精神，去除天命困扰，努力突破困境，进而超越忧患，并从忧患中体验到人的尊严和价值，提升主体独立人格，积极入世，奋发有为。

继《诗经》之后，对民族精神产生巨大影响的屈原在《离骚》中写道："长太息以掩涕兮，哀民生之多艰"，"乘骐骥以驰骋兮，来吾道夫先路"，抒发了诗人志在邦国，以澄清天下、拯济苍生的最高价值和人生理想。

仁人志士总是要把个人的理想抱负和国运民生结合起来。国家分裂时则向往统一，"榆关断音信，汉使绝经过……枯木期填海，青山望断河"（庾信《咏怀六首》其三）；国家统一时则希望盛世太平，政治清明，"故乡门巷荆棘底，中原君臣豺虎边。安得务农息战斗，普天无吏横索钱"（杜甫《昼梦》）。

南宋时期，眼看故土沦丧、异族入侵，满怀报国热情的知识分子更是集中地以诗歌抒发其至死不渝的社稷信念，悲剧色彩中彰显了感人至深的家国情怀。典型的如陆游的《示儿》：

> 死去元知万事空，但悲不见九州同。
> 王师北定中原日，家祭无忘告乃翁。

再如文天祥的《金陵驿》：

> 草合离宫转夕晖，孤云漂泊复何依。
> 山河风景元无异，城郭人民半已非！
> 满地芦花和我老，旧家燕子傍谁飞。
> 从今别却江南路，化作啼鹃带血归。

在时局相似的近代社会，爱国志士们也写下了诸多不朽诗篇，足以与先贤相颉颃，秋瑾的《黄海舟中日人索句并见日俄战争地图》便是一例：

> 万里乘云去复来，只身东海挟春雷。
> 忍看图画移颜色，肯使江山付劫灰。
> 浊酒不销忧国泪，救时应仗出群才。
> 拼将十万头颅血，须把乾坤力挽回。

该诗开头两句写自己胸怀壮志，寻找救国救民的革命真理。接着四句转入正题，就日俄战争图抒发感慨。最后两句表达诗人不惜牺牲生命，誓将用鲜血拯救祖国于水深火热之中的决心。此诗篇幅不长，却情辞激越，令人为之动容。1907 年秋瑾在浙江起义，失败后不幸被捕，在绍兴轩亭口英勇就义，她以自己的热血履行了自己的誓言。

鲁迅于 1903 年在日本东京弘文书院求学剪辫不久后所写的《自题小像》饱含爱国主义感情，也是他青年时代鸿鹄之志的写照，更是其矢志不渝、毕生实践的人生格言：

> 灵台无计逃神矢，风雨如磐暗故园。
> 寄意寒星荃不察，我以我血荐轩辕。

20 世纪初，当时的资产阶级民主革命还只是少数知识分子的激进行为，青年鲁迅胸怀大志，不仅抒发了投身革命的激情，而且对当时广大民众尚未觉醒深表忧虑，可谓情感炽热又不乏含蓄深沉。

二、小说中的人生境界

中国小说的历史发展非常悠久，明清时期小说达到了高潮，四大名著创造了小说的神话，小说中塑造人物的精神更成为我们的模范和表率。今天我们重温经典，来感受其中的人文精神。

1. 读《三国演义》，话"正义"

谈起《三国演义》，有一个永远绕不开的话题，即"英雄之成败"。在这部纵横捭阖、气壮山河的经典小说中，"英雄成败"之道值得思考。英雄主义的"胆识"、饱含机变的"智慧"以及涵容万事的"器量"，当是关键性的考量因素。

中国有一句老话说："宁作太平犬，勿当乱世人。"有谁愿意生逢一个朝不保夕的乱世呢？然而，"乱世"又是英雄豪杰建功立业、有所作为的舞台。恰恰国难家仇、民不聊生的"乱世"造就了无数英雄，即所谓的"乱世出英雄"。"三国"就是这样一个风云多变、英雄辈出的"乱世"。关于这样一个"乱世"图景，我们不妨借用第七十三回所写诸葛孔明的话来说，就是："方今天下分崩，英雄并起，各霸一方，四海才德之士舍死忘生而事其上者，皆欲攀龙附凤，建立功名也。"在天下分崩离析的战乱年代，英雄豪杰们"你方唱罢我登场"，如同走马灯一般，纷纷登台表演，争霸逞雄。

在文学作品中，"英雄"叙事能够感发人心，充满兴味。其中，"一壶浊酒喜相逢"的际遇与"冲冠一怒"的血性襟怀，能够给人留下深刻印象。《三国演义》第一回之所以非同凡响，就是因为它是围绕这两个话题打开的。先看其所叙"桃园三结义"：为抵抗黄巾军，幽州刺史刘焉招兵买马，刘备、张飞、关羽三位英雄先后出场。他们一见如故，志同道合。在桃园结义仪式

桃园三结义

上，他们盟誓说："同心协力，救困扶危；上报国家，下安黎庶。"他们树立了干一番轰轰烈烈事业的雄心壮志。一场轰轰烈烈的英雄创业活动开始了。

除了渲染"桃园三结义"的诗意和豪情，《三国演义》在第一、第二回即叙述了身为英雄的张飞的两次"愤怒"。说到英雄的"愤怒"，人们自然会联想到《荷马史诗》从"阿喀琉斯的愤怒"写起，彰显了英雄的气壮山河。《三国演义》的叙述与遥远的西方史诗叙事不谋而合。张飞的第一次大怒缘于董卓。刘、关、张兄弟三人从黄巾军手里将其救下回寨，不料因为他们是"白身"而遭到董卓的轻视。面对董卓狗眼看人低，张飞反应最快，他脾气发作，提起刀来就要入帐杀董卓。对此，作者赋诗感叹道："人情势利古犹今，谁识英雄是白身？安得快人如翼德，尽诛世上负心人！"张飞的第二次大怒缘于督邮。督邮本是一个寻访下情的官差。这个人作威作福，尤其是拿刘备太不当一回事，于是又惹起张飞大怒，把他痛打了一顿。这就是众所周知的"怒鞭督邮"故事。打了人，惹下祸害，刘、关、张三位英雄只好逃往他乡避难。

2. 读《水浒传》，话"忠义"

"好汉"是一个令下层民众"拍手叫好"的"行侠仗义"的草莽英雄群体。正如"英雄"一词难于有一个准确而圆满的定义，"好汉"的含义也难于一言以蔽之。在《水浒传》中，最具统摄力的观念无疑是"忠义"，这是"好汉"之所以够格为"好汉"的最基本的道德伦理素质。在"忠义"观念控制下，"好汉"喜酒不好色，"好汉"斗气又忍气。总之，虽然"好汉"们凭着好武艺行走江湖，但更重要的是他们依靠"忠义"顶天立地。

小说叙事基本围绕"忠义"二字展开。谈论《水浒传》，"忠义"自然是一个绕不开的话题。作为《水浒传》叙事的主导观念，"忠义"仿佛一个幽灵，徘徊在"水浒"的英雄世界，挥之不去，拂之还来。而今，老生常谈固不足取，我们的使命是对"忠义"这一陈旧的观念进行现代阐释。

从现有史料看，《水浒传》最早的名字应该叫《忠义水浒传》，或叫《忠义传》。明代杨定见《忠义水浒全传小引》认为："《水浒》而忠义也，忠义而《水浒》也。"《水浒》与"忠义"相依附而存在，难以分离。百回本《水浒传》出现较早，大致年代最晚应该不晚于嘉靖年间。现存内容完整可靠且又最具代表性的百回本是明代万历年间杭州容与堂刻印的《李卓吾先生批评忠义水浒传》，前有李卓吾所作的《忠义水浒传序》，力辩"忠义"在小说中不可或缺，且具有决定意义。

从行文语言看，"忠义"二字闪烁于字里行间。据纪德君先生统计，明代容与堂刊百回本《水浒传》有72次提及"忠义"（不包括"忠义堂"）一词，其第八十一回卷首诗甚至还明确地说："事业集成忠义传，用资谈柄江湖中。"分明《忠义传》成为《水浒传》的别名。"全传"本"忠义"一词出现的频率就更高了。至于小说所叙阮氏三兄弟表达的"酷吏赃官都杀尽，忠心报答赵官家"一句誓言，以及宋江所发现的石碣上所题的"替天行道""忠义双全"八个大字，更是深为人们所熟知。再说，小说在总括每一个故事时所用的"有诗为证"，也常常离不开"忠义"这一命题。如第四十九回说："忠义立身之本，奸邪坏国之端。狼心狗肺滥居官，致使英雄扼腕。"当然，在《水浒传》里，与"忠义"相关的词语也频繁出现。所谓"义士""忠良""贤良""忠臣"云云，屡见不鲜。尤其是"义"及其相关组合词在《水浒传》中更是批量出现，所谓"义""义气""义士""仁义""大义"以及"结义""聚义""认义""仗义"等等，几乎俯拾即是。作者如此大规模地运用"忠""义"二字，足见其对"忠义"观念的热衷程度，也足以看出作者内心深处"忠义"血脉的浓度。

从小说人物的道德风貌和行为操守看，"水浒"英雄信守"忠义"，并将此奉为行动的指南。李卓吾撰写的《忠义水浒传序》特别肯定宋江的"忠义"："独宋公明者，身居水浒之中，心在朝廷之上：一意招安，专图报国；卒至于犯大难，成大功，服毒自缢，同死而不辞，则忠义之烈也！真足以服一百单八人者之心；故能结义梁山，为一百单八人之主。"李贽把"报国"作为忠义的最高准则，认为宋江等梁山好汉一心为国，不仅是"忠义"的化身，而且是"忠义之烈"。宋江之所以接受招安是为了"报国"，即使最后被毒死，也视死如归、万死不辞。时至清初，以金圣叹为代表的许多评论者突然众口一词地否定《水浒传》为"忠义"之书。

无可否认，作为小说的第一主角，宋江浑身充斥着"忠义"。他的绰号有三："孝义黑三郎"，是说他以"孝义"为重；"及时雨"意味着他善于仗义疏财，济困扶危；而"呼保义"，则表明他能"义"聚群雄，有号召力。三个绰号在内涵上皆包含着"义"，足以说明问题。读《水浒传》，人们往往赞叹他"急人之难"的坚定，又往往反感他履行"忠义"的固执。宋江的最大不民主即表现在不顾众兄弟的反对，为了一个"忠义"虚名，一意孤行并千方百计地去接受"招安"。

作为梁山好汉为人处世的基本道德准则，"忠义"观念具有其复杂性。然而，就"忠""义"组合而言，二者时而互相簇拥，时而相互抵触。"忠""义"常常难以剥离，又难以始终捆绑在一起。《三国演义》所写关羽之"义"是忠于结义，侧重于"忠诚"；而《水浒传》所写好汉"结义"旨在替天行道，共同反抗不平等的秩序；但他们一旦转向

绿林好汉图

"效忠"就要拥戴宋徽宗的皇权统治，维护彼时奸臣当道的混乱社会秩序。可以说，作为带有几分教条色彩的道德观念，"忠义"枯燥乏味；而作为含有人格魅力和性情元素的伦理观念，它又耐人寻味。当然，"忠义"观念的复杂性自然并非仅限于此。

3. 读《西游记》，话"心魔"

话说贞观十三年九月望前三日，唐玄奘接受御旨离开长安。一两天后，他到达法门寺。法门寺的和尚听说玄奘要去西天取经，"有的说水远山高，有的说路多虎豹，有的说峻岭陡崖难度，有的说毒魔恶怪难降"。玄奘不说话，只是点头，并用手指心。和尚们不明白玄奘的意思，问道："法师指心点头者，何也？"这时，玄奘说了句充满禅机的话："心生，种种魔生；心灭，种种魔灭。"

什么是心魔？"心魔"就是人心里的恶魔，也可理解为人的精神或性格缺陷。大凡仇恨心、贪念、妄念、执念、怨念等都属于恶性的心魔。心魔可以一直存在、可以突然产生、可以隐匿、可以成长、可以吞噬人，也可以历练人。《西游记》把人的种种"心魔"外化成种种"妖魔"，意在告诉人们：一个人在漫漫人生路上会遇到各种诱惑，滋生出种种欲望，诸如贪欲、权欲、

西天取经的路上

色欲以及金钱、嫉妒、仇恨等心魔。人们该怎样像唐僧师徒那般去经历磨难，实现人格升华呢？这是自我修行和凤凰涅槃的过程，也是一个人走向成熟的必由之路。《西游记》告诫人们，要想达到成功或胜利的彼岸，最关键的是要战胜自我"心魔"，实现自我超越。

人的心中有一个天使和一个恶魔，即善恶两面。唐僧的持之以恒、孙悟空的坚韧不拔，以及八戒、沙僧、白龙马的任劳任怨，他们心中怀有"朝圣"目标，甘于为既定的目标去付出。师徒四人不惧艰险，万里跋涉到达西天，这均是走向成功的善性要素。悟空的急躁、唐僧的固执、八戒的懒惰、沙僧的木讷，均是导致挫折的恶性缘由。"四个男人一台戏"，这戏比"三个女人一台戏"更热闹，更精彩。

很明显，《西游记》的"修心"之道基于宗教。大凡宗教皆旨在"治心"，具有心灵疗效。中国的儒、释、道三教都曾围绕"人心"作文章，并阐发教理、教义。尤其是，佛教教义告诉我们：天魔乘修行者的贪嗔之心，或化为美色诱惑，或化为猛兽恐吓，或化为

菩萨说法，使修行者心中升起喜、怒、哀、乐、忧、惧等烦恼惑乱，以至心理失调，神经错乱，这就是所谓的"走火入魔"。只有大彻大悟的人，能明了诸法的实相，知道现象的世界乃是心识的表现，于一切境界不起贪嗔之心。只要"心魔"不起，妖魔自然会远离。《西游记》的整个故事叙述，紧紧围绕着一个"心"字，并糅合了儒、释、道多种理念。如孙悟空的师父菩提祖师居住的地方就是"灵台方寸山，斜月三星洞"，两句话其实也都是指"心"。要"治心"需按照儒、释、道"明心见性""修心养性""存心炼性"等教义来完成。可以说，在一个人的成功之路上，"心性"修养、"心理"素质具有决定意义。只有通过修身养性，驱除心魔，才能达到"正心诚性"的人生境界。若放纵"心魔"，为所欲为，必定会自食其果。

在《西游记》中，"魔"之生，大多可以归结于"心不正"。唐僧师徒之所以屡蒙磨难，大多是由自身固有的人性缺陷导致的。其中，唐僧的"痴"，孙悟空的"急"和"嗔"，猪八戒的"贪"，是主要诱发因素。如在第二十七回"尸魔三戏唐三藏"一节中，白骨精变作布施斋饭的俊俏女子迷惑师徒四人，八戒"就动了凡心"，急急忙忙"跑了个猪癫风"。而唐僧愚昧无知，盲目轻信猪八戒的谗言，使妖魔的诡计屡屡得手；孙悟空三打白骨精固然带有除恶务尽的气魄，但不免傲慢急躁，使得以慈悲为怀的唐僧一时间不能接受他火眼金睛的识人效果，故而再三将他驱逐。取经队伍内部的意见不统一，心不齐，则"魔"乘虚而入，终于"晦气到了"。尽管白骨精被打死了，但悟空却付出了横遭驱逐的代价。唐僧也因此失去了"防火墙"，接下去横遭病毒恶魔侵害。除了缘于取经人本身的欲念或邪心，有些"魔"还来自高高在上的国王们。如第七十八回写比丘国国王因贪求长生，才会引魔入室。鹿精和白狐精唆使这位昏君，要用"一千一百一十一个小儿的心肝"作药引，"煎汤服药"。《西游记》的叙事总是服务于佛经教义与现实人生相通的逻辑。生活中的邪恶根源于人内心的邪恶。成佛的过程，实际只不过是铲除"心魔"的过程。这样说来，十万八千里的取经之路是"心路"，悟空的七十二变属于"心法"，九九八十一难（实为四十余难）则缘于"心魔"：黑风山之难主要缘于"贪心"，黄风岭之难主要缘于"嗔心"，青龙山之难主要缘于"假心"，白骨精之难主要缘于"邪心"，火焰山之难主要缘于"嗔恨心"，女儿国之难主要缘于"痴心"，无底洞之难主要缘于"淫心"……如何消除这些"心魔"？小说多次提供过秘方。第三十六回写面对唐僧在马上高叫"恐又有魔障侵身"，孙悟空晓之以"只要定性存神，自然无事"。第五十一回的题目是"情乱性从因爱欲，神昏心动遇魔头"，写孙悟空去远处化斋之前，以金箍棒画了个降魔圈，令唐僧等人安住其中，并叮嘱说："老孙画的这圈，强似那铜墙铁壁，凭他什么虎豹狼虫、妖魔鬼怪，俱莫敢近。"不料悟空去后，唐僧在圈子中坐禅良久，"不见行者回来"，不由起了一点抱怨之心，"遂依呆子，一齐出了圈外"。出圈之后，终于落入魔头之手。可见，"心魔"一旦生发，"妖魔"必定出现。要战胜妖魔，必须付出代价。

清人张书绅在《新说西游记》中曾说:"人生斯世,各有正业,是即各有所取之经,各有一条西天之路。"《西游记》这部小说是在以幽默的笔墨告诉我们一个严肃的道理:闹心出祸端,收心气定闲。在人生路上,任何人都会随时遇到各种诸如贪欲、权欲、色欲以及金钱、嫉妒、仇恨等"心魔"。只有战胜这些"心魔",才能有所谓真正的成功,这是这部小说提供给读者的一条最基本的人生经验。

4. 读《儒林外史》,话"功名"

在旧时代,"功名"是人生大事。有道是,"金榜题名"是比"洞房花烛"更要紧的事。如何获取"功名"?要付出怎样的代价?通常所谓的头悬梁锥刺股、十年萤窗雪案,含辛茹苦,这只是表象。最根本的代价是不惜精神被荼毒,灵魂被蛀空。《儒林外史》主要通过反思科举制度,向世人讲述"功名富贵"的毒害。

为数不少的读书人,拼着性命,跻身于科举考试这一独木桥,把"功名富贵"当作终极目标。闲斋老人在《儒林外史序》中,曾对这一阶层的人士加以分类,说他们之中"有心艳富贵而媚人下人者;有倚仗功名富贵而骄人傲人者;有假托功名富贵,自以为高,被人看破、耻笑者;终乃以辞却功名富贵,品第最上一层,为中流砥柱",

范进中举图

总之,为了"功名富贵"四字,不惜扭曲灵魂、丧失本我,乃至走向人格畸变。为了蜗角虚名、蝇头微利,读书人常常是三更灯火五更鸡,废寝忘食;两耳不闻窗外事,专心苦读"圣贤书"。功名的诱惑和魔力导致许多上进的人畸变为"疯子""呆子",使得许多热血青年蜕变为市井无赖。试看小说所展现的"儒林"世界,科举制度造就的所谓人才,不是"疯子""呆子"便是"骗子""傻子",充满了变态与丑陋。

"功名富贵"何以具有如此大的诱惑和魔力?它不仅事关待遇问题,而且事关"活得有无尊严",活得"体面"还是"窝囊"等问题。第一个遭受科举荼毒的疯子是周进,他毕生沿着童生、秀才、举人、进士的阶梯一步步往上爬。可惜命运多蹇,直到六十岁还是个老童生。他缺乏经营能力,只能靠开馆授徒挣几个小钱。先是在县城教私塾,继而以"每年酬金十二两银子"受聘,来到农村薛家集学堂教书。在薛家集新开馆时,年轻的新秀才梅玖知道他还不是秀才,于是对他百般嘲弄,极尽奚落。他遭受羞辱,"脸上羞得红一块白一块",内心痛苦无比。在科举时代,有无"功名"是一个读书人是否有成就的标志。这个时候的周进只有"捺定性子"逆来顺受的份儿。"功名"代表的是身份，是待遇，是尊严。一个有秀才功名的人就可以鄙视他，"发过"的举人老爷王惠在他面前更是可以飞扬跋扈。生活档次也相形见绌：王举人趾高气扬，装腔作势，尽情享受"鸡、鱼、鸭、肉，堆满春台"；周进只能恭恭敬敬，小心翼翼，靠"一碟老菜叶、一壶热水"下饭。后来，周进连这塾师饭碗也没有保住，只好跟着姐夫金有余去替一伙商人记账谋生。当他来到省城参观贡院时，大半生的辛酸和苦楚一下子涌上心头，"不觉眼睛里一阵酸酸的，长叹一声，一头撞在号板上，直僵僵的不省人事"。金有余很不理解地说："你看，这不是疯了么？好好到贡院来耍，你家又不死了人，为什么号啕痛哭？"被众人救醒后，又是大哭一场，"直哭到口里吐出鲜血来"。见周进哭得伤心，几个商人当即决定"每人拿出几十两银子，借与周相公纳监进场"。好在周进还能时来运转，他先后中了举人、进士，殿试三甲，授了部属。荏苒三年，升了御史，钦点广东学道。一朝发达，处境顿时大变，奚落过他的梅玖冒称是他的学生。他在村塾中写下的对联，被恭恭敬敬地揭下来裱好，当年谋生教书的薛家集也供奉起他的"长生禄位"。真是天翻地覆，人生陡然改变。

继周进之后登场的是范进。"范进中举"的故事更是家喻户晓。周进做了广东学道，主持地方考试，见到了实龄五十四岁、履历档案上填作三十岁的范进。从褴褛不堪的范进，周进大约是想到了自己的凄凉往事，于是用心把范进的卷子先后读了三遍，才看出其中的好处。这次，范进终于考取了秀才。考举人的时间来临，因为没有盘缠，范进去同岳父胡屠户商议，希望借些使用，被"屠户一口啐在脸上，骂了一个狗血喷头"。范进不甘心，与几个同考的人商议，瞒着丈人，进城参加了乡试。考完便回家，"家里已是饿了两三天。被胡屠户知道，又骂了一顿"。到了放榜的日子，家里已经断炊。范进只好按照母亲吩咐，带着一只生蛋的母鸡到集市上去卖掉，以此换回几升米煮餐粥吃。当范进慌忙出门卖鸡时，来人报喜，说范进中举了。邻居到集市上找到范进报喜，他根本不相信。邻居硬将他手中的鸡夺了，将他拉了回来。范进三两步进屋里来，亲眼看见升挂起来的报帖，才知道自己中举乃是事实。于是，"看了一遍，又念一遍，自己把两手拍了一下，笑了一声道：'噫！好了！我中了！'说着，往后一跤跌倒，牙关咬紧，不省人事"。老太太慌了，慌将几口开水灌了过去。他爬将起来，又拍着手大笑道："噫！好！我中了！"笑着，不由分说就往门外飞跑，把报录人和邻居都吓了一跳。走出大门不多路，一脚踹在塘里，挣起来，头发都跌散了，两手黄泥，淋淋漓漓一身的水，众人拉他不住。拍着笑着，一直走到集市上去了。最后，经有人提议，胡屠户才敢动手，采取"震荡疗法"，一巴掌把范进打醒。范进中举的消息一传开，街坊邻居纷纷蜂拥而来，贺喜、帮忙、送钱送米，献尽了殷勤。有钱有势的乡绅张静斋，也主动来登门"攀谈"，并送来银子和房子。尤其是岳父胡屠户也来了个一百八十度大转弯，前倨而后恭，并道出了自己前后不一的究竟："姑老爷今非昔比了。"

从周进见号板而撞头、昏倒、不省人事，大哭不止，口里吐血，到范进见报帖而发疯、跌倒、不省人事，两个"疯子"的故事先后得以上演。周进的悲，是因功名无望，伤心欲碎；范进的疯，是因好梦陡然成真，大喜过望，不免迸出一把辛酸泪。由此，《儒林外史》仿佛成了一部"儒林痛史"。"功名富贵"具有何等诱惑和魔力？通过小说所叙周、范两人发迹前后的巨大现实反差，人们自然会找到答案。

5. 读《浮生六记》，话"苦乐"

在中国文学中，《浮生六记》在体悟人生"苦乐"等方面，较为别致。这部自传体小说写于嘉庆十三年（1808年），作者是沈复（1763—?），字三白。《浮生六记》共六卷，每卷皆有小题，依次是《闺房记乐》《闲情记趣》《坎坷记愁》《浪游记快》《中山记历》《养生记道》。原存前四记，后发现后二记，一般认为是伪作。作者以纯朴的文笔，记叙了自己大半生的欢愉与愁苦，真切动人。

《浮生六记》第一记是《闺房记乐》，记录的是闺中夫妻情怀。闺中情怀以浪漫温馨为基调，以儿女情长为韵味，深得古代文人厚爱。唐宋词中不乏"男子作闺音"之作，以特有的似水柔情感染了一代又一代人。小说写闺情同样追求缠绵悱恻的阴柔之美。较有造诣者，先有蒲松龄之《聊斋志异》中的《连琐》等篇什，继有曹雪芹之《红楼梦》所传达的"水中月，镜中花"以及青梅竹马。沈三白的《闺房记乐》以娓娓道来之笔细述了作者与其爱妻陈芸之间的婚恋生活：大凡婚前之青梅竹马，两小无猜，闺中暖粥，女儿痴情；婚后之伉俪情笃，缠绵蕴藉，温酒煮茶，课书论古，品月赏花……这里没有风云叱咤，但有尔汝恩怨的人生一幕幕，尽现于作者的妙笔生花。关于其别开生面的文学史意义，陈寅恪《元白诗笺证稿》有言："吾国文学，自来以礼法顾忌之故，不敢多言男女间关系，而于正式男女关系如夫妇者，尤少涉及。盖闺房燕昵之情意，家庭米盐之琐屑，大抵不列于篇章，惟以笼统之词，概括言之而已。此后来沈三白《浮生六记》之《闺房记乐》，所以为例外创作。"正是这关涉"闺房燕昵之情意，家庭米盐之琐屑"的"例外"性的写作，以其来得情真意切，扣动着无数后人心弦。

《闺房记乐》所记之"乐"，主要来自陈芸这个可爱的小女人。这篇小说储存了一种人情之美，美在秀外慧中的陈芸，美在沈复善于发现的眼睛里。毕竟情人眼里才会出西施。陈芸正是沈三白眼里的一个风姿绰约的"西施"。她的长相基本符合三白的审美标准："削肩长项，瘦不露骨，眉弯目秀，顾盼神飞，唯两齿微露，似非佳相。"她服饰的素淡格调也非常契合三白的心境。她不仅颖慧可爱，而且才思隽秀，性情柔和。她时而有"秋侵人影瘦，霜染菊花肥"的清愁，时而又有"礼多必诈""情之所钟，虽丑不嫌"的洒脱与自在。可以说，陈芸是三白"读她千遍也不厌倦"的一部书。

在整个故事的叙述中，三白没有提供什么辉煌的功名事业，也没有谱写什么快意恩仇的壮举。这样看，主人公的人生远远够不上加入正史的档次，更没有流芳千古或遗臭万年的资格。然而，通过这篇自传体小说，三白却成就了超越世俗功利的美名，尤其是他与陈芸这位密友佳人甜甜蜜蜜的另一种活法，足以吊起人们的胃口，从而使他们夫妻享有很高的知名度。我们可以说，三白人生的意义是有赖陈芸这位多情调、多情趣的佳人获得的，

《闺房记乐》

也可以说是三白自己通过巧妙地记录与陈芸闺中之"乐"而成就的。林语堂曾引苏东坡的"事如春梦了无痕"词句来概括他们的人生。的确，沈三白倾诉的这种夫妇生活之事如同一场春梦，没有惊天动地的震撼，不具备感天动地的催泪效果，而只有耐人寻味的飘忽无痕印象。这种能够飞入寻常百姓家的闺中之"乐"值得当事人珍藏，也值得每一位读者借此参悟人生。

沈复与陈芸的故事至少告诉我们这样一个人生道理：建功立业、成就英名固然是人生的一道壮丽风景，让人叹羡；而恬淡祥和、柔情蜜意似乎则是人生的优美本真，让人艳羡。

【思考与讨论】

1. 与西方文学相比，中国古典文学形成了哪些独特的艺术品格？
2. 书中四大名著没有介绍《红楼梦》，请同学们查找资料谈谈《红楼梦》的艺术价值。
3. 如何看待《水浒传》中的忠义观？
4. 如何评价中国小说对职业院校学生的影响？

工匠之神——精艺专注，于完美中见真谛

六小龄童——"美猴王"

六小龄童扮演的"美猴王"，是荧屏上永恒的经典，也是他人难以逾越的高峰。有人说，别人演"美猴王"，都是人扮猴子，而六小龄童扮演的"美猴王"，则是猴子扮人。最神的是，有一次《西游记》剧组在一座山上取景，山里的猴子以为六小龄童是自己的同类，竟朝他打起招呼来。

"美猴王"的扮演者六小龄童

"美猴王"的精彩形象并非与生俱来，而是六小龄童用刻苦努力换来的。为了练就一双"火眼金睛"，六小龄童一早起来就盯着日出看。白天看别人打乒乓球，人站在场中间，头不动，眼珠跟着球走。晚上再点上一炷香，使劲盯着香上那一点亮光。最终，六小龄童练出了能够摄人心魄的眼神。

六小龄童从艺数十载，扮演过不少角色，但他觉得所有角色加起来，都比不过一个孙悟空。他说："我一生都交给了《西游记》。"对于六小龄童来说，《西游记》也代表了一个家族百年来对"猴戏"艺术的传承。

从六小龄童的曾祖父章廷椿老先生开始，章家一家四代就开始在绍兴老家的农田里扮演"美猴王"。六小龄童说："一生做好一件事，而把一件事做好的前提，就在于坚持。硬向西去一步死，绝不东归半步生。"

一家四代人，一百多年的接力，只为一个"美猴王"。认准一件事，就要专心致志做下去。经得起诱惑、耐得住寂寞，这不正是工匠精神的完美写照吗？

【阅读关键词】 梦想、坚持、毅力

【成长启示】 中华民族伟大复兴的梦想是需要我们一代接着一代实干出来的。

第四章

中华瑰宝：中国艺术

> 艺术的伟大意义，基本上在于它能显示人的真正感情、内心生活的奥秘和热情的世界。
>
> ——罗曼·罗兰

艺术的诞生与发展，是人类勤劳与智慧的结晶，已成为人类社会一项重要的文化构成，艺术素养也已成为人类精神境界的重要内涵。在璀璨的艺术星空中，那些经典的代表作品，不但是艺术家本身的才华表现，而且体现着时代、社会、民族的兴衰成败，揭示着物质文明与精神文明的发展轨迹。源远流长的中国艺术殿堂多姿多彩，无不体现着中国艺术的无穷魅力。

一、笔性墨情　书画同品：中国书画

中国的书法和绘画的关系密不可分，二者在艺术上有内在的相通之处。

1. 书法艺术

严格地说，书法成为一门艺术是在汉末魏晋时期，这时出现了以书法为纯艺术的现象。最有代表性的是曹魏时期的钟繇和东晋的王羲之，合称"钟王"。钟繇确立了由隶入楷的典范，被称为"正书之祖"；王羲之则使楷书和行书完全摆脱了隶书的影响而趋于成熟，行笔流畅，神采飘逸。

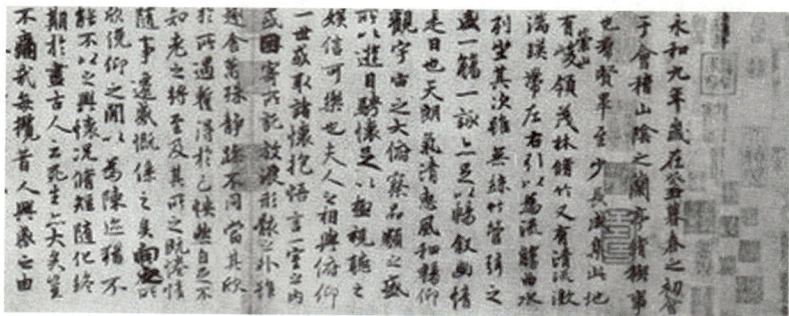

王羲之《兰亭集序》(摹本)

唐代书法空前繁荣，这个时期的书法不仅各种书体俱全，而且法度谨严。特别是楷书，在唐代才进入成熟期。颜真卿的楷书线条丰满，骨肉兼具，形成了雄伟端庄、恢宏大气的风格，最能体现大唐盛世的时代精神。稍后的柳公权则以挺拔俊秀的楷书著称。与非常讲究法度，用笔结体匀齐适宜的楷书相对的是张旭和怀素的草书，他们的草书是真正的"笔走龙蛇"，气韵流动，潇洒恣意。

两宋时代的书法特别注重意趣，讲究诗书画融会贯通，所以书法大家往往也是丹青高手、文坛巨擘，如"宋四家"苏轼、黄庭坚、米芾、蔡襄。宋代书法主要是行、楷、草三体，而以行书为最，潇洒流畅，不拘一格。元代画家多擅书法，而且同绘画一样注重品格。明代出现了"吴门三家"：祝允明、文徵明和王宠，书法秀雅娴美，各有特色，注重抒发个人志向。清代书法没有沿着前人的轨迹发展下去，却重新兴起金石篆刻之风。

篆书古雅，隶书丽姿，楷书雅正，行书流丽，草书飘逸，这些共同构成了中国书法艺术独特的审美世界。但在中国文化中，书法也不仅仅是单纯的一门艺术，一方面，它是书法家个人风格的映照，所谓"字如其人"；另一方面，书法作为线的艺术暗含宇宙之道，宇宙以气之流动而成，书法以线之流动而成，从这个角度而言，书法家作书的过程，也是从哲学角度领悟中国文化之道的过程。

2. 绘画艺术

中国绘画的历史十分悠久，从内蒙古、甘肃、山东、新疆以及东北等地发现的岩画和1986年发现于甘肃秦安大地湾的原始地画来看，不少于五千年。经过几千年不断地探索和创新，中国绘画独树一帜，逐渐形成了具有中国意味的绘画美学体系，在世界绘画艺术中，成为东方艺术的典型代表。

从绘画的载体来看，中国画经历了以下几种嬗变：

岩画和壁画

岩画是指在岩壁上描绘人物、动物以及原始崇拜等生活内容的绘画。壁画是指直接画在墙面上的绘画。根据古代文献记载，商周时期的重要建筑物里已经有了壁画装饰。

器物画

器物画是指器具上的装饰性绘画。新石器时代就出现了陶器绘画和象牙器、骨器上的绘画。

帛画

战国是绘画艺术发展的一个重要时期，出现了真

人物龙凤帛画

正独立的绘画作品——帛画。分别于1949年、1973年在长沙两处战国楚墓中出土了两幅帛画：人物龙凤帛画和人物御龙帛画，两幅画均以单线墨笔勾勒，后者加以平涂和渲染设色，这种基本的绘画技法一直沿用至今。

纸画——中国绘画的典型代表

魏晋南北朝时期，绘画逐渐挣脱传统的羁绊，开辟了审美艺术的新天地，首先开始盛行的是人物画，人物画家有曹不兴、卫协、顾恺之、陆探微、张僧繇等。顾恺之是这个时期最有名的画家，传世作品有《女史箴图》《洛神赋图》，刻画人物注重传神；陆探微和张僧繇的人物画也获得很高的成就。后世评价这三人："象人之美：张得其肉，陆得其骨，顾得其神。"（张怀瓘《画断》）

顾恺之《洛神赋图》

唐代是古代艺术的极盛时期，绘画方面表现为绘画的题材大大拓宽，绘画的手法和风格多样化，涌现了很多著名画家。这一时期人物画仍然是最主要的品类，不仅表现宗教题材，而且更多描绘贵族生活和民俗生活。著名的人物画家有阎立本、吴道子、张萱、周昉。其中，有"百代画圣"之称的吴道子是罕见的多产画家，擅长宗教绘画，善于运用简括的线条勾勒形体，笔下的褒衣博带势若飞扬，人称"吴带当风"。

最能代表中国绘画艺术的是山水画。魏晋南北朝时期已开寄情山水的传统，山水画

家宗炳所著《画山水序》和王微的《论画》为后世山水画奠定了理论基础。山水画在唐代有了很大的发展，尤其是水墨山水的出现更是别具中国特色。水墨山水是文人画的代表，重墨轻彩，追求意境，笔致疏朗潇洒，对后世影响深远。文人画强调抒发主观情绪，"不求形似"，"无求于世"，不趋附大众审美要求，借绘画以示高雅，表现闲情逸趣，强调人品画品的统一，并且注重将笔墨情趣与诗、书、印有机融为一

《画山水序》

体，形成了独特的绘画样式，涌现了众多的杰出画家、画派以及难以计数的优秀作品。

3. 郑板桥诗书画当世三绝

郑板桥是清代官吏、著名的书画家、文学家。原名郑燮，字克柔。他一生主要客居扬州，是"扬州八怪"之一。他的诗、书、画均旷世独立，世称"三绝"，擅画兰、竹、石、松、菊等植物，其中画竹有50余年，成就最为突出。

郑板桥的书法综合草、隶、篆、楷四体，再加入兰竹笔意，写来大小不一，歪斜不整，他自称这种书法为"六分半书"。

以宋代著名书法家黄庭坚的笔致来增强文字的气势，并以"乱石铺街、浪里插篙"形容他的书法变化与立论的依据。

郑板桥的书法、诗词与画是统一结合的一个整体，这三者之间有机地结合

郑板桥画的竹子

在一起，同时被郑板桥创作于宣纸之上。他是我国历史上将诗、书、画三种艺术形式完美地结合在一起的最有代表性的人物。他的诗、书、画是一个统一的整体，不能分别对照，否则将会失去郑板桥作品的灵动性。

二、以乐治国　以琴养心：中国乐舞

乐舞是承载着丰富民族精神的载体。中国幅员辽阔，民族众多，复杂多样的生态环境和文化传统，不平衡的历史发展进程，都在乐舞文化中有相应的体现，有些舞蹈甚至可称为文化上的"活化石"。所以说，中国乐舞是中华民族智慧和心灵的结晶。

1. 音乐艺术

中国各种艺术门类中，音乐与政教的关系最为密切。因为一方面上古时代礼乐之兴就是从政治教化上而来；另一方面，由于孔孟对乐的态度，不仅仅是欣赏其美，更是重视所代表的德。

汉武帝时，张骞通西域，他将西域的音乐带入中国，乐官李延年据此创造了新声二十八解。自此以后，中国音乐有了独立的发展，音乐史上，开始有了"胡乐"和"古乐"之分。胡乐就是指纯由外族胡人那里吸收来的音乐，古乐指从上古一直流传下来的本土音乐。在

编钟

魏晋南北朝时期，南朝还能保存不少古乐，北朝因地域上的关系以及胡人大量地入住中原，胡乐随之兴盛起来。唐代，二者已趋于融合，胡乐已融合在中国文化之中，成为国粹的一部分。另外，由于唐代佛教盛行，佛教音乐也随之盛行，宫廷燕乐中的天竺乐就包含"天曲"，即佛教音乐。从龙门石窟的乐舞图演变来看，从北魏到唐朝，传统雅乐乐队使用的钟、鼓、磬等打击乐器逐渐减少，而琵琶、箜篌等外来乐器和民间乐器大大增加，这反映了音乐由雅乐向俗乐转变的一种趋势。这种趋势到了宋代有了更快的发展。从北宋开始，整理民间音乐的任务已经从官府转到民间艺人那里，他们传授弟子，在"瓦肆"表演，并随时汲取民间艺术的营养。文人创作的大量词作，也主要在青楼歌妓那里传唱。明清两代，音乐艺术以昆曲为主，清代因为二黄的风行，又演变出今日的国剧，即京剧。

伯牙摔琴谢知音

伯牙，伯氏，名牙，春秋战国时期楚国郢都（今湖北荆州）人。历代文献关于伯牙的记载很多，最早见于荀子的《劝学》篇。而《吕氏春秋》和《列子》记载的伯牙与钟子期的

故事，则一直为后世所传诵。

伯牙鼓琴，钟子期在一旁听着。伯牙志在泰山，钟子期说："善哉乎鼓琴，巍巍乎若泰山！"一会儿，伯牙又志在流水，钟子期说："善哉乎鼓琴，洋洋乎若流水！"钟子期死后，伯牙摔琴绝弦终身不再操琴，因为当世再也没有能听懂他的琴声的人了。

《琴操》等古书里也记载有伯牙学琴的故事：著名琴家成连先生是伯牙

伯牙绝弦

的老师，伯牙跟成连学了三年琴却没有太大的长进。成连说自己只能教弹琴技艺，而其师万子春更为高明，便带伯牙去东海找万子春请教提高的方法。可伯牙到了东海，并未见到万子春，只看见汹涌的波涛、幽深的山林和悲啼的群鸟。伯牙心中豁然一亮，弹琴的水平更上了一层楼，于是创作了名曲《水仙操》。

安史之乱中的"琵琶圣手"

万户伤心生野烟，百官何日再朝天。

秋槐叶落空宫里，凝碧池头奏管弦。

这是唐代大诗人王维为了纪念唐代乐师雷海青而作的。雷海青是唐玄宗时著名的宫廷乐师，善于弹琵琶，很受唐玄宗器重。

在安史之乱中，安禄山攻入长安，唐玄宗西去四川，数百名梨园弟子都成了安禄山的俘虏，雷海青也在其中。

一天，安禄山在长安西内苑重天门北凝碧池举行大宴，命梨园弟子奏曲作乐。雷海青不愿为叛军演奏，称病不去，被安禄山派人强押到场。

在宴会间，这些梨园弟子相对而泣，曲不成调。这一哭激怒了安禄山，便道："再有泪者当斩！"雷海青性烈如火，当下忍耐不住，对着安禄山，高举琵琶奋力往地上一摔，琵琶被摔得粉碎，然后面西放声大哭。安禄山暴跳如雷，下令将雷海青在试马殿前肢解示众。

王维闻雷海青死难之事后，很是感动，就写了这首七绝。在安史之乱后，唐肃宗赠封死难大臣，其中就有这位忠贞的乐师——雷海青。

2. 舞蹈艺术

中国的舞蹈具有悠久的历史和丰厚的艺术积累。从甘肃秦安大地湾的原始地画和青海上孙家寨的舞蹈纹彩陶盆的图画看，中国至少在五千年前就出现舞蹈了。这种原始的艺术形态产生之后，就成为人类在漫长发展道路上的忠实旅伴，陪同人类从幼年到成年，从蒙昧进入文明。其间，不同的社会文化环境、不同的时间流程，无不或深或浅地在舞蹈艺术中留下了痕迹。

舞蹈在原始社会是文化的基本形态，举凡狩猎、战争或者与生殖有关的祭祀或祈祷活动，都是通过舞蹈来进行的。原始岩画保留着不少狩猎和隐喻生殖与人口繁衍的舞蹈形象。中华乐舞文化的第一个高峰出现在周代。西周统治阶级对上古流传的乐舞进行了整理和规范，可称人类文化史上的一大壮举。

舞蹈到了汉代，开始有了雅舞和杂舞的区分。雅舞属于本土的舞蹈，杂舞则吸收了外来的舞蹈艺术。雅舞用于宗庙祭祀，一般宴会上则用杂舞，前者庄严的成分高，后者娱乐的成分多。

唐代继承隋代的设置，进一步完善和丰富了宫廷各种乐舞机构，如教坊、梨园、太常寺，唐玄宗李隆基甚至在梨园中亲自教习。由于集中了大批各民族的民间艺人，唐代舞蹈成为吸收异域优秀文化和传播东方文明的博大载体。

宋元以来，随着市民文化的发展，民间舞蹈兴盛，许多前朝有名的古典舞蹈消失，代之的是新兴的戏曲中的舞蹈。戏曲舞蹈在明清时代渐趋成熟，成为戏曲四大表演手段中"做、打"两项的基本内容。其丰富的特技表现手段，如翎子功、翅子功、毯子功和纷繁多姿的战器舞增强了戏剧的表现力。

亦仙亦幻的《霓裳羽衣曲》

《霓裳羽衣曲》是唐代大曲中法曲的精品，唐歌舞的集大成之作。《霓裳羽衣曲》由唐玄宗作曲，在开元、天宝年间曾盛行一时，安史之乱后，宫廷就没有再演出了，后失传。

此曲约成于 718 年至 720 年，关于它的来历，则有三种说法：一是说玄宗登三乡驿，望见女儿山（传说中的仙山），触发灵感而作。

第二种说法，根据《唐会要》记载：天宝十三载（754 年），唐玄宗以太常刻石方式，更改了一些西域传入的乐曲，此曲就是根据《婆罗门曲》改编的。

《霓裳羽衣曲》

第三种则折中前两种说法，认为此曲前部分（散序）是玄宗望见女儿山后悠然神往，回宫后根据幻想而作；后部分（歌和舞）则是他吸收河西节度使杨敬述进献的印度《婆罗门曲》的音调而成。

五代时，南唐后主李煜和昭惠后曾一度整理排演，但那时宫廷传承的乐谱已经残缺不全。南宋年间，姜夔曾发现商调霓裳曲的乐谱十八段。

【思考与讨论】

1. 谈一谈古代书法在中国古代艺术中的地位。
2. 你喜欢的古代书画名家有哪些？请列出其代表作品。
3. 说一说艺术家应该具备哪些精神。
4. 如何提高当代大学生的艺术素养？

【工匠故事】

工匠之行——用生命温暖艺术

神与心会，心与气合，行乎不得不行，止乎不得不止，绝无求工求奇之意，而工处奇处斐然于笔墨之外。

——王原祁

齐白石的工匠精神和艺术精神

齐白石（1864—1957），生于湖南湘潭。早年家贫为木工，壮年卖画谋生。57 岁"衰年变法"，留下大量画作，代表作有《蛙声十里出山泉》等，曾任中央美术学院名誉教授、中国美术家协会主席等职，为中国美术界继往开来的大师。齐白石作为孜孜不倦的艺术追求者，虽未接受过正规教育，但在不断奋斗中显示出的精神极具楷模性。

一、尊师重友，自强不息

齐白石以前人为师，汲取精华；以自然为师，道法自然。尊师重友和自强不息的精神，使他在人生的关键环节脱颖而出，最终成为一代大师。

一次提升：由做大器作改为做小器作

齐白石幼年家贫，牧牛砍柴之余随外祖父周雨若读书，学习字画。15 岁拜粗木作齐仙佑为师，因力小身弱放弃，之后再拜粗木作齐长龄为师。这年秋天，齐白石随师父做工归来，途遇作雕花木器的细木工匠，齐师傅对齐白石说："做大器作的人，不敢和做小器作者平起平坐。不是聪明人，是一辈子也学不成细木作的。"齐白石遂暗下决心，之后拜周之美为师学习雕花木工，改学小器作。

二次提升：由细木工改为画师

齐白石24岁时，拜纸扎匠出身民间艺人萧芗陔为师，学画肖像画和装裱画。25岁拜胡沁园、陈少蕃为师，由木工转向绘画，作肖像养家。除中堂、条屏、小照、遗容之外，还经常为主顾家女眷画帐檐、袖套、鞋样之类，有"江河不择细流"的风范。基层美工的锻炼，使其画像术日渐精湛。

三次提升：由肖像画改习诗画印

胡沁园介绍齐白石向谭溥(号荔生)学习山水画，并鼓励他学诗，后齐白石又向何绍基学书法。32岁以后，齐白石钻研篆刻图章，锲而不舍，"并不看作文人的余事，所以后来独有成就"。35岁，拜湘潭名士王闿运为师学习诗文；38岁，赴西安教画，步入写意画风格。

四次提升：走出湘潭定居北京

自40岁起，齐白石离乡出游，行万里路，六出六归，饱览名山大川，广结艺术名流，视野洞开。55岁避乱北上，两年后定居北京。开阔的艺术视野推进了他的"衰年变法"。由于交友至诚，齐白石先后得到陈师曾、徐悲鸿、罗瘿公、林风眠等人的鼎力帮助。

二、锲而不舍，精益求精

每日劳作，锲而不舍

齐白石从一个小木匠成长为大画家，源于利用好"三余"："冬者岁之余，夜者日之余，阴雨者时之余。"旧时的匠人、文人既要学习，又要种地，利用好"三余"便可成就一生事业。齐白石在创作《夕照归牛图》时，曾自述："祖父叫我每天上山，一边牧牛，一边砍柴，顺便捡点粪，还要带着我二弟纯松一块儿去，由我照看。"一个放牛的孩子，除了身兼四职之外，还能够带着审美的眼光观察周围的世界，这种激情与他的敬业、忠诚、勤奋、体谅家庭的精神凝结为一体。齐白石"不教一日闲过"自勉幅体现了利用"三余"的精髓。

终身学习，精益求精

据郎绍君统计，齐白石画过的题材众多：草虫30余种、禽鸟30余种、花果70余种，螳螂前臂上的大刺与蝗虫后腿上的尖刺的用笔和形态就完全不同。昆虫专家曾鉴定过一次北京画院珍藏的齐白石的工虫画稿，发现仅有少数几个品种是南方产地，其余都是北方的昆虫，包括灶马、土鳖、蝼蛄等，而这些都是他定居北京后的作品，可谓"烈士暮年，壮心不已"。当代评论家陈传席指出，齐白石采用"单色法"，用足够厚重的颜色一笔画成，足显功力。这种功力

来自他终生作画，直到临终前还手
握画笔，留给后人最后一幅画作。

三、循序渐进，不断创新

不惧挫折，"衰年变法"

齐白石的匠人气质，追求工整
细致的画风，每创一幅皆竭尽心力，
《工笔草虫册页》的创作即是明证。
齐白石晚年赴京谋生，画酬低廉，
生活艰辛，北漂多处。自慨之余，
在陈师曾的"自出新意，变通画法"
的建议下，决心变法。《白石诗草》
云："余作画数十年，未称己意。从
此决定大变，不欲人知。即饿死京华，公等勿怜。"

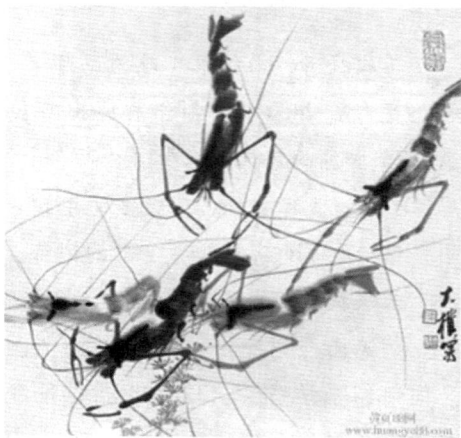

齐白石笔下的虾

齐白石主张艺术"妙在似与不似之间"，"衰年变法"，师法徐渭、朱耷、石
涛、吴昌硕等，形成了独特的大写意国画风格，开红花墨叶一派。然而，直到
新中国成立以后，齐白石的成就才被世人认可。1950 年，中央美术学院聘齐白
石为名誉教授，时年 86 岁，可谓大器晚成。

学无止境，道法自然

齐白石从小生活在水塘边，常
钓虾玩；青年时开始画虾；40 岁后
临摹过徐渭、李复堂等明清画家画
的虾；63 岁时在碗里养了几只长臂
虾，置于画案，日观夜察，画虾之法
也因此而变，虾成为齐白石代表性
的艺术符号之一。为了画和平鸽题
材的作品，齐白石亲自养鸽，静观
鸽姿，画出《百花与和平鸽》。"为
万虫写照，为百鸟传神"的艺术追
求，体现了齐白石艺无止境的创作
追求。

齐白石

盛名之下，如履薄冰

齐白石 88 岁时，曾经为艾青鉴定一幅自己的早年画作，感到自己的功力
滑落，闲暇时就一笔一画地描红，儿子对此感到困惑。齐白石说："现在我的

中国文化读本（职教版）

声望高，很多人说我画得好，觉得我随便抹一笔都是好的，我也被这些赞誉弄得有些飘飘然了，无形之中放松了对自己的要求。直到前几天，我看见年轻时画的一幅画，才猛然惊醒——我不能再被外界的那些不实之词蒙蔽了，所以还要重新认真练习，要自己管住自己。"

四、追求卓越，雅俗共赏

齐白石对待艺术严谨，有自己的标准。其代表作《蛙声十里出山泉》就是来自清代诗人查慎行的诗句和老舍的构思，现已被编入小学教科书。老舍曾经以自己钟爱的清末诗人苏曼殊"芭蕉叶卷抱秋花"的诗句，向齐白石约画。在画芭蕉叶卷时，齐白石问老舍的夫人胡絜青："芭蕉卷叶是左旋还是右旋？"胡絜青答不上来，于是齐白石放弃画卷叶。齐白石追求卓越和雅俗共赏的境界，熔炼了中国人的审美认知和趣味，无论是专业画家，还是普通老百姓，都认为齐白石的作品美妙无比。张俊东认为，齐白石时常要考虑市场和买家的喜好，平民情结更浓厚。

作为木匠，齐白石能不断吸收传统的美术成就，精益求精、推陈出新，体现了对审美的不懈追求。作为画家，齐白石有别于纯文人画家，以工匠般的坚守从事绘画，事业和谋生兼顾，体现了对美和善的追求。这种工匠精神和艺术精神相互支撑，成就了齐白石的艺术人生。

【阅读关键词】 慎独、专注、锲而不舍

【成长启示】 要想做好一件事情，需要我们不断地攀登，唯有向上攀登，才能取得显著的成绩。

第五章

凝固的音符：中国古代建筑

> 建筑是有生命的，它虽然是凝固的，可在它上面蕴含着人文思想。
>
> ——世界著名建筑大师贝聿铭

中国古代建筑具有鲜明的地域性、时代性、科学性和艺术性，能够综合地反映古人在某历史时期所达到的科学技术和文化艺术水平，是当时物质文明和精神文明的标志，也体现了中国人的文化观念和审美趣味。

一、皇室建筑：中华遗产之荟萃

皇室建筑分为宫殿和陵寝。

宫殿为帝王居住之所，是中国古代建筑中最高级最豪华的一种类型。为了体现帝王之威，宫殿建筑有如下几个特点。

1. 严格的中轴对称

为了表现君权受命于天和以皇权为核心的等级观念，宫殿建筑采取严格的中轴对称的布局方式。中轴线上的建筑高大华丽，轴侧的建筑低小简单。这种明显的反差，体现了皇权的至高无上；中轴线纵长深远，更显示了帝王宫殿的尊严华贵。

2. 左祖右社，或称左庙右社

中国的礼制思想，有一个重要内容，即崇敬祖先、提倡孝道，祭祀土地神和谷神。所谓"左祖"，是在宫殿左前方设祖庙。祖庙是帝王祭祀祖先的地方，因为是天子的祖庙，故称太庙。所谓"右社"，是在宫殿右前方设社稷坛。社为土地神，稷为谷神。社稷坛是帝王祭祀土地神和谷神的地方。古代以左为上，所以左在前，右在后。

皇家宫殿建筑

3. 前朝后寝

这是宫室（或称宫殿）自身的布局。所谓"前朝"，即为帝王上朝治政、奉行大典之处。所谓"后寝"，即帝王和后妃们生活居住的地方。

如果说皇宫显示现世帝王的威严，陵墓则表示已逝帝王的威严。中国古人基于人死而灵魂不灭的观念，普遍重视丧葬，因此，无论任何阶层对陵墓皆精心构筑。在漫长的历史进程中，中国陵墓建筑得到了长足发展，产生了举世罕见

秦始皇陵兵马俑

的、庞大的古代帝后墓群，并且在历史演变的过程中，陵墓建筑逐步与绘画、书法、雕刻等诸艺术融为一体，成为反映多种艺术成就的综合体。

二、居民建筑：百态乡土风情

居民建筑虽然没有皇室建筑的雍容华贵，但彰显了居民生活的千姿百态，凝结了劳动人民的智慧，是工匠们根据地理环境、民俗特色来建造的房屋，不仅宜居温馨也富有民族特色。

1. 文化的殿堂——北京四合院

北京四合院作为老北京人世代居住的主要建筑形式，驰名中外。这种古代劳动人民精心创造出来的民居形式，伴随人们休养生息成百上千年，在人们心目中留下了深刻印象。

四合院大都在胡同里。胡同的形成是随着北京城的变化、发展和演进的。为保护古都风貌，体现传统特色，北京城区划定了20余条胡同为历史文化保护区，像南锣鼓巷、西四北一条等就被定为四合院平房保护区。

说起四合院，中国南北都有。南方如云南的四合院就很出名：庭院清雅，白墙青瓦，并有彩画、石雕、砖雕等，加上大量的绿色植物，很适合人居。北方四合院以北京四合院为代表。北京四合院与北京的胡同一样，早已成为北京的象征。

北京四合院

北京四合院的突出特点在"院"上体现出来。北京四合院是一个封闭性的院落：四合院的四面围起高墙，中间是封闭的空间，只有大门向外界开放，即使开窗也只有在南房离地面很高的地方开个小窗。四合院关上大门，里面就是一个独立的小空间。四合院作为北京民居的主要形式，自元代定都大都（北京）开始，就已经出现。在元大都的城市规划中，民居一般都采用四合院形式。将一个个四合院连在一起的是胡同和街坊，由此形成互相关联的世界。四合院不是与世隔绝的小空间，而是城市景观的有机组成部分。

封闭的四合院形式被继承下来，说明它比较符合北京的地域特点。北京古城本来的规模就很大，人员流动性强，南北交汇，在这八方通衢的世界里居住，安全是必须考虑的。四合院院墙坚固、大门紧锁以及高高吊在上面的窗户都说明，这里面有安全方面的考虑。

北京春季风沙多，四合院的外围尽可能地少设门窗，其中一个原因就是为了减少风沙侵扰。北京的冬天十分寒冷，经常是寒风大作，四面高墙也起到御寒和挡风的作用。现在很多四合院被拆了，居民们搬到了高楼上住。在寒风呼啸的夜晚，人们常常怀念四合院中的安宁，那里就像一个宁静的港湾。

别看外在封闭，四合院里却是一个大世界。一般正门后有一个照壁，它是进门之后的第一道景观。转过照壁，就到了前院正中的垂花门，这是进入院子的大门。跨入垂花门，你就会进入一个开阔疏朗的院落，这是四合院的中心位置，迎着垂花门的正房以及东西两侧厢房的门都朝院子中开，形成一个向外封闭、向内开放的格局。院子中总是栽着各种花木，春天看花，夏天乘荫，秋天结果，"一年四季，无一日不好"（中国现代作家郁达夫语）。这里有李树，有枣树，还有海棠、石榴、夹竹桃等；有紫藤缠绕，还有金鱼缸，可以说尽得大自然的恩赐。

四合院中不仅"围"出了花香鸟语，更"围"出了人气。本来四合院是一门一户，一大家人，几代同堂，按照长幼的秩序，各住其房，各守其位，尊老爱幼，互相照顾，一家人在一起，如沐浴着春天的阳光，暖洋洋，热腾腾，不管外面世界如何动荡，四合院里却是一个宁静的家园。

到后来，四合院不是一家一户所住，但它的优越性并没有丧失，四合院所烘托的"家"的感觉，互相关照的亲情、友情、邻里情，会对每个住在这里的人有所触动。在四合院中守望相助，几乎成为住过四合院的人的普遍回忆。

2. 丽江古城

丽江古城就像它身边的玉龙雪山那样清澈秀丽，像香格里拉那样神秘安详。香格里拉，是藏语"心中的日月"的意思。这座古城，其实就是纳西人心目中的日月。

人与自然的和谐同样是丽江古城追求的最高境界。这座古城三面环山，一面是开阔的沃野。几千户人家就居住在群山的环抱之中。纳西人很善于利用大

丽江古城

自然的恩泽，所建民居都背北朝南，有"户户朝阳"的格局。丽江古城没有一般市井的通衢大道，没有谨严的布局，一切似乎都得之于自然，使这座古城无处不散发出一种自由的格调。没有刻意追求的秩序，就像向上攀爬的藤蔓，自由地延伸，想到哪儿就到哪儿。

四方街是丽江的核心地带，在并不大的广场四周，便是四通八达的街道，道路随意延伸，从四方街伸出数条街道，由这数条街道又岔出众多的街道，条条街道都有水流穿过，纵横如网，鲜活流动。像一个巨大的树叶脉络自然延伸，绵绵不断。由四方街出来的条条街道，都以彩石铺地，令人回味不已。

人们用"三房一照壁"来概括丽江古城纳西民居的特点。进门一般有照壁。方向朝南、面对照壁的建筑，则是这里的主房，主房一般都是给长辈居住。东西厢略低，给晚

辈居住。中间有一个院子，多用砖石铺成，并栽有花木。房屋有纤秀的飞檐，有的出檐很长，屋顶是具有相当曲度的坡面，使得这样的建筑在方正中有曲折，谨严中显示出活泼的趣味。纳西人追求灵秀和古朴相结合，这正是它的体现。建筑充分注意到防震功能，在1996年的大地震中，有的建筑墙壁倒塌了，但是主体梁柱部分还基本保存完好。

丽江民居一般都有前后院，一进多院，院院相连，显得很空阔。院子就是它的中心，也是一种四合院的形式，只是没有北京四合院那样复杂罢了。丽江民居一般都有厦子，也就是外廊，是一个开放的空间，这里有四季如春的宜人气候，纳西人常在厦子里休息、吃饭或会客。

3. 东方古城堡——福建永定土楼

福建土楼，产生于宋元时期，一直延续至今。它是东方文明的一颗明珠，因其为福建客家人所建，因此又称"客家土楼"。

福建土楼以历史悠久、种类繁多、规模宏大、结构奇巧、功能齐全、内涵丰富而著称，具有极高的历史、艺术和科学价值，被誉为"东方古城堡""世界建筑奇葩"。

福建土楼是世界独一无二的大型民居形式，被称为中国传统民居的瑰宝。

在福建龙岩市永定区（原永定县）的山区，两千多平方公里的地方，建有两万多座土楼。这些土楼多是一些巨型的建筑集群，其中三层以上的大型建筑有近五千座，有些土楼可以容纳数千人居住。土楼大多年代久远，清末以前的建筑占七成以上，大多为明代中期以来的建筑。最早的建筑可以追溯到唐代。今见唐人所建馥馨楼的断

福建土楼

墙残垣，还可想象出其当年的雄姿。这些民居的主人是客家人。客家人是中华民族发展史上的一个特殊族群。大约从4世纪的西晋时期开始，为躲避战乱和灾荒，中原地带的汉族人大规模向南迁徙。在一千多年的历史发展中，经历了多次大的迁徙。辗转流变中，有不少人经江西赣州进入闽西山区，并最终在此定居，从而形成了以客家话为特征的客家民系。永定土楼是"远方来客的家"，客家人将自己的智慧和辛劳奉献给让他们止泊的居所。客家土楼的产生伴着客家民系形成的过程，它的出现注解着中华民族坚忍不拔、历久弥新的精神。

客家土楼有多种样式，其中主要有方形和圆形两种。圆形土楼后起，这种被称为

"土圆楼"的建筑，最能体现客家土楼的特色，它是客家人的伟大创造。现存此类土圆楼有三百多座。此类土楼一般由两到三圈构成，外高内低，层层递进，环环套起。远看如巨大的城堡，进入其中，如同一个小世界。有一副对联说得好："高四层，楼四圈，上上下下四百间；圆中圆，圈套圈，历经沧桑三百年。"

位于永定湖坑镇洪坑村的振成楼，可以说是客家土圆楼的代表。这座建于1912年的巨型民居，占地五千多平方米，分内外两圈，外圈四层，内圈两层，共有两百多间房屋，房屋之间以廊连接。采用中轴线布局，构造极为复杂，可以说是一座建筑艺术的博物馆。设计者融入了江南园林的布景方式，甚至还引入了西方建筑的一些元素。这还是一座"有思想的土楼"。这座被称为"八卦楼"的建筑群，将天圆地方的观念、八卦的图式结构以及中国人时空一体的思维融入其中，使得这座土楼成为中国传统思想的集中具体呈现。

客家土楼的历史，突出了"平等聚居"的观念。土楼内房屋一般平等分居，没有贵贱高低，在"圆"中也削去了朝向、主次等差别，它强调的是流动性和平等观念。都是远方来客，同根同源，彼此回护，共生共荣。在强调等级秩序的古代文化背景中，能有这样的观念殊为不易。客家土楼是聚族而居，是一个"家族的王国"，所谓"一本所生，亲疏无多，何必太分你我；共居一楼，出入相见，最宜重法人伦"。这样的聚居方式，也强化了人们敦亲睦族的观念。

三、佛教建筑：特色宗教文化

登山晋庙，我们会见到许多造型各异、雄伟巍峨、金碧辉煌的殿堂式建筑。殿堂内又有许多妙相庄严、气魄雄伟、技法精湛的佛菩萨塑像，及千姿百态、各相有别的尊者、罗汉、天王像。寺壁还有许多结构严谨、色彩艳丽、画技高超、表现佛教历史典故的壁画。进寺庙能使我们欣赏到大量珍贵的艺术作品和寺院文化，这些都是中国历代佛教高僧和艺术工匠们的智慧结晶。

我国的佛教活动多活跃于人口密集的城镇和风光秀丽的山岳地带，尤其是名山幽谷最为集中。"天下名山僧占多"就是这种印记的真实写照。

1. 海拔最高的佛寺——布达拉宫

布达拉宫位于"世界屋脊"青藏高原西南部，海拔四千米以上。布达拉宫坐落在拉萨西北的红山，从山脚仰望，巍峨雄伟，气势磅礴。寺高十三层，有金殿三座，金塔五座，壮丽冠天下。宫墙由花岗岩砌成，洁白的宫墙上坐落着的红宫仿佛是圣洁和庄严的化身。这座古建筑倚山而建，层层殿宇仿佛突出佛教的崇高地位。布达拉宫共有大小殿堂、楼阁、房舍一千多间，大小柱子一万多根。布达拉宫东南、西南都建有确楼护卫，里面还有法庭、监牢，是一座形制十分完备的城堡。宫内藏有大批珍贵文物，堪称西藏文化艺术宝库。

寺内有僧徒约二万五千人，不但是西藏最大的佛寺，也是世界上的大佛寺之一，为达赖喇嘛统制行政之中心。

布达拉宫始建于七世纪，于今已有一千三百多年的历史。布达拉是蒙语"孤峰"的意思。寺以峰名，因山而构，远望金碧辉煌。

布达拉宫

据说，当时吐蕃王朝正处于强盛时期，吐蕃赞普松赞干布与唐联姻，为迎娶文成公主，松赞干布下令修建这座有九百九十九间殿堂的宫殿，"筑一城以夸后世"。布达拉宫始建时规模没有这么大，以后不断进行重建和扩建，规模逐渐扩大。17世纪中叶，五世达赖受清朝册封后，又由其总管第巴·桑结嘉措主持扩建重修工程，历时近五十年，始具今日之规模。到十三世达赖，布达拉宫又进行了历时八年的修建。据说，这次修建仅白银就花费了二百一十三万两。从松赞干布至今，在这一千三百多年间，先后有九个藏王和十个达赖喇嘛曾在这里施政布教。

2. 少林寺——天下第一名刹

少林寺是天下第一名刹。禅宗祖庭，少林武术的发源地，因其坐落在河南省登封市中岳嵩山的腹地，少室山下的茂密丛林中，所以取名"少林寺"。

北魏太和十九年（495年），孝文帝为安顿印度高僧跋陀落迹传教而依山敕建少林寺。释迦牟尼大弟子摩诃迦叶的第二十八代佛徒达摩泛海至广州，经南京，北渡长江来到嵩山少林寺，广集信徒授传禅宗，被佛教界尊奉为中国禅宗的始祖，少林寺也被奉为中国佛教的禅宗祖庭。

少林寺以禅宗和武术称名于世。隋唐时期，已具盛名。宋代，少林武术已自成体系，风格独绝，史称"少林派"，成为中国武术派别中的佼佼者。元明时期，少林寺已拥有僧众二千余人，成为驰名中外的大佛寺。清代中期以后，少林寺逐渐衰落。

嵩山少林寺

少林寺虽历经沧桑，但是留存下来的文物仍然相当丰富。如：自北齐以后的历代石刻四百余品、唐至清代的砖石墓塔二百五十余座、北宋的初祖庵大殿、明代的五百罗汉巨幅彩色壁画、清代的"少林拳谱"和"十三和尚救唐王"等彩色壁画都具有较高的历史、艺术和科学价值。

四、园林建筑：东方文明之珠

中国古代园林又称中国传统园林或古典园林，是中国传统文化的重要组成部分。它历史悠久，文化内涵丰富，个性鲜明独特，多姿多彩，极具艺术魅力。

中国园林建筑包括皇家园林、私家园林、自然风景园林和寺庙园林。皇家园林是帝王构建的离宫别馆，它们往往规模巨大、建筑庞集、风格奢华、色彩辉煌。现存的皇家园林以明清两代的遗物为主，其中，保存最好的是北京的颐和园。皇家园林不仅是封建社会统治者生活和游乐的地方，也是帝王实施朝政、行使权力的重要场所。在建造中还融合了中国绘画、诗歌和文学意境，成功地造就出宏大气势、辉煌色彩及其与绿化环境的协调关系。皇家园林客观而真实地反映了中国历代王朝不同的历史背景、社会经济的兴衰和工程技术的水平，而且特色鲜明地折射出中华民族自然观、人生观和世界观的演变，蕴含了儒、释、道等哲学或宗教思想，凝聚了中国无数知识分子和能工巧匠的勤劳与智慧。它们的建造往往耗费了巨大的人力物力，延续多年的时间，所以说皇家园林反映了一个时代建筑和园林艺术的最高成就。历代帝王为满足一己之私欲而营造的气势恢宏的皇家园林，不仅是中国园林艺术的宝贵财富，也是世界文化遗产中璀璨夺目的东方文明之珠。私家园林比起皇家园林，规模要小得多，特色是能小中见大、造园手法丰富。苏州的拙政园、沧浪亭，扬州的个园、何园，上海的豫园，广东的清晖园最为著名。自然风景园林是在自然山水中发展起来的，一般来说，离城市不远，不像皇家园林和私家园林那样封闭，又因其与市民生活的关系密切，与乡土文化、民间传说渊源颇深。寺庙园林是指附属于佛寺、道观或坛庙祠堂的园林，中国的寺观往往直接点缀在自然山水中，比如杭州西湖的灵隐寺。

颐和园的艺术

"东方第一皇家园林"颐和园，是我国保存得最完整和规模最大的御苑，也是我国园林艺术之集大成者。它的前身清漪园始建于 1750 年，占地 290 公顷，3/4 是水面，工期 15 载，用银 448 万两。时值"康乾盛世"，清朝的经济、文化、版图都达到了我国封建社会登峰造极的鼎盛时期。政局稳定，国库殷实，建筑艺术空前发展，这些都为乾隆皇帝建造清漪园提供了条件。

圆明园经历代皇帝不断扩建，使它拥有数十座院落，在建筑艺术上争奇斗艳，各有千秋，号称"万园之园"。

从总体构思而言，早在两千年前的汉朝建章宫，就出现了"一水三山"的造园布局。这又源于中国古老的神话传说：海上有蓬莱、方丈、瀛洲三座仙山，山上有长生不老之仙药。这正是历代"万岁爷"梦寐以求的。因此，昆明湖中点缀上南湖岛、团城岛和藻鉴堂岛，正是我国建造皇家园林的传统和规矩。

颐和园的艺术"绝活"颇多，那游人必经的长廊便是一绝。且不说廊上一万四千余幅苏式彩画，令人交口称赞；只说建造者的智慧，使你在这 728 米的长廊中游览时，竟然感觉不出它的起伏和曲折。其实，长廊也是随坡就弯而建，奥妙在于长廊中间的 4 座八角亭起到了高低过渡和变向联结点的作用。同时利用左右景观转移了你的视觉观感。因此，地基虽有高低，但不觉其不平；走向虽有转折，但不觉其不直。这真是个魔术般的杰作呀。

从总体设计来看，长廊更起着连接山水的过渡作用。万寿山南麓的斜坡直抵昆明湖边，这山水之间只剩下了一条狭长地带，最通常的"处方"就是修筑一条环湖路，上山下船都很方便。然而，如此"直、白、露"的手法，违背了园林艺术讲究含蓄、不可"一览无余"的美学原则。现在，有一条雕梁画栋的长廊横贯于山水之间，犹如山之彩屏，水之锦帐，花之叶，蝶之翼，缺它不可，巧夺天工，妙不可言。

十七孔桥东头的廊如亭是国内最大的一座八角重檐亭子。为什么单单在桥头盖这样一座大亭子呢？此景宜远观。十七孔桥是连接东堤和南湖岛的唯一通道，远远望去，桥西是岛，桥东若没有这座大亭子，就会给人"一头沉"的感觉，

颐和园的十七孔桥

破坏了平衡和对称的审美观。十七孔桥长 150 米，将昆明湖的水面分出层次，消除了千亩碧波尽收眼底的空旷观感，这些都是造园者的神来之笔。

清漪园——颐和园的设计师是谁？封建社会的尊尊思想轻视知识分子和劳动人民，史书只说是乾隆建园，慈禧重修，只知道"内务府样式房"（皇家设计院）"出样子"（建筑图纸），那些天才的设计师和能工巧匠却不见经传。好在"建筑是凝固的历史"，颐和园留给了我们很多艺术财富。

五、集工匠精神之大成的传统建筑

中国工匠向来追求精益求精的建筑精神，传统建筑更是集"工匠精神"之大成。榫卯结构作为中国传统建筑结构形式，在一定程度上蕴含着工匠的建筑智慧。所谓的榫卯结构主要借助凹凸构件连接方式，以柔性节点方式对木件结构进行限制，确保结构强度与稳定效果。早在七千多年前，河姆渡文化就已经开始应用榫卯技艺进行建筑工作。甚至可以说，榫卯结构基本上可以视为每个木匠必须掌握的基本功。

根据应用经验来看，榫卯结构的出现主要是为了迎合木材湿胀干缩的特点而形成的一种特殊结构，一般多用于古代建筑当中，尤其是古代木结构建筑、家居等设计当中。古人比较推崇取材自然的想法，因此在传统建筑建设过程中，小到天花藻井、大到立柱横梁，都可以集中体现出榫卯结构的艺术文化。根据实际应用情况来看，以榫卯结构建造出的木结构建筑无论是在抗震性能，还是承载能力方面，均表现出较强的应用优势，足以体现我国古代匠人的高超智慧。

匠人作品可能已经消失不见，但是这并不意味着匠人之魂以及精神文化就会消失不见。而是会像榫卯结构一般，得以广泛流传。可以说，"匠人精神"蕴含的建筑品质会随着时间的累积而变得更有价值。举例而言，像帝王居所，作为我国人居文化的顶级形式，无论是在建筑设计，还是建筑施工方面，无不体现出匠人的智慧结晶。清代"样式雷"家族作为清宫御用设计者，在北京故宫、天坛等建筑设计方面都可以体现出他们的设计身影，体现出他们超强的"工匠精神"。

传统建筑的装饰构件主要运用独特的手法重现世间万物的灵性，从形态中释放本我精神，体现出匠人别出心裁的建造手法。以木雕艺术为例，融合了时代文化特点，在追求情感本质的同时，体现出建筑装饰的艺术价值。与此同时，木雕从其形象方面深刻反映出中国传统文化特有的内涵特点，并融合了民俗文化本质，彰显了传统艺术风格特点，促使木雕手法不断向艺术性、智慧型方向驶进。

在回顾与欣赏中国传统建筑的过程中，需要从多个方面衡量传统建筑所蕴含的"工匠精神"，从传统建筑装饰角度入手，深刻体会建筑装饰艺术表达的自然形态和技术形态与"工匠精神"的完美结合，这也是"工匠精神"的价值根本。在创新与改进现代建筑体系的过程中，建议设计人员结合时代发展的特点，积极找寻与传统建筑"工匠精神"相契合的点，在继承与弘扬优秀传统文化的同时，潜移默化地体现出与时代相关的"工匠精神"。

【思考与讨论】

1. 谈一谈中国建筑中蕴含的工匠精神。

2. 古代建筑师所具备的精神有哪些？我们应如何学习这些精神？

3. 如何将古代建筑设计元素更好地融入现代建筑中？

【工匠故事】

工匠之技——雕梁画栋　巧夺天工

建筑师必定是伟大的雕塑家和画家，如果他不是雕塑家和画家，他只能算个建造者。

——贝聿铭

中国著名桥梁专家茅以升

中国著名桥梁专家茅以升一生都牵挂着秦淮河上的文德桥，因为这是他立志造桥、献身桥梁事业的发愿之地。

茅以升幼年辞别故乡到南京求学。1905 年端午节，秦淮河举行"赛龙舟"等活动，文德桥由于行人太多不堪重负而坍塌，死伤多人。当时在南京思益学堂求学的茅以升听到这件事后内心十分沉痛：桥可以让千万人过河，但如果造得不好，就可能引发灾难。他在心中立下誓愿，长大后一定要造比文德桥更好的桥。从此，茅以升对桥产生了强烈的兴趣，后来他成为世界著名的桥梁专家，主持修建了中国第一座现代化大铁桥——钱塘江大桥。

据研究钱塘江大桥历史的专家称，茅以升修桥的时候，是按照 20 公里的时速设计的，设计荷载铁路面轴重 50 吨，公路面 15 吨。当时的日通车辆为汽车 150 辆，火车 4.9 对。设计寿命为 50 年。然而 80 多年过去了，在这座桥上，动车可以跑到时速 120 公里，汽车可以跑到 100 公里，40 吨、60 吨重的汽车也能在桥上跑，这堪称是一个奇迹。

钱塘江大桥建成后至今没有进行过技术上的大修。大桥的 5 号、6 号桥墩在 1937 年、1944 年和 1945 年被炸过，但至今仍在正常使用。工程班子的专家每次为大桥做完评估，都会对当年建桥的工匠精神肃然起敬。真正能使桥梁坚固的，不是技术，也不是材料，而是修桥者的工匠精神。代建方、施工方、监理方、养护方等各个参建单位心中如果没有济世为民的工匠情怀，无论多么大的预算，多么好的设计和技术，都无法造出像钱塘江大桥这样经得起岁月考验、令世人敬仰的"匠心工程"。

所有令人敬仰的成就，无一不是由伟大的情怀浇灌。

茅以升

桥梁奇迹——钱塘江大桥

故宫总设计师——工部侍郎蒯祥

工匠们喜欢称自己的手艺和工具为"饭碗""吃饭的家伙"。话虽直白，却道出了工匠对自己赖以生存的职业和手艺的敬仰，也道出了工作与工匠的关系：先有工作，后有工匠。没有工作，工匠的"饭碗"和"吃饭的家伙"就会失去用武之地，工匠们赖以生存和发展的物质与精神基础也将无从谈起。

南京博物院收藏的《明宫城图》中，有一个红袍官人的画像，在他的身后，是富丽堂皇的紫禁城。他就是出生于工匠世家的故宫总设计师——工部侍郎蒯祥。蒯祥的祖父、父亲都是技艺精湛的木匠师傅。蒯祥从小耳濡目染，对建筑产生了浓厚的兴趣。才学几年，蒯祥便辍学随父学艺，年纪轻轻就有了巧匠的美誉。

明永乐十五年（1417 年），明成祖朱棣在北京建造紫禁城，从全国征召能工巧匠，蒯祥随父进京参与皇宫的建设。他技艺超群、勤劳肯干，渐渐被提拔为"营缮所丞"，成为统帅诸匠的首领。

20多年的建筑生涯使蒯祥的技艺不断提升，达到了炉火纯青的程度。每次建造宫殿楼阁时，他只要目量意营，便能画出设计图纸来，等到施工完毕后，建筑与图样设计的大小尺寸分毫不差。凡是殿阁楼榭，蒯祥随手画之，无不称上意，皇帝经常以"蒯鲁班"称之。与技艺同受推崇的，还有蒯祥的人品修养。尽管他官职

紫禁城摄影图

很大，但为人却十分谦逊简朴，出门从不坐轿。蒯祥晚年主动辞官退隐后，每当他人有营造工程向他请教时，他仍会十分热心地指导。

蒯祥一生中得到了成祖、英宗、代宗、宪宗四个皇帝的器重。《宪宗实录》中记载"凡百营造，祥无不与"，参与或主持了多项重大的皇宫陵墓建造工程，最后官居二品，享一品俸禄。

蒯祥"技而优则仕"，凭借出色的表现，从一名工匠逐步被提升为二品官。他的名字也和故宫一起被载入史册，这对于一名工匠来说，无疑是一种巨大的成功。如果没有和父亲一起应召到北京参与皇宫的建造，蒯祥也许就不会有后来的成就。由此可见，工作对于一个人的影响和塑造作用。

【阅读关键词】 严谨、敬业、淡泊

【成长启示】 用心做一件事情，这种行为来自内心的热爱，源自灵魂的本真。

第六章

光耀千古：中国科技文明

> 在科学上没有平坦的大道，只有不畏劳苦沿着陡峭山路攀登的人，才能希望达到光辉的顶点。
>
> ——马克思

一、神秘的星空：天文学

我国传统天文学是伴随着农业文明的产生而出现的。传统农业和自然界的四时交替、日月循环的自然节奏有着天然的密切关系，推动了中国传统天文学的早熟和辉煌。这主要表现为对天象观测与认识的不断发展和与农业息息相关的天文历法的日臻完善。

1. 天象观测与认识的不断发展

中国古代先民很早就积累了丰富的天象知识。郑州大河村遗址出土的陶片，有太阳、月亮和星座的彩绘纹饰，印证了远古先民对天文现象的认识。传说尧舜时期就有了"观象授时"的专职人员。《左传》引的《夏书》记载了夏代发生在房宿位置上的一次日食，这是世界上最早的一次日食记录。商代甲骨文有岁星（今木星）、火星等星名，此外还有大量有关风、云、雷、雨、雪、霜等气象记录。《诗经》中记载的周幽王六年（前776年）的一次日食，是世界上最早的一次有明确时间的日食记录。《春秋》记载了从鲁隐公三年（前720年）到鲁哀公十四年（前481年）的37次日食，其中32次已证明可靠。公元前 613 年，周史官还观测到"有星孛入于北斗"，这是世界上关于哈雷彗星的最早记录。据考古专家论证，古代中国人确定天体及星相位置的二十八宿体系大概诞生于春秋中期。湖北随县出土的战国前期曾侯乙墓中的一具漆衣箱，箱盖上绘有二十八宿天文图像。二十八宿的划分和应用是我国古代天文学研究的一项重大成就。战国时期，齐人（一说是鲁人或楚人）甘德的《天文星占》和魏人石申的《天文》，合称《甘石星经》，测定了黄道附近约 120 个恒星的方位，这是世界上最早的星表，可惜已经失传。

汉代天文学有了很大的发展，关于天象的记录非常丰富。《史记·天官书》和《汉书·天文志》都详细记载了周天星座的方位和对一些行星的观测。《汉书·五行志》记载，成帝河平元年（前 28 年），"日中有黑气，大如钱，居日中央"。这是世界上有关太阳黑子的最早记录。当时，关于天体结构曾出现三种不同说法，即宣夜说、盖天说和浑天说。宣夜说已失传。盖天说以《周髀算经》为代表，认为天像一个伞盖，地像一个棋盘。浑天说则认为天和地都是圆的，天在外，像蛋壳，地在内，像蛋黄。东汉著名天文学家张衡总结了过去和当时的自然科学成果并亲自进行观测，写出了天文学著作《灵宪》，比较准确地说明了月光和月亮盈亏朔望的道理。他认为"月光生于日之所照"，月食是由于"蔽于地"所致。《灵宪》中还比较精确地记录了在中原地区能经常见到的星数 2 500 个，这在当时是非常难得的。在浑天说的基础上，张衡发明了利用水力转动的天文仪器"浑天仪"。浑天仪据说是用铜铸成浑象（即天体仪），球面上标出黄道、赤道（相交成 24 度角）、南极、北极，并刻有二十八宿及其他星座，用漏壶的水力推动，每天回转一周，非常巧妙。

魏晋时期天文历法的重大成就之一，是发现了"岁差"。晋代以前人们尚不知岁差，认为太阳从冬至到下一个冬至，总是在某一个固定点上，即太阳走完了一周年，也就走完了一周天。东晋虞喜发现冬至点实际上是缓慢移动的，一周年不等于一周天，周年与周天间之差叫岁差。祖冲之根据自己的观测计算，证实了岁差的存在，这是世界天文史上的首创。

隋唐时期是我国天文学发展的辉煌时期，在实际观测与计算、天文仪器的制造方面都取得了突出的成就，其中贡献最大的是唐代天文学家张遂。从唐玄宗开元十三年（725年）开始，他率领一个科学考察队到河南滑州、浚仪、扶沟和上蔡实地观测天文自然现象，实测滑州、汴州、许州、豫州一线纬度，得出子午线长一度为 351.27 唐里。这个数据，虽然与近代科学数据有差距，但在当时的观念中已包含了有关地球大小的意义，是我国古代天文学上的一个创举。天文仪器制造方面，李淳风设计的"浑天仪"，结构复杂而精密，表里三重，可以测量天体经纬、日月星辰。张遂与梁令瓒等创制的"黄道游仪"（测量星辰经纬度的天文仪器）和"铜浑仪"等，用"以考七曜行度，互相证明"。唐人已发现恒星也是移动的，而西方直到 18 世纪初英国人哈雷才提出恒星自行的观点。

中国文化读本（职教版）

宋元时期，天文学成就也很突出。宋代曾进行过五次大规模的天文观测，第四次是在宋神宗元丰年间（1078—1085 年）进行的，曾将观测结果绘成星图，后来又刻石保存。此碑刻有恒星 1 434 颗，还画出银河的界线，现存于苏州。通过天文观测，宋人还发现了 4 颗超新星，其中最重要的是 1054 年出现在天关星附近的"客星"。元祐元年（1086 年），苏颂、韩公廉奉命重制浑仪，两年后制成新型的天文仪器——水运仪象台（俗称天文钟）。他把浑仪、浑象和报时装置组合在一起，上下分三层，总高约 12 米，上层是放置浑仪的观测室，中层放置旋转的浑象，下层是报时钟和动力装置，以水力推动，通过变速与转动装置，使三部分仪器运作起来。其制作之精妙、结构之复杂、功能之齐全堪称世界之最。元代著名科学家郭守敬（1231—1316）不仅精通天文、算术和水利，而且在天文学方面也取得了显著的成就。他创造和改进了简仪等 13 种天文仪器，主持了全国 26 个地区的天文观测，在大都建立了司天台，积累了宝贵的天文观测资料。

明清时期，设有国家天文台——"钦天监"，总掌天文观测。今北京建国门内的古观象台，始建于明正统七年（1442 年），台上有大型铜铸天文仪器，台下为紫微殿、漏壶房、晷影房等附属建筑，功能十分齐全。

对于中国古代杰出的天文成就，李约瑟曾感叹道："中国人在阿拉伯人之前，是全世界最坚毅、最精确的天文观测者，并在很长一

北京建国门内的古观象台

段时间（约公元前 5 世纪至公元 10 世纪）几乎只有中国人的记事可供利用。"

2. 观象授时

中国是世界上天文学起步最早、发展最快的国家之一，天文学也是我国古代最发达的四门自然科学之一，其他三门为农学、医学和数学，天文学方面屡有革新的优良历法、令人惊羡的发明创造、卓有见识的宇宙观等，在世界天文学发展史上，无不占据重要的地位。

中国古代天文学从原始社会就开始萌芽了。早在帝尧时代，就设立了专职的天文官，专门从事"观象授时"。中国最早的天象观察，可以追溯到好几千年以前。无论是对太阳、月亮、行星、彗星、新星、恒星，以及日食和月食、太阳黑子、日耳、流星雨等罕见天象，都有着悠久而丰富的记载，观察仔细、记录精确、描述详尽，其水平之高，达到

令人惊讶的程度，这些记载至今仍具有很高的科学价值。在中国河南安阳出土的殷墟甲骨文中，已有丰富的天文现象的记载。这表明远在公元前 14 世纪时，我们祖先的天文学已很发达了。中国是欧洲文艺复兴以前天文现象最精确的观测者和记录的最好保存者。

中国古代对著名的流星雨，如天琴座、英仙座、狮子座等流星雨，各有好多次记录，光是天琴座流星雨至少就有 10 次，英仙座至少也有 12 次。狮子座流星雨由于 1833 年的盛大"表演"而特别出名。902—1833 年，中国以及欧洲和阿拉伯等国家，总共记录了 13 次狮子座流星雨的出现，其中中国占 7 次，最早的一次是在 931 年 10 月 21 日，是世界上的第二次狮子座流星雨纪事。

中国还有不少太阳黑子记录，如约公元前 140 年成书的《淮南子》中说："日中有踆乌。"公元前 165 年的一次记载中说："日中有王字。"

战国时期的一次记录描述为"日中有立人之像"。更早的观察和记录，可以上溯到甲骨文中有关太阳黑子的记载，离现在已有 3 000 多年。从公元前 28 年到明代末年的 1 600 多年当中，中国共有 100 多次翔实可靠的太阳黑子记录，这些记录不仅有确切日期，而且对黑子的形状、大小、位置乃至分裂、变化等，也都有很详细和认真的描述。这是中国和世界人民一份十分宝贵的科学遗产，对研究太阳物理和太阳的活动规律，以及地球上的气候变迁等，是极为珍贵的历史资料。

3. 从土圭到浑天仪

在 11 世纪的世界上，就科学技术而言，中国文明的经验仍然是世界文明进程的前驱。譬如天文学，宋人对天象之观测与记录，星图之绘制，观象与计时仪器之改良，历法之修订，宇宙之描述，莫不有精良建树。100 年间，宋人进行了 5 次恒星位置观测并在此基础上刻星图于石上（苏州石刻天文图）。苏颂与韩公廉建造的水运仪象台，构思极为精巧。此

浑天仪

台高约 12 米，宽约 7 米，分 3 层，上层放浑仪，用以观测日月星辰的位置，中层置浑象，模拟天体运动，下层设 5 层木阁，定时有木人出来报时，木阁后面装置漏壶和机械系统、漏壶引水升降，推动机轮，使整个仪器运转，此仪器又名元祐仪。

中国最古老、最简单的天文仪器是土圭，也叫圭表。它是用来度量日影长短的，它最初是从什么时候开始有的已无从考证。此外，西汉的落下闳改制了浑仪，这种中国古

代测量天体位置的主要仪器，几乎历代都有改进。东汉的张衡创制了世界上第一架利用水利作为动力的浑象。元代的郭守敬先后创制和改进了 10 多种天文仪器，如简仪、高表、仰仪等。中国古代观测天象的台址名称很多，如灵台、瞻星台、司天台、观星台和观象台等，现今保存最完好的就是河南登封观星台和北京古观象台。

二、身体的科学：中医

拥有几千年历史的中医药学，是中国文化大花园里的一枝奇葩。中医与京剧、国画一起被誉为"三大国粹"，其独特的辨证治疗方式在世界医药领域占有重要地位。

1. 中医学的发展

我国医药学有悠久的历史。商代甲骨文上记载了许多疾病的名称。《周礼·天官》把医师分为内科(疾医)、外科(疡医)、饮食卫生科(食医)三类。大概从西周以来，王廷里就设置了专门的医官。据《左传》记载，春秋时期秦国有名为医和、医缓的名医，医和提出了"六气"(阴、阳、风、雨、晦、明)与疾病的关系，奠定了后来形成的风、寒、暑、湿、燥、火"六气"病理学说的基础。战国时期的民间医生扁鹊(本名秦越人)总结出望、闻、问、切的诊断方法，精通内、儿、妇产、五官等科的医疗技术，运用针灸、按摩、手术、汤药等方法治疗疾病，被誉为"神医"。据传他一次路过虢国，虢国太子患了一种"尸厥症"(类似现在的"休克"或假死)，他以针灸、熨帖和汤剂合并治疗，把虢国太子救活，当时人们称他有"起死回生"之术。

秦汉时期，中国的完整医学体系已经建立起来。虽然它披着阴阳五行色彩的外衣，但对人的生理现象、病理现象和治疗方法的解释，则包含着辩证观点。西汉时期的《黄帝内经》是秦汉以前医学临床实验的经验总结，是我国现存的最早的一部重要医学著作。《黄帝内经》总结出脏腑经络学说和病因学说，记载了我国最早的人体解剖知识，提出了初步的血液循环的概念，奠定了中医学的理论基础。《黄帝内经》包括《素问》和《灵枢》两部分。《素问》写的是病理现象和治疗原则，《灵枢》记述了针灸法。西汉时期的淳于意(仓公)是当时有名的大医学家，《史记·扁鹊仓公列传》记载了有关他的 20 多例医案，有患者的姓名、里居、病状、所用药方、诊病日期等等，是我国现存最早的医案。东汉时期的张仲景(约 150—219)又名张机，河南南阳人。他精心研究医学，并搜集大量医方，写出了《伤寒杂病论》。《伤寒杂病论》包含《伤寒论》和《金匮要略》两部分内容。《伤寒杂病论》是我国第一部论述多种外感热性病的专著。《金匮要略》以介绍内科杂病为主，同时涉及妇科、外科等疾病。张仲景总结出中医诊断病因的"四诊"(望、闻、问、切）、"八纲"（阴阳、表里、虚实、寒热）等一整套辩证原则，以及包括汗、吐、下、和、温、清、补、消等治疗方案，被后世誉为"医圣"。东汉末年的华佗（安徽亳县人）是一位外科专家，因为关羽刮骨疗毒而名声大噪。他作麻沸散（麻醉剂），使患者失去知觉，大大减轻了病人的痛苦。他还发明了使创口迅速愈合的药膏，并模仿虎、鹿、熊、猿、鸟等动作创造了"五禽戏"，用来强身祛病，实际上是古代的健身体操，在保健医学史上具有很高价值。

魏晋之际的王叔和，对脉理有深入研究，著有《脉经》一书，对24种脉象的状态及其症候进行了阐述，保存了许多珍贵的

张仲景

医学资料，奠定了我国古代脉学的基础。与王叔和同时的皇甫谧将秦汉以来针灸学的成就加以整理，并结合自己的临诊经验写成我国古代第一部针灸专著——《甲乙经》，详述了人体的生理、病理变化，厘定了当时的输穴总数和部位，并详细介绍了针灸操作的各种方法。从晋到宋的一些著名针灸著作，基本上是在《甲乙经》基础上加以发挥而来的。晋代葛洪在医学上也有很大成就，他先编有《金匮药方》，后从中择出实用部分著为《肘后救卒方》，书中对某些病的病因、症状和疗法阐述甚详，对某些传染病也有一定认识，如书中说患肺痨病的人"死后复传之旁人，至乃灭门"。

隋唐中医学有了长足发展。医疗分科方面，当时已有内科（脉经）、针灸、妇婴、痈疽、金疮、耳眼五官等科目。疾病鉴别方面，对痘疹、霍乱、麻风、鼠疫、肺结核、疟疾、痢疾等传染病都能做出正确的诊断。隋唐300多年里，据不完全统计，医学著作不下100多种。隋代名医巢元方的《诸病源候总论》和唐代名医孙思邈（581—682）的《千金方》《千金翼方》就是其中的代表。《诸病源候总论》是中国历史上第一部病因病理学巨著。书中对病因、症状方面的分类鉴别达到了很高的水平，对传染病、寄生虫病、伤寒、麻风等都有精确的论述。《千金方》《千金翼方》首次列举了妇女、幼儿疾病，创造了脏病、腑病的分类系统，建树颇多。

宋代太医院设有大方脉、小方脉、风科、产科、眼科、口齿咽喉科、针灸科等九科。王惟一是北宋中叶一位学识渊博、技术精湛的针灸学家。他总结前代针灸经验，在铜匠的协助下，铸造了两具针灸铜人模型，并撰《铜人腧穴针灸图经》，详细记载了人身上的359个穴位的名称和666个针灸点。陈言著《三因极——病源论》和许叔微著《脉法图》，

对病理学和诊断学的发展作了很大的贡献。宋慈的《洗冤录》是世界上最早的法医学著作。金元时期医学界有刘完素（寒凉派创始人）、张子和（攻下派代表）、李杲（补土派代表）、朱震亨（主张滋阴降火）四大医家。

中医学在明代进入鼎盛时期。其中，最大的成果是瘟疫论的提出和人痘接种的成功。明代瘟疫肆虐，严重危害人们的健康。明末吴有性著《瘟疫论》，指出传染病是由"戾气"引起的，传染方式一是空气，二是与患者接触，这是传染病学上的重大突破。天花大约于2世纪从外国传入中国，明代已在全国流行肆虐。民间医师在实践的基础上，发明了人痘接种法：取少许天花患者的痘浆，植入健康儿童的鼻孔内，使其感染轻度天花而获得免疫力。这是世界免疫学的一大跃进。人痘接种法发明以后，很快便传播到世界各地，包括俄国、奥斯曼土耳其、英国及美洲地区等。一百多年后，直至18世纪末，英国医生琴纳才在种人痘的基础上，成功改用牛痘接种。

2. 中国神医故事

神农尝百草

神农尝百草，始有医药神农氏，即炎帝，兼有农业之神和医药之神双重身份。

远古时代，人类的生活十分艰苦，时常有雷电风雨的侵袭、洪水猛兽的威胁，而最不幸的还是瘟疫病痛对他们的危害。这时，有一个聪明勤劳的人，带领大家开垦土地，播种五谷，人们称他为"神农氏"。这位神农氏看到人们遭受疾病的折磨，常常忧虑不安。他想：如果能找到一些药草，让人们吃了可以解除病痛，那该多好呢！可是，五谷和杂草长在一起，药物与百花开在一处，什么样的草木能治病，治什么病，怎么能知道呢？于是神农氏下决心要遍尝百草性味，摸索药物知识，为人们消除病痛。他顶着烈日，冒着严寒，翻山越岭，整年整月地漫游在山野林间。他仔细品尝每一种草木的性味，甜、酸、苦、辣、咸各种滋味的都有；其性能，有的使人身体发热，或使人感到清凉；有的使人神气清爽，或使人昏迷不醒；有的能消肿止痛，有的却使人呕吐腹泻；有的草木则有毒。神农氏尝百草的过程中有时一天要中毒70次，但每当他从昏迷中清醒过来时，就又迈开脚步继续探索草木，他早已把自己的生死置之度外。他几乎尝遍了百草，掌握了各种草的药性，后来他在尝一种断肠草时，不幸中毒身亡。神农氏为人类寻找药物献出了生命，人们十分敬仰他。

名医扁鹊

历史上著名的神医扁鹊实名秦越人，又号卢医，约生于周威烈王十九年（公元前407年），卒于赧王五年（公元前310年）。扁鹊善于运用四诊，尤其是脉诊和望诊来诊断疾病。扁鹊不仅善于切脉和望诊，而且善于运用针灸、按摩、熨帖、砭石、手术和汤药等多种方法去治疗各种病症，在诊断、病理、治法上对祖国医学做了卓越的贡献，医学界历来把扁鹊尊为中国古代医学的祖师、"医圣"。

中医之祖扁鹊

一次，扁鹊在齐国见到蔡桓公，他望诊发现蔡桓公有病，劝蔡桓公要及早医治，并说："现在您的病不算重，只在皮肤部位，很快可治好。"但蔡桓公对扁鹊的话不以为然。过了几天，见到蔡桓公的病情有了发展，提醒他说："您的病已经侵入血脉了，如果不治，恐怕要恶化。"蔡桓公仍没有引起重视，不肯医治。又过几天，扁鹊根据望诊再次提醒蔡桓公："您的病已经深入到肠胃之间了，如果再不治疗，还会继续加重。"蔡桓公对扁鹊的一再劝告很不理解，仍执意拒绝就医。大约过了十来天，扁鹊又见到蔡桓公，但他这次一言不发就走了。蔡桓公感到奇怪，就派人去追问。扁鹊说："蔡桓公已经病入膏肓，不可救药了，所以我也就不再劝他治了。"果然不久，蔡桓公发病了，派人去请扁鹊，可是扁鹊已经离开了蔡国。关于他的故事极具神话色彩，由此也可看出他医术之高妙。

张仲景和华佗

扁鹊之后著名的神医是张仲景，南阳郡涅阳（今河南南阳）人，约生于东汉和平元年（150年），卒于建安二十四年（219年）。他经过几十年的奋斗，收集了大量资料，写出了《伤寒杂病论》十六卷（又名《伤寒卒病论》），提出了"六经论伤寒"的新见解。《伤寒杂病论》是中国最早的理论联系实际的临床诊疗专书，创造性地确立了对伤寒病的"六经分类"的辨证施治原则，奠定了理、法、方、药的理论基础。中国的医书不单是内科学，外科手术的成功也出现得很早，其中最为著名的是华佗。他是沛国谯（今安徽亳县）人，东汉时期的名医，对外

神医华佗

科、内科、妇科、针灸、寄生虫病和医疗体育保健等方面都有独到的见解和精湛的医术，被称为"神医"。华佗擅长外科手术，是中国医学史上第一个施行剖腹手术的外科医生。为了减轻病人的痛苦，他发明了一种能全身麻醉的药物即麻沸散。我们熟悉的《三国演义》中就详细地描写了华佗为关羽刮骨疗毒的动人故事。后来，曹操为造建始殿，亲自挥剑砍伐跃龙祠前的梨树，得罪了梨树之神，当晚做了个噩梦，惊醒之后便得了头痛顽症，遍求良医，均不见效，便差人星夜将华佗请来为他看病。华佗认为曹操头痛是因中风引起的，病根在脑袋中，不是服点汤药就能治好的，需要先饮"麻沸散"，然后用利斧

砍开脑袋取出"风诞"才可能去掉病根。多疑的曹操以为华佗是要借机杀他，于是命令左右将华佗收监拷问，致使一代神医屈死在狱中，而华佗所著的《青囊书》也因此失传。

《本草纲目》

到了明朝时，李时珍受业于其父成为当代名医，但在行医中发现前人编写的本草谬误颇多经常导致误医误诊，于是开始酝酿重修本草。经过长期艰苦的实地调查，他搞清了药物的许多疑难问题，于万历六年（1578年）完成了《本草纲目》编写工作。全书约有190万字，52卷，载药1 892种，新增药物374种，载方10 000多个，附图1 000多幅，在中国药物学等许多方面有突出成就，并对其

李时珍的《本草纲目》

他有关的学科（生物学、化学、矿物学、地质学、天文学等）也做了贡献，后传播到海外，被达尔文称赞为"中国古代的百科全书"。

三、全球化缩影：四大发明

在15世纪以前，中国的科技在世界上处于领先地位。李约瑟说："中国的这些发明和发现往往远远超过同时代的欧洲，特别是15世纪之前更是如此。"按照《自然科学大事年表》的统计，中国古代重大的科技项目在世界所占的比例是：公元前6世纪以前，占57%；公元前6世纪至公元前1年，占50%；公元1年至400年，占62%；401年至1000年，占71%；1001年至1500年，占58%。截至1500年，世界上没有任何一个国家取得过如此惊人的科技成就。在这些发明和创造中，对世界产生巨大影响的中国古代科技成就首推造纸术、印刷术、指南针和火药这四大发明。

英国哲学家弗兰西斯·培根指出："印刷术、火药、指南针这三种发明已经在世界范围内把事物的全部面貌和情况都改变了：第一种是在学术方面，第二种是在战事方面，第三种是在航行方面，并由此又引起难以计数的变化来；竟至于任何帝国、任何教派、任何星辰对人类事物的力量和影响都仿佛无过于这些机械性的发现了。"

（一）造纸术

纸的发明，是中华民族对人类文化的重大贡献。在纸产生前，人类早就有文字了。

据历史学家的研究，我国的文字起源于六千年前。1954 年，我国考古工作者发掘出距今 6 000 年前的半坡村氏族公社的遗址，挖出了大量的石器、骨器和陶器。那些陶器上，除了刻有花纹，还刻着简单的符号，这些符号具有文字的性质，可以说是已经发现的我国最早的文字。

1. 纸发明前的书写材料

甲骨　甲就是乌龟的腹甲；骨就是兽骨，主要是牛的肩胛骨。甲骨上刻的是当时的文字。因为这种文字刻在甲骨上面，所以称作甲骨文。甲骨就是他们占卜的用具。占卜的时候，他们先用铜钻在甲骨的一面钻一个孔，再用火烧灼钻孔的地方。甲骨经火一烧灼，另外一面就出现了纵横的裂纹，他们就根据裂纹来判断吉凶。占卜以后，他们常常就把结果刻在这块甲骨上。到青铜时代，我们的祖先还把文字铸在或者刻在青铜器上，有些商代和周代的青铜器一直保存到现在，上面的文字记载了当时的一些历史事件和社会状况。

简牍　除了甲骨以外，人们还用竹片和木片作为写字的材料。人们把竹子和木头削成一条条狭长而又平整的小片片，在上面写字。竹子做的叫竹简；木头做的叫木简，又叫版牍。简的长度不一样，长的有三尺，短的只有五寸。人们写信的时候，往往用一尺长的简，所以后来把信称"尺牍"。每根简上写的字多少不一，大多是二十来个字，少的只有一两个字，多的也有三四十个字的。我们祖先在简上写了字，就用绳子、丝线或皮带，把一根根简编在一起。这样，就成为一册一册的最原始的书了。"册"是一个象形字，就像一根一根简用绳子串起来的样子。

丝帛　大约在春秋战国之际，人们在使用竹木简的同时，又想了另外一种办法，用丝织品来写字、画图。在殷商时代，我国蚕丝业已经相当发达，在甲骨文中，已经有"丝""帛"和"桑"等字；大约在西周时候，人们就开始用帛写字。到了春秋战国时候，用帛写字的人就越来越多了。帛很轻便，便于携带和书写，看起来也很清楚。可是，帛的生产毕竟不是那么容易，价钱也太贵了，一般人用不起。所以在我国古代，帛书不及竹简和木简那样普遍。

2. 纸的发明

竹简、木简太笨重，帛又太贵，用这些东西写字，都有缺点，还得想出更好的方法来。于是，随着生产和科学技术的发展，纸终于被发明出来。

丝绵纸　最早的纸是用蚕丝做成的，是在做丝绵的过程中产生的。用丝绵纸写字，既光滑，又轻便，不过它还得用昂贵的蚕丝做原料。丝绵纸的制造方法给了人们很大的启发。既然可以利用蚕丝的纤维来造纸，那也可以用富于纤维且价廉的植物来造纸。人们从长期的生产实践中，终于逐步摸索到造纸的方法。

灞桥纸　1957年5月，在陕西省西安市郊灞桥砖瓦场工地上，发现了一座古代墓葬。我国考古工作者在对这座墓进行清理的时候发现有一些米黄色的古纸，最大的差不多有十厘米见方，还有一些较小的纸片，称为灞桥纸。纸片有明显的被麻布压成的布纹，确定它主要是由大麻纤维所制造的，也混有少量的麻。灞桥纸是世界上现存的最早的植物纤维纸。它的发现，在科学技术史上具有重大的意义。灞桥纸的发现，说明早在西汉时代，我国劳动人民已经用植物纤维造纸了。

蔡侯纸　东汉元兴元年（105年），蔡伦总结了前人造纸的经验，带领工匠们用树皮、麻头、破布和破渔网等原料来造纸。他们先把树皮、麻头、破布和破渔网等东西剪碎或切断，放在水里浸渍相当长的时间，再捣烂成浆状物，还可能经过蒸煮，然后在席子上摊成薄片，放在太阳底下晒干，这样就变成纸了。用这种方法造出来的纸体轻质薄，很适合写字，受到了人们的欢迎。从此，全国各地都开始用这样的方法造纸。

蔡伦改进造纸术

在蔡伦之前，劳动人民已经用植物纤维来造纸了，但也应该肯定蔡伦对改进造纸术的巨大贡献。这是人类文化史上的一件大事。从此，纸才有可能大量生产，给以后书籍的印刷创造了物质条件。在蔡伦以后，东汉末年造纸能手左伯改进造纸工艺。他造出来的纸厚薄均匀，质地细密，色泽鲜明。当时，人们称这种纸为"左伯纸"。

3. 造纸术的西传及对世界的影响

我国是第一个发明造纸术的国家。我国的纸和造纸方法，最先传到越南和朝鲜，又从朝鲜传到日本。西晋太康六年（285年），朝鲜半岛的百济国学者王仁博士，带了《论语》等书到日本去，这些书都是写在纸的手抄本上。

隋炀帝大业六年（610年），有一个朝鲜和尚昙征到日本去，他把从中国学到的造纸方法和造墨方法传给了日本人。751年，我国的造纸方法又向西传到了阿拉伯。大食国人（阿拉伯人）就在撒马尔罕和其他一些城市里开办造纸厂，大量生产纸，并且把纸出口到欧洲各国去。当时欧洲各国所用的纸，都是阿拉伯人制造供应的。

纸传到欧洲以前，在很长一个时期内，欧洲人把字写在石头、蜡板、纸草、羊皮上。纸草一经折叠就会断裂，不容易保存，且价格昂贵。阿拉伯人把纸输送到欧洲各国，欧洲人也就得到了便宜的书写材料。他们普遍用纸书写，不再使用纸草和羊皮写字了。1151年，阿拉伯人在欧洲的西班牙设立了造纸厂。这样，中国的造纸方法就传到了西班牙。此后，纸又从那里陆续传到了欧洲其他各国；到17世纪末，纸才传到了美洲大陆。在18世纪以前，世界各国一直沿用我国的造纸技术生产纸张。

我国的纸和造纸方法，最终传遍了全世界。各国人民都把纸作为书写材料，而且许多国家也都能自己造纸。造纸术的传播，使文化在民众中得以普及，也促进了各国文化的发展和交流。造纸术对于世界科学文化交流传播起到了巨大的推动作用。

（二）印刷术

印刷术被称为"文明之母"，是中国的四大发明之一。

1. 印刷术的发明过程

在雕版印刷术出现以前，人们已经广泛应用印章和拓碑。

印章和拓碑　印章有阳文和阴文两种，阳文刻的字是凸出来的，阴文刻的字是凹进去的。如果使用阳文印章，印到纸上就是白底黑字，非常醒目。但是印章一般比较小，印出来的字数也很有限。刻碑一般用阴文，拓出来的是黑底白字，不够醒目。而且拓碑的过程比较复杂，用来印制书籍也不方便。但是，拓碑有一个很大的好处，那就是石碑面积比较大，一次可以拓印许多字。我国劳动人民在印章和拓碑这两种方法的启发下，发明了雕版印刷。

雕版印刷　雕版印刷的方法是把木材锯成一块块木板，把要印的字写在薄纸上，反贴在木板上，再根据每个字的笔画，用刀一笔一笔雕刻成阳文，使每个字的笔画突出在板上。木板雕好以后，就可以印书了。印书的时候，先用一把刷子蘸了墨，在雕好的板上刷一下，接着，用白纸贴在板上，另外拿一把干净的刷子在纸背上轻轻刷一下，把纸拿下来，一页书就印好了。这种印刷方法，是在木板上先雕字再印刷，所以大家称它为"雕版印刷"。到了9世纪时，我国用雕版印刷来印书已经相当普遍了。唐朝刻印的书籍，现在保存下来只有一部咸通九年（868年）刻印的《金刚经》。

套色印刷　经过长期的研究，人们在雕版印刷术的基础上发明了套版印刷。到了14世纪中叶（元朝末年），我国发明用红黑两色来套印书籍。办法是刻两块大小一样的木板，一块刻上要印红色的字或画，分两次印刷，印的时候，只要这两块版版框完全吻合，就能使颜色套准。

1941 年，我国发现了一部元朝至元六年（1340 年）刻印的《金刚经》。这部《金刚经》就是两色套印的。这是现在所知道的最早的木刻套印本。它比欧洲第一本带色印刷的《梅周兹圣诗篇》要早 117 年。

雕版印刷术

活字印刷术　到了 11 世纪中叶毕昇发明了活字印刷术，把我国的印刷技术大大提高了一步。毕昇用胶泥做成一个一个四方体，一面刻上单字，再用火烧硬，这就是一个一个的活字。印书的时候，先预备好一块铁板，铁板上面放上松香和蜡之类的东西，铁板四周围着一个铁框，在铁框内密密地排满活字，满一铁框为一版，再用火在铁板底下烤，使松香和蜡等熔化。另外用一块平板在排好的活字上面压一压，把字压平，一块活字版就排好了。它同雕版一样，只要在字上涂墨，就可以印刷了。这就是最早发明的活字印刷术。这种胶泥活字，称为泥活字。毕昇发明的印书方法和今天的比起来，虽然很原始，但是活字印刷术的三个主要步骤——制造活字、排版和印刷，都已经具备。北宋时期的著名科学家沈括在他所著的《梦溪笔谈》里，专门介绍了毕昇发明的活字印刷术。

元朝时，有人用锡做活字，这是世界上最早的金属活字。但是锡活字不沾墨，印出的字不清楚，所以没有通行。就在元朝时，著名学者王祯发明了用木活字印刷书籍的方法。王祯造的木活字一共有三万多个，并且发明了转轮排字架。排版工人坐在中间，左右俱可推转摘字，大大方便了人们拣字排版，提高了工作效率。

2. 印刷术的西传及对世界的影响

大约在唐朝时，我国的印刷术首先传到了朝鲜，到 10 世纪时，朝鲜人民也用雕版印刷的方法来印书了。

毕昇发明活字印刷术以后，朝鲜人民又开始用泥活字等方法印书，后来又采用木活字印书。到了 13 世纪，他们首先发明用铜活字印书。我国使用铜活字印书比朝鲜稍晚。朝鲜人民还创造了铅活字、铁活字等。16 世纪末，日本侵入朝鲜，学会了活字印刷术。我国的印刷术还传到了越南。15 世纪，越南开始用雕版印刷术印书。18 世纪初，他们也开始用木活字印书了。

欧洲印刷术的产生，也受了我国印刷术的深刻影响。元朝时，到中国来的欧洲人很多。他们看到元朝政府印的纸币可以代替金银使用，觉得非常新奇。在他们写的游记中，对于中国的纸币记载得很详细。

当时到中国来的欧洲人，很多住在杭州等地。杭州的书坊非常多，欧洲人看到刻印工人的技巧非常高超，印刷品十分精美，于是把印刷术带去了欧洲。

14 世纪末，欧洲就开始有了雕版印刷品。他们最初印刷画像，接着就用雕版印刷书籍。他们的印刷方法和中国相同。这说明欧洲的雕版印刷术是在中国的影响下产生的。欧洲最早使用活字印刷是在约 1450 年，德国的古登堡吸收了中国的活字印刷术，用铅、锡、锌合金制成欧洲拼音活字，印刷《圣经》等书。

自有了活字印刷后，欧洲人才得到了便宜的书籍，由教会垄断教育和文化的状况结束了。学术、教育从基督教修道院中解放出来，更多有利于生产发展的文学、艺术、科学的读物迅速增加。印刷术的发明和发展，改变了只有僧侣才能受高等教育的状况，使欧洲的学术中心由修道院转移到了各地的大学。印刷术的西传，正值西方文艺复兴时期，为欧洲文艺复兴和资本主义的产生创造了重要的物质条件，有力地推动了欧洲走向近代化的进程。

（三）指南针

指南针是一种指示方向的工具，是利用磁铁的特性做成的。

1. 指南针的发明

磁石　二千多年以前，也就是春秋战国时，我国已经用铁来制造农具了。劳动人民在寻找铁矿的时候，就发现了磁铁，并且知道它能够吸铁。

我国古书《管子》上有这样的记载："上有慈石者，下有铜金。""铜金"就是一种铁矿。《管子》这部书产生在公元前 3 世纪，这说明我国最迟在公元前 3 世纪就知道磁石能够吸铁了。汉武帝时，栾大献给汉武帝一种斗棋。这种棋子一放到棋盘上，就会互相碰击，自动斗起来。汉武帝看了非常惊奇。原来棋子是用磁石做的，所以有磁性，能互相吸引碰击。

司南　战国时代，我国人民利用磁铁造成了一种指示方向的工具，叫"司南"。"司南"就是指南的意思。它是根据我国古代的勺子的形状制成的，根据专家们的研究，司南大约是把整块的天然磁铁，轻轻地琢磨成勺子的形状，并且把它的 S 极琢磨成长柄，使重心落在圆而光滑的底部正中。司南做好以后，还得做一个光滑的底盘。使用的时候，先把底盘放平，再把司南放在

司南

底盘的中间，用手拨动它的柄，使它转动。等到司南停下来，它的长柄就指向南方，勺子的口则指向北方。司南是世界上最早的"指南针"。司南必须放在光滑的底盘上旋转，底盘还必须放平，否则就会影响它指南的作用，甚至会使它从底盘上滑下来。因此，人们发明司南以后，又继续不断地研究改进指南的工具。

指南鱼　大约在北宋初年，我国又创制了一种指南工具——指南鱼。著名的军事著作《武经总要》中说，行军的时候，如果遇到阴天黑夜，无法辨明方向，就应当让老马在前面带路，或者用指南车和指南鱼辨别方向。指南鱼用一块薄薄的钢片做成，形状很像一条鱼。它有两寸长、五分宽，鱼的肚皮部分凹下去一些，使它像小船一样，可以浮在水面上。钢片做成的鱼没有磁性，所以没有指南的作用。如果要它指南，还必须再用人工传磁的办法，使它变成磁铁，具有磁性。把钢片做的鱼和天然磁铁放在同一个密封的盒子里，它们接触时间久了，钢片做的鱼就会具有磁性，变成磁铁。

指南针　钢片指南鱼发明不久，人们拿一根钢针，放在磁铁上磨，使钢针变成磁针。这种经过人工传磁的钢针，可以说是正式的指南针了。北宋沈括的《梦溪笔谈》中提到关于指南针的四种制作方法：第一种是水浮法——把指南针放在有水的碗里，使它浮在水面上，指示方向。第二种是指甲旋定法——把磁针放在手指甲面上，使它轻轻转动。手指甲很光滑，磁针就和司南一样，也能旋转自如。第三种是碗唇旋定法——把磁针放在光滑的碗口的边上。第四种是缕悬法——在磁针中部涂一些蜡，粘上一根细丝线，把细丝线挂在没有风的地方。

沈括在《梦溪笔谈》中记载的这四种方法，可以说是世界上指南针使用方法的最早记录。现在磁变仪、磁力仪的基本结构原理，就是用缕悬法。航空和航海使用的罗盘，就多以水浮磁针作为基本装置。

2. 指南针在航海领域的应用

我国不但是世界上最早发明指南针的国家，而且是最早把指南针用在航海事业上的国家。在指南针发明以前，在大海里航行是非常困难的。根据古书记载，最晚在北宋时，我国已经在海船上应用指南针了。到了南宋，根据吴自牧《梦粱录》的记载当时航海的人已经用"针盘"航行。这就说明当时指南针和罗盘已经结合。人们只要把指南针所指的方向，和盘上所刻的正南方位对准，就可以很方便地辨别航行的方向了。

明朝时，我国是世界上经济比较发达的国家，需要同海外各国加强经济文化交流。明朝初年，政府就派郑和进行了大规模远航。从 1405 年到 1433 年，共航海七次。郑和领导的船队，共有二万七千多人，乘坐大船六十多艘，这些大船称为"宝船"。最大的"宝船"，长四十丈，阔十八丈，是当时海上最大的船只。这些船上就有罗盘针和航海图，还有专门测定方位的技术人员。这支船队到达中南半岛、南洋群岛、印度和阿拉伯的许多地方，最远到过非洲东海岸和红海沿岸，前后经过三十多个国家。在这样多次大规模的远航中，罗盘针是起了相当大的作用的。

3. 指南针的西传及对世界的影响

早在北宋时，我国的海船就往来在南海上和印度洋上，和阿拉伯人有广泛接触。阿拉伯人到我国来的也很多，而且大多是乘中国船来的。他们看到中国船都装有指南针，也学会了制造指南针的方法，便把这个方法传到了欧洲。到了12世纪末13世纪初，阿拉伯和欧洲的一些国家，也开始用指南针来航海。

指南针传到欧洲以后，对于欧洲航海事业的发展也起了很大的作用。15世纪末到16世纪初，欧洲各国航海家开辟了新航路，发现了美洲大陆，完成了环绕地球的航行，各国之间的经济文化交流由此逐渐频繁。德国人亚可布指出："我们近代的世界观的形成全靠深入异邦文化的精神，只有罗盘针才能够帮助我们达到这种境界。"从此以后，世界格局被打破，美洲的开发和欧洲各国的资本积累得到了飞跃发展。

（四）火药

火药的发明是我国文化史上的伟大发明之一，它的起源是炼丹术。中国古代的黑火药是硝石、硫黄、木炭以及辅料硅化合物、油脂等粉末状均匀混合物。之所以称为"火药"，是因为这些成分都是中国炼丹家的常用配料。汉代《神农本草经》里，已经把硝石、硫黄列为重要的药品。火药的产生与祖国医学有密切关系。

1. 火药的发明

我国发明的火药，现在叫作黑色火药，是用硝石、硫黄和木炭这三样东西研成粉末，按照一定的比例混合起来做成的。硝石、硫黄和木炭的比例，一般是75：10：15。燃烧以后，它产生的气体突然比它原来的体积扩大上千倍，所以有强烈的爆炸力。

我国古代劳动人民在商代就已经伐木烧炭，在西汉时期就开始开采硫黄矿，并已经掌握提炼硝的技术。到南北朝时期，炼丹术士对于硫黄、硝石、木炭的物理和化学性质有了进一步了解，认识到硝石和硫黄是易燃物质，二者与木炭混合后，在适当的温度下会起火爆炸。《太平广记》中就曾经记载炼丹引起燃烧的事件。唐初已有配制火药的确切记载，"药王"孙思邈在《丹经内伏硫黄法》一书中，叙述了把硫黄、硝石和皂角放在一起烧的"伏火法"。这是我国最早的黑火药的配方，也是世界上关于火药最早的记载。

2. 火药在军事领域的应用

火药发明以后，炼丹家就把它提供给军事家，逐渐用到军事方面去。大约在 10 世纪，我国已经用火药制造武器了。

火炮和火箭 军事家使用火药以后，就又利用抛石机来发射火药。拿火药包装在抛石机上，用火点着，向敌人抛过去。这种火炮，可以说是最早用火药制造的燃烧性武器了。

早在火药使用以前，我们祖先已经发明了一种火箭，箭头上绑着一个麻布包，包里有油脂等容易燃烧的东西。但是这种火箭燃烧不快，火力不强，也很容易被敌人扑灭，所以作用不大。据《宋史》上说，宋太祖开宝三年(970 年)，冯继升向宋朝政府献上了做火箭的方法。宋真宗咸平三年(1000 年)，唐福又向宋朝政府献上火箭。冯继升和唐福就利用这种火箭的制造方法，把油脂改为火药，并且加上引线。打仗的时候，只要点着引线，火药就燃烧起来，变成一股猛烈的气流从尾部喷射出去，利用喷射气流的反作用力，火箭就能飞快地前进。火炮和火箭燃烧快，火力大，不容易扑灭，在战场上的作用比弓箭和抛石机大得多。

管形火器 在元朝时，管形火器开始用金属铸造了。原来用竹管做的火枪，发展成金属做的火铳；原来用粗毛竹做的突火枪，也发展成金属做的大型火铳。当时的金属管形火器，不但装火药，还装上铁弹丸或者石球。元朝的管形火器，起初是用铜铸造的。现在中国历史博物馆里，还藏有元朝的一尊铜炮——铜火铳。它是元顺帝元统二年(1334 年)铸造的，也是现在已经发现的世界上最早的大炮。

原始飞弹 明朝初年，还有人根据火箭和风筝的原理，发明了原始的飞弹。有一种装有翅膀的"震天雷炮"，攻城的时候，只要顺风点着引火线，震天雷炮就会一直飞入城内，等引火线烧完，火药就爆炸起来。还有一种"神火飞鸦"，这是用竹篾扎成的"乌鸦"，它的内部装满火药，发射以后，能飞一百多丈远才落地。就在这时候，装在"乌鸦"背上跟起火相连的药线也烧着了，引起"乌鸦"内部的火药爆炸，一时烈火熊熊，在陆地上可以烧敌人的军营，在水面上可以烧敌人的船只。震天雷炮和神火飞鸦，可以说都是最早的飞弹。

原始的两级火箭 明朝时，由于火药技术的进步，人们还发明了原始的两级火箭。当时有一种名叫"火龙出水"的火箭。用一根五尺长的大竹筒，做成一条龙，龙身上前后各扎两支大火箭，火龙出水，这就是原始的两级火箭。第一级火箭，用来推动龙身飞行。在龙腹里，也装几支火箭，这是第二级火箭。使用的时候，先发射第一级火箭，飞到两三里远，引火线又烧着了装在龙腹里的第二级火箭，它们就从龙口中直飞出去，焚烧敌人。当时技术水平最高的火箭，发射出去还能再飞回来。这种火箭叫"飞空砂筒"。

3. 火药的西传及对世界的影响

在 8 世纪或 9 世纪，我国的炼丹术传到了阿拉伯。可能就在这时候，火药的主要原料——硝石，也传到了阿拉伯等地。南宋时，中国和阿拉伯国家交往频繁，火药的制造方法可能就是在这个时候传过去的。

到了 13 世纪，蒙古和中亚的阿拉伯等国交战，使用了很多武器。在作战中，火器和它的制造方法，也传到了这些国家，又从阿拉伯传到了欧洲各国。在中古时期，有些欧洲人翻译阿拉伯文书籍，从这些书籍里，欧洲人学到了关于火药的知识。

14 世纪，在西班牙、意大利和地中海的各岛上，阿拉伯国家和欧洲国家发生过多次战争。欧洲国家在战争中知道了火药武器的威力，便加紧学习制造火药武器的方法。到了 15 世纪，欧洲国家也造出了用火药发射的大炮。

欧洲人在 13 世纪对阿拉伯人的战争中学会了从中国传去的制造火药和火药武器的方法，真正用于战场是在 14 世纪。火药的发明，改变了中世纪的战争模式，对于中国火药的西传，恩格斯是这样评价的："火器的采用，不仅对作战方法本身，而且对统治和奴役的政治关系也起到了变革作用。""火药和火器的使用决不是一种暴力行为，而是一种工业的，也就是经济的进步。"也正是由于火药的广泛使用，才使大规模的开采矿产成为可能，才有了近代的矿冶业，从而推动了近代工业的长足进展。

我国的四大发明传入欧洲，不仅为欧洲文艺复兴提供了物质、技术基础，也对整个资本主义的发生和发展起到了促进作用。马克思在谈到我国的三大发明对世界的影响时这样说："火药、指南针、印刷术——这是预告资产阶级社会到来的三大发明。火药把骑士阶层炸得粉碎，指南针打开了世界市场建立了殖民地，而印刷术则变成新教的工具，总的来说变成了科学复兴的手段，变成对精神发展创造必要前提的最强大杠杆。"四大发明在世界的传播和影响，只不过是中国古代科技传播中的几个著名实例。李约瑟曾说过，中国的科学技术在 3 到 13 世纪保持着令西方望尘莫及的水平。事实上，先进的中国科学技术的对外传播是十分频繁的。从 1 世纪到 18 世纪，先后传往欧洲和其他地区的中国科技成果不计其数。这些科技成果渗透于经济文化的各个领域和层面，深刻地影响了世界文明的发展。

中国古代科技文化在取得辉煌成就的同时，也显露出自身的缺陷。植根于功利主义文化土壤的古代科技，在研究内容上显现出应用性强的特色。中国古代流传下来的众多科技著作，大多属于对当时生产经验的直接记载或对自然现象的直接描述，缺少科学理论的深入探讨；在科学的研究方法上，主要采用传统的典籍整理与经验总结，缺少实验精神。由于我国古代的封建经济主要是农业经济，因此与农业关系密切的学科，如天文学、农学、医学等在中国古代都有较大的发展，在科技使用上主要服务于农业经济的发展需要。在中国漫长的封建社会进程中，专制制度本身阻碍着近代科学的发展，并与中国科技文化的内在缺陷一起，造成中国古代科技在16世纪之后的渐趋衰落和近代转型的艰难与缓慢。

四、科学传承中的工匠思想

英国学者罗素说过："科学的精神气质是谨慎、试探和琐碎的；它并不认为自己知道全部真理，或者说，连自己最佳的知识也不认为是完全正确的。"我国古代科技在传承中有优秀的精神，如勤于思考、勇于实践、重视声誉，这是中华传统文化的宝贵财富。

(一) 勤于思考

1. 问题意识

先民勤于思考，经常在提问中认识自然现象，传承科学。

《楚辞》反映了楚人对日月星辰、山川草木、生死病痛等方面的知识。《天问》对宇宙、自然无所不问，反映了战国时代的科学进步和人们的求知欲望。"曰：遂古之初，谁传道之？上下未形，何由考之？冥昭瞢暗，谁能极之？冯翼惟象，何以识之？明明暗暗，惟时何为？阴阳三合，何本何化？圆则九重，孰营度之？惟兹何功，孰初作之？"《天问》中提出了178个问题，关于宇宙、关于自然、关于历史无所不提。如：

天文：夜光何德，死则又育？
地理：东西南北，其修孰多？
气象：萍号起雨，何以兴之？
季节：何所冬暖，何所夏寒？
建筑：璜台十成，谁所极焉？
水利：洪泉极深，何以置之？
生物：蜂蛾微命，力何固？
生理：女娲有体，孰制匠之？
医学：受寿永多，夫何久长？

先秦的名家对科学的贡献是留给世人许多命题。这些命题无疑是天才的科学猜测。中外古今的科学，往往就是在提出命题、解决命题的过程中不断发展的。《九章算术》以问题集的形式，列出九个方面的数学问题，搜集了246个数学问题的解法，分别是方田、粟米、衰分、少广、商功、均输、盈不足、方程、勾股九章，都是与生产实践、生活结合紧密的计算问题，提供了解题的方法与思维过程。

2. 充满智慧

先民崇尚聪慧，以智为谋，以智解难，以智取胜。

第一，注重辩证思想。中国先哲用阴、阳代表事物的两个方面。《周易》是阴阳辩证思想的渊薮。阴阳对立统一，互相渗透与转化，阳中有阴，阴中有阳，阴阳相成，阴阳消长。阴阳辩证关系是自然与社会的普遍规律。作为朴素的哲学思想，阴阳学说也渗透到了科技中。在天文方面，先哲把天地理解为混沌状态的阴阳二气。在历法方面，先哲把四季理解为阴阳的推移。在医学方面，先哲用阴阳解释生理、病理、代谢、功能、病因、病势等，如《素问·金匮真言论》云：“夫言人之阴阳，则外为阳，内为阴。言人身之阴阳，则背为阳，腹为阴。言人身之脏腑中阴阳，则脏者为阴，腑者为阳。肝心脾肺肾五脏皆为阴，胆胃大肠小肠膀胱三焦六腑皆为阳。”中医认为偏阴偏阳谓之疾，阴盛阳衰则寒症，阳盛阴衰则热症。治病就是平衡阴阳。历代科学家，如汉代的张衡、唐代的僧一行、宋代的沈括无不精通阴阳。

第二，注重制约思想。中国先哲观察大自然，从万物中归纳出最重要的五种物质（金、木、水、火、土），称为五行。五行之间相生相克，木生火，火生土，土生金，金生水，水生木；金克木，木克土，土克水，水克火，火克金。五行的生克是有条件的，《墨经》云：“五行毋常胜。”五行生成万物，《国语·郑语》记载西周末年史伯语：“以土与金木水火杂，以成百物。”五行学说的大本营在《尚书·洪范》，其中对五行思想的产生及五行的属性都有论述。五行学说贯穿于中国古代科技的方方面面。战国时的邹衍以五行解释一切现象，《史记·孟子荀卿列传》说他能“推而远之，至天地未生，窈冥不可考而原也。先列中国名山大川，通谷禽兽、水土所殖，物类所珍”。中国以五行学说为基本理论，把肝、心、脾、肺、肾与五行相对应，认为肝受气于心，心受气于脾，脾受气于肺，肺受气于肾，肾受气于肝。治病就是用“培土生金”“滋水涵木”“扶土抑木”等方法调理五行。如，肾虚不能滋养肝阴，就称为水不涵木，是为肝阳上亢。

（二）勇于实践

1. 知行合一

知是知识，行是实践。早在春秋末期，孔子就提出了“生而知之学而知之者”的概念，主张“行有余力，而以学文”。在孔子看来，有的人先天就有知识，有的人通过学习才有知识，人们在实践的闲暇应学习知识。战国时思想家荀子总结了孔子以来的知行观点，认定知识源于实践，强调“行”对于“知”的重要性。《荀子·儒教》载其语：“不闻不若闻之，闻之不若见之，见之不若知之，知之不若行之。"汉代学者继续阐发知行观点。董仲舒在《春秋繁露·必仁且智》中认为先有心智谋划而后有实践，"知先规而后为之"。王充在《论衡·实知》认为任何人都需要学习，包括圣人，无不是"知物由学，学之乃知，不问不识"，"圣贤不能性知，须任耳目以定情实"。

宋代理学家热衷于讨论知与行的关系，程颐始终认为"知"处于决定性地位，先知后行，知不依赖于行。朱熹也主张知先行后，他说："目无足不行，足无目不见。论先后，知为先；论轻重，行为重。"明代王守仁系统阐述了知行合一的观点，他在《传习录》说："知是行的主意，行是知的工夫。知是行之始，行是知之成。"他主张想好了再去做，既要思索，又要躬行，"真知必在于行"。

2. 不畏艰辛

《绎史》卷一引《五运历年记》，记盘古在开天辟地时，贡献了自己的躯体，呼出的气成了风和云，发出的声成了雷霆，左眼变成太阳，右眼变成月亮，四肢五体变成四极五岳，血液变成江河，经脉变成山川，肌肤变成田土，汗毛变成草木，牙齿和骨头变成矿物和岩石。这是多么无私的奉献。

东汉张仲景出身于名门望族，他从小饱读诗书。建安元年（196年）流行伤寒病，很多家族和村庄都被伤寒病吞噬。张仲景的家族有二百多人，在10年中因伤寒死了三分之二。张仲景感到十分悲怆，深深体会到拯救人们的身躯性命比个人的功名利禄重要得多。于是，他辞去了太守的职务，把全部精力投入医学研究中。他博览医籍，遍访名医，认真总结临床经验，撰写了《伤寒杂病论》。这部书是理论与实践结合的产物，在医学上有很大的突破，成为中医经典。就是这样一部书，被宫廷深藏，险些丢失，直到晋代王叔和整理才流行。

徐霞客用30多年时间，足迹遍及明朝的大部分疆土，相当于现在的江苏、浙江、安徽、江西、福建、山东、河北、河南、山西、陕西、湖北、湖南、广东、广西、云南、贵州十六个省级行政区。他考察了泰山、普陀山、天台山、雁荡山、九华山、黄山、武夷山、庐山、华山、武当山、罗浮山、衡山、长江、黄河、钱塘江、湘江、黔江、滇池、洱海等名山胜水。尽管路途艰难险阻，徐霞客好多次都遇到生命危险，但他从来没有放弃科学研究。

（三）重视声誉

从事科学的人，一定要有良好的品格。换言之，科学家一定要注意个人的声誉。孙思邈《备急千金要方序》卷一《论大医习业》强调要当一名合格的医生，必须要掌握全面的知识，这样才可能"无所滞碍"；卷二《论大医精诚》专讲医德，主张要以科学的态度行医，处处为病人着想。

　　明清之际，1637 年，叶文机到夏口（今汉口）行医，不久在汉正街鲍家巷口开设了叶开泰药店。为了保持信誉，店堂高悬两块金匾，一边写着"修合虽无人见"，一边写着"存心自有天知"，表明药店制药绝对是诚信的。药店生产的"八宝光明散""虎骨追风酒""参桂鹿茸丸"，经久不衰。叶开泰药店与北京同仁堂、杭州胡庆余、广州陈李济齐名，号称中国四大中药店。汉口人有句口头禅是：叶开泰的药——吃死人都是好的。

　　从事科技的人，往往具有很强的责任心。晚清的杨际泰，广济（今湖北武穴）人。他少时随父从医，后来著有《医学述要》。此书印于道光十六年（1836 年），有 30 册，36 卷，数十万言。其书涉及"医学四诊"、"医门八法"、脉象理论、伤寒、温病、外科、儿科、内伤病、妇产科、五官科以及方药等，是一部颇有实用价值的医学全书，堪称近代中医的百科全书。民间传闻：杨际泰有志研究戒毒，他在汉口研究戒毒配方，他夫人在广济老家用身体实验。夫人临死前给杨际泰留了一块白绫布，上面写道：外洋鸦片泛滥中华，多少父老兄弟因吸食鸦片而误其正业，失其意志，荡尽家财，害其身体，目不忍睹……夫君为此深感忧虑，日夜操劳，为妻虽有此心，惜无能相助……在你离开家之时，我已买回鸦片大量偷吸，并用你留下的药方，加减交替使用，收效各有不同，点滴体验均已记录在册，以供夫君借鉴。然此时毒已入膏肓，治之晚矣。杨际泰根据夫人的亲身体验加上自己收集的资料，编写了一本《劝乡民书》，披露吸食鸦片的后果，请人在广济到处张贴，并将解毒消瘾药给吸食鸦片者服用，其治疗效果特佳。华中、华南、华东一带病人纷纷前来求方索药，治愈者无以数计，开创了中国治毒戒毒的先河，是一位反对鸦片输入的后方英雄，留下了"北有杨际泰，南有林则徐"的口碑。

【思考与讨论】

1. 中国传统科学技术的特点是什么？
2. 阻碍中国古代科学技术发展的主要因素是什么？
3. 中国传统科学技术对世界文化的影响主要表现在哪些方面？

【工匠故事】

工匠之智——大胆创新　永不止步

　　一个人可以没有大学文凭，但不可以没有知识；可能进不了大学殿堂，但不可以不学习。

精诚所至，金石为开。创新灵感，不是天才的专利，而是"顽强地劳动后获得的奖赏"。熟能生巧，"巧"字既有技艺精湛的意思，同时还有发明创新的内涵。工匠的创意发明都是在工作的敲打中、伴随着辛勤汗水的挥洒而出现的。例如在上海林内的车间里，创新很少来自干净整洁的办公室，基本上都诞生于人手与机器的碰撞打磨之间。

创造力是精通的副产品，而精通只能通过长期的辛苦磨炼来培养。

工匠与科技

科学素养是现代工匠必不可少的素质，即便是从事传统行业，想要做到更好也必须要具备科学思维和科技知识。例如文物修复师，虽然他们的工作主要是和古董打交道，但也要具备很高的科学素养，需要涉及材料化学、分析化学、海洋生物学、微生物学等多种交叉学科，要求文物修复师必须既是技工，又是学者；既通文史，又懂科技。

在广东省博物馆李涛的修复工作室中，摆放着各种各样的修复工具，有不少工具是从其他行业借用来的。例如，手术刀、裁纸刀代替了传统修复书画的"马蹄刀"；浇花用的喷壶代替了"棕刷"，这使喷水工作变得非常简单；书画修补台被画漫画用的拷贝台代替，这样更容易找到需要修补的缝隙。

以专门的机器代替人工制作画轴的"榫头"，以前连熟手也需要至少15分钟才能完成的东西，如今只用两秒钟就可以完成，而且还更加漂亮、精确，工程学上的平衡仪，在这里是校准的工具。许多性能更加稳定的现代材料，取代了以往从自然中提取的颜料。空调设备制造出恒温恒湿的空间，使文物可以更长久地保存。这样，在潮湿的春天，也可以进行书画修复了。以前在广州，书画修复只能在干燥的秋冬季节进行。各种先进的检测仪器，例如光学显微镜、离子色谱分析仪等也被用来给文物"体检"，使修复人员更准确地判断文物的"病因"以及"病变程度"。

工匠与科技一直有着不解之缘。科技文明的进步与工匠的经验和智慧是分不开的。历史上，中国之所以是著名的工匠大国与其科技文明的进步是分不开的。人类的科学进步和工匠文明的发展是相互促进的。想要成为一名现代工匠，不仅需要精湛的技艺，更需要主动学习科学知识，利用科学思维去思考，去解决问题。

诺贝尔奖获得者：屠呦呦

1969 年，屠呦呦被任命为卫生部中医研究院"523 项目""抗疟中草药研究"课题组组长，从此踏上了研发抗疟新药的漫漫征程，一干就是几十年。屠呦呦及其领导的中医研究小组从系统整理历代医籍入手，查阅大量地方药志，四处走访老中医，做了 2 000 多张资料卡片，经过 190 次实验失败后，终于在1971 年从黄花蒿中发现了有效抗疟的提取物。紧接着，在 1972 年，屠呦呦和她的同事在青蒿中提取到了一种无色结晶体，他们将它命名为"青蒿素"。

当课题组做完青蒿素药物的动物实验后，未发现青蒿素有毒副作用，但这并不能排除青蒿素在人体中不会产生毒副作用。而且在毒性未确定之前，也不宜开展下一步的临床试验，唯一快速有效的解决办法就是做人体实验。于是屠呦呦当机立断给领导打报告，愿意以身试药。她说："作为这个小组的组长，我责无旁贷。"经领导同意，屠呦呦与课题组两位同志一同住进了医院，在严密监控的情况下，开始了青蒿素提取物的人体实验。

在这段关键时期，屠呦呦要赴海南做实验，家里小孩无人照顾，她只好把孩子送回老家。屠呦呦说："那时，我们绝对是事业第一，生活要给事业让路的。"

四个月后，屠呦呦团队首次以药效证实了从青蒿中获取的"青蒿素针晶Ⅱ"是成功的，为青蒿素应用于临床扫清了障碍。

从此，青蒿素类药物开始在世界范围内广泛应用，大大降低了全球疟疾的病死率，成为世界疟疾治疗的首选药物。如今青蒿素已经挽救了无数疟疾患者的生命，其中大部分是生活在全球贫困地区的儿童。

获得诺贝尔奖给屠呦呦带来了巨大声誉，但屠呦呦说，荣誉越多，责任越大。屠呦呦是中药研究所的终身研究员，至今没有退休，仍然在为扩大青蒿素类药物适用症研究以及合理使用青蒿素类药物遏制抗药性的产生而奔波呼吁着。

实验室里的屠呦呦

在屠呦呦身上，有"神农尝百草"的医者情怀。她的低调、直率、执着以及对名利的淡泊，无不由这种情怀而来。屠呦呦在一次采访中说，自己为医学奉献一生并不是为了上报纸头条。她说："我不是要争名利，在我们那个时代，所有的科技论文都不会以个人名义发表。"造福世人的医者情怀，使屠呦呦能够影响并带动一个志同道合的团队，数十年如一日地专注于自己的研究领域，实现医学界奇迹般的突破。奉献就是高贵人生的量具，用奉献来衡量自己的价值和成功，正是工匠济世为民的价值观所在。以茅以升、屠呦呦为代表的工作者，正是以其对社会和人类的贡献而跻身于最伟大工匠的行列。

【阅读关键词】 奉献、责任、担当

【成长启示】 为民族复兴奉献自己的力量，为人民发展尽一己之力，我们的人生才会更加有价值。

第七章

中国品格：中华传统美德

> 没有伟大的品格，就没有伟大的人，甚至也没有伟大的艺术家、伟大的行动者。
>
> ——罗曼·罗兰

一、修身美德：立志勤学　慎独自省

立志勤学

路曼曼其修远兮，吾将上下而求索。

[战国·楚]屈原《离骚》

[今译]　强国之路是一条漫漫长途，我将在天地之间努力寻求它。

博学之，审问之，慎思之，明辨之，笃行之。

《礼记·中庸》

[今译]　要多方面地学习，细心地请教别人，缜密地思考问题，明确地分辨是非，踏踏实实地实行。

立志为学者第一事，志不立则天下无可为者。

[清]康有为《论语注》卷九

[今译]　树立志向是学者的头等大事，没有志向，天下就没有可以成就的事业。

孔子立志于学

孔子（前551—前479），名丘，字仲尼，是春秋末期著名的思想家、政治家、教育家，儒家学派的创始人。

孔子说自己15岁时就确立了求学的宏伟志向。他在学习中，总是"每事问"，并善于向一切内行的人们学习，他曾说过："三人行，必有我师焉。"又说自己总是"学而不厌"。后来他周游列国，广收门徒，一边宣传自己的政治思想主张，一边努力学习。直到68岁高龄，仍是孜孜不倦地教授弟子，并整理古籍，编订《诗经》，整理《周易》。据说曾作《十翼》《春秋》。

孔子学习《周易》十分认真，常常到了废寝忘食的地步。他对《周易》熟读精思，研究过许多遍。由于当时的书是用竹简制成的，要把这些写有字的竹简用牢固的皮条（称为"韦"）穿上连接起来才能成为书册。据说，孔子在读《周易》的过程中，由于读的遍次太多，以至于把这些皮条都磨断了好几次，史称"韦编三绝"。

经过反复学习，不断钻研，孔子对《周易》十分精通，对其中某些篇章还写了序，并加以解释和发挥，但他还是谦虚地说："如果我能多活几年的话，对《周易》再做些钻研，我就能够没有大的过错了。"可见，孔子是如何地一心向学，又是如何虚心地追求学问啊！

苏秦锥刺股苦读书

苏秦，字季子，东周洛阳（今河南洛阳东）人，曾师从鬼谷子先生，学纵横之术。

一次，苏秦出游到了秦国，向秦惠王献连横之策，未得任用，住秦一年，囊中钱两已尽，只好无奈地回到家乡。回家后，苏秦继续发愤攻读。他知道，要学到真本领，得花大力气，并持之以恒，否则将一事无成。

有一次，苏秦读着读着书又开始犯困了，身子歪倒在桌案上，桌上正好放着一把锥子，锥子刺痛了他的手臂，他猛地痛得醒了过来，睡意全消。他望着锥子，忽然想出一个制止自己打瞌睡的办法：用锥子扎自己的大腿。以后，当他来了困意时，就拿起锥子，朝大腿上猛扎一下，以赶走瞌睡。这个办法还真奏效，从此，苏秦经常读书、思考到深夜。

就这样，苏秦凭着坚强的意志和顽强的毅力，学问大长。后来，他两次离家出游到齐、楚、燕、赵、韩、魏六国，这一次，他向诸国国君献上的是"合纵"之术，即六国联合起来抗击秦国。由他献上的策略精密可行，有把握全局之势，使得六国国君一致订立"合纵"盟约。从此，苏秦得到六国国君的重用，拜六相，成为显赫一时的纵横家。

出自《史记·苏秦列传》

慎独自省

吾日三省吾身——为人谋而不忠乎？与朋友交而不信乎？传不习乎？

《论语·学而》

［今译］ 我每天都要多次反省自己——为别人出谋划策是不是出于忠心，与朋友交往是不是守信，对老师的传授是不是认真学习。

见贤思齐焉，见不贤而内自省也。

《论语·里仁》

［今译］ 看到贤者想向贤者看齐，看到不贤的人就反省自己是否存在不贤者的毛病。

内不欺己，外不欺人，上不欺天，君子所以慎独。

［清］石成金《群珠》（见《传家宝》三集卷二）

［今译］ 内心上不自我欺骗，外在行为上不欺骗他人，对上不欺骗苍天，这是君子之所以在独处时也能谨慎行事的原因。

曾参至死守儒礼

曾参是孔子的弟子。在曾参病重之时，乐正子春坐在曾参的床前，曾参的两个儿子曾元和曾申坐在他的脚边，一个年幼的仆人举着蜡烛坐在墙角。这个年幼的仆人说："看看这床竹席，它是如此的华美光亮，该不是大夫用的竹席吧？"

乐正子春厉声说："不要乱说！"

曾参听了之后，吃惊地望着仆人，呼出了一口气："吁？——"

仆人重复道："如此华美光亮，该不是大夫用的竹席吧？"

曾参说："是的。这是我国执政的大夫季孙如意赐给我的，我没有来得及把它换下来。我怎能睡在大夫的赐物上呢？这是不合规矩的。曾元，起来帮我把这床竹席换下去。"

曾元说："父亲，您的病相当严重，不能变动姿势。如果能等到天亮，我就会帮您把竹席换下来的。"

曾参说："你还不如这个仆人爱护我。君子爱人以德，无见识的人则无原则地爱护人。我要求什么呢？我只求死得端正无偏、安守本分啊！"

大家站起来扶着曾参给他换下了这床席子。然后，曾参带着笑意艰难地睡在另外换上的席子上，还没等睡安稳，就死去了。

从这件小事可以看出，曾参有着怎样一种慎独自省的精神啊！

出自《礼记·檀弓》

中国文化读本（职教版）

诸葛亮恭谨律己

诸葛亮(181—234),字孔明,琅邪(今山东沂南县)人。他辅佐刘备联合孙权,抗击曹操。赤壁一战的胜利,使天下呈鼎足三分之势。入蜀后,又辅佐刘备以益州为根据地,推行内修政理、外结孙吴、西和诸戎、南抚夷越的方针,取得了辉煌的成功。他不但有多方面的智慧和才能,而且有着高尚的道德品质。

街亭一战,由于诸葛亮用人不当,以志大才疏、刚愎自用的马谡为先锋。而马谡一再对诸葛亮的叮嘱置若罔闻,并不听从部属的正确意见,致使街亭失守,蜀军几乎陷入绝境。

诸葛亮率军撤回汉中后,为严肃军纪政令,他不但挥泪斩了马谡,而且还主动地引咎自责,请求后主刘禅给予处罚。他在给后主刘禅的奏章中写道:"我以谫陋之才占据了不能胜任的职位,身为元帅策动之军,北伐曹魏。但由于我不能恪守规章,严明法纪,处事又不能小心谨慎,以致发生了马谡在街亭违令的错误……这些问题的起因都在于我用人不当,对下属了解不深,遇事经常考虑不周。根据《春秋》上的军事失利则主帅当罚的原则,我应该担当责任,我请求以降职三级来处分我。"后来,后主刘禅在诸葛亮诚恳强烈的要求下,不得已将诸葛亮降为右将军,代理丞相职务。诸葛亮对自己的错误不文过饰非,公开向大家承认错误,还请求处罚自己的高尚品德和行为,使当时的人们深深地折服。而且,他在引咎自责后,仍然一如既往地进行着统一天下的大业,励精图治,艰苦创业,直到234年病逝于军营中。真可谓鞠躬尽瘁,死而后已。

出自《三国志·蜀书·诸葛亮传》

许衡义不苟取

许衡(1209—1281),字促平,号鲁斋,元朝河内(今河南沁阳)人。元世祖即位后,许衡与刘秉忠等人确定朝仪官制,策划立国规模。许衡是一个道德淳厚的儒者,精通儒家六艺。

据说,许衡早年时期就能居敬守义:有一个大热天,他有事路过河阳这个地方,由于天气炎热,又经长途跋涉,到中午时汗流如注,因而干渴难耐,便想在近处找个人家讨点水喝。可是由于连年战乱,附近的房舍空着,无人居住,可能主人为逃避兵祸而远走他乡了。但路旁边有棵大梨树,硕果累累,虽未全熟,却也十分诱人。而许衡只是坐在树下歇凉。突然又来了一批行路人,看到这棵大梨树,呼的一声潮水般地拥过来,有的上树,摘梨往下扔,树下的人争抢着吃梨解渴。许衡呢?他安然自如,毫不动心。大家饱餐一顿,发现许衡没有吃一个梨,觉得很奇怪,就问他。他说:"随便拿别人的东西,那是万万不可的。"众人说:"现在天下大乱,这儿的人们早已逃难而走,这棵梨树已是无主的了，不吃白不吃呀！"许衡回答说："梨树失去了主人，难道我自己的意志也失去了主人吗?"大伙听后，不禁肃然起敬。

许衡口渴而不食无主之梨，可以算得上是儒家提倡的"义不苟取"精神的典范。

出自《元史·许衡传》

二、齐家美德：孝亲敬长　勤俭持家

孝亲敬长

父母之年，不可不知也。一则以喜，一则以惧。

《论语·里仁》

〔今译〕　父母的年龄不能不记在心里，一方面为其高寿而高兴，另一方面又担心他们日益衰老、在世日短，因而要更加小心地孝敬自己的父母。

孝弟也者，其为仁之本与！

《论语·学而》

〔今译〕　孝：对父母的爱称为孝。弟：即"悌"，对兄长的爱称为悌。全句的意思是：孝顺父母、敬爱兄长，这就是仁的根本，是道德的核心。

孝有三：大孝尊亲，其次弗辱，其小能养。

《礼记·祭义》

〔今译〕　最大的孝是使父母得到别人的尊敬，次一等的孝是不辱没父母的名声，最低限度的孝是能供养父母。

李密陈情报祖母

李密又名虔，字令伯，西晋犍为武阳(今四川眉山彭山区)人。李密很小的时候父亲就去世了，母亲再嫁后，他就和祖母刘氏两人相依为命，长大成才之后，他曾被推举做孝廉、秀才，都因祖母无人照顾而谢绝了。

李密和祖母

到晋武帝时，皇上亲自颁发诏

书，升任他为太子洗马，于是他写了著名的《陈情表》，讲述自己幼年孤苦伶仃、与祖母相依为命的遭遇。他说："如果没有祖母，就没有我的今天；如果没有我，祖母也不能过完她有限的日子。我们祖孙二人相依为命，这样的感情使我实在不忍心抛弃祖母去做高官。我今年44岁，祖母已经96岁了，我向皇上尽忠的日子还很长，而为祖母尽孝的日子却很短了。乌鸦反哺的孝情使我希望能把祖母奉养到终老。"一封奏表，写得情深意切，深感人心。晋武帝看后，深为李密孝敬祖母的深情所感动，除答应他的请求不去赴任之外，还拨给他奴婢二人和一些费用，供他赡养祖母。

出自《三国志·蜀书·杨戏传》

考叔"纯孝"感庄公

郑国的武公娶了一名女子，叫武姜。她生了两个儿子也就是庄公和叔段。姜氏生大儿子庄公的时候难产，因此很讨厌庄公，想立小儿子叔段为公。武公死后，大儿子庄公即位，姜氏给小儿子请求京地作封地，庄公毫不犹豫就把京地给了弟弟。叔段在自己的封地操练兵马，与母亲合谋准备攻打庄公。庄公知道后，派兵讨伐了京地，叔段出逃。庄公为此事很伤心，发誓说不到黄泉不和母亲相见。

庄公有一位老臣叫考叔，听说庄公发誓之后心里很后悔，就以进献为名来见庄公。庄公与考叔吃饭，考叔只吃青菜，把肉都放在一边，庄公不解地问这是为什么，考叔说："我吃过的东西，我的老母也要尝尝的，现在您赐给我这样好的饭菜，就让我给母亲留一些吧。"庄公感慨万分："你有母亲，怎么只有我没有呢？"考叔忙问缘由，庄公把自己的誓言和后悔的事都说了出来。考叔说："这有何难，如果挖个地洞深到有泉水之处，你们母子在地下相见，这也不违背你的誓言啊！"庄公照办，果然与母亲和好。

考叔不但爱自己的母亲，而且还影响到庄公，不愧为我国历史上最早以"纯孝"闻名的先贤之一！

出自《左传·隐公元年》

朱寿命千里寻母

朱寿命是江西余干人。康熙十四年（1701年），由于战乱他与母亲失散。为此，他痛不欲生，日日哭泣。这样过了几年以后，他与家里人辞行，说找不到母亲，就不活着回来了。于是他风餐露宿，历经千辛万苦赶到了京师。他每日行乞，如果得到点干粮，就聊以充饥；如果人家给的是钱，他就藏起来，宁可挨饿也不花，以备赎母亲用。一日他果然找到母亲所在的地方，但主人非要用重金赎人不可。朱寿命没那么多钱，只能跪在那家人的门外，膝盖都跪肿了，也无济于事。那几日正好赶上母亲过生日，他弄来一碗肉面，跪着进献给母亲。当时在京师有位学士听说这件事后，出于道义花钱把朱寿命的母亲赎了出来，朱寿命非常感激，不久就和母亲回乡了。

朱寿命千里迢迢寻找母亲，表现了一片赤子之情。

出自《清稗类钞·孝友类》

勤俭持家

君子以俭德辟难，不可荣以禄。

《周易·否·象》

［今译］ 辟：同"避"，逃避，躲避。全句意思是：君子以崇尚节俭之德来躲避灾难，不可追求荣华利禄。

克勤于邦，克俭于家。

《尚书·大禹谟》

［今译］ 克：能够。全句意思是：既能勤力于国家，又能节俭于家用。即勤俭治国、勤俭持家。

由俭入奢易，由奢入俭难。

［宋］司马光《训俭示康》

［今译］ 从节俭转向奢侈容易，但从奢侈转向节俭就难了。

李沆甘居陋宅

李沆是北宋太宗时期的中书侍郎。有一年他为安置家眷，在封丘县建造了一所住宅，新屋落成时，不少官员、乡绅和百姓赶来，为一睹李沆新居的豪华风采。没想到新屋门楼低矮，庭院房舍普普通通，根本没有什么高大的房屋和华美的装饰。有人说："您身为中书侍郎，建造一座华丽的住宅不算过分。您不奢侈也就算了，但把新居造得这样狭小，前堂仅容得一匹马转身，也未免同您的身份太不相符了吧？"李沆回答说："这座房子尽管简陋，但可以安居，我在这里的时间是有限的，真正在这里长期居住的是我的子孙后代，假如他们不通过自己的劳动而住在豪华舒适的房子里，必然会丧失奋斗的志向，养成奢华而忘节俭的坏习惯。同样道理，如果朝廷的命官只考虑自己盖奢华的住宅，那么又能对老百姓、对国家做什么呢？还有什么脸面对皇上和父老乡亲呢？"大家听了，交口称赞，有些官吏还面露羞愧之色。

李沆位高而建陋宅，位尊而不忘节俭，他的一番话同样值得我们现代人深思。

出自《宋史·李沆传》

霍家因奢而败

霍光是西汉中期有名的人物，任三朝的大司马大将军，权势极重。

中国文化读本（职教版）

霍家十分奢侈，霍光的后人更是骄奢淫逸，结果，汉宣帝把霍家满门抄斩了。在霍家败亡之前，一个叫徐福的读书人就预言："霍家一定要败亡。奢侈就要骄横，骄横就要侮辱皇上；侮辱皇上，是叛逆的行为。再说，地位比别人高，别人就要忌妒。霍家掌权的时间很久了，忌恨的人一定很多。被天下人忌恨，自己又干叛逆的事，不败亡还等什么呢？"

墨子说过："俭节则昌，淫佚则亡。"霍家因奢而败的故事正验证了这个道理。

出自《汉书·霍光传》

樊重持家有方

樊重，字君云，东汉南阳湖阳人。他擅长农事，懂得商贾之道，性情温厚；家里很有规矩，全家人都以礼相待，非常和睦。

樊重办置管理的产业没有一样东西会平白丢弃。仆役、家人各在其位、各尽其职，因此家业剧增，有土地三百多顷，宅舍层楼高阁，农田里有水渠灌溉，还挖塘养鱼、饲养牲畜。樊重种植了梓漆（两种落叶乔木），以备制作器具，有人笑话他这样做。但长年累月下来，梓漆都派上了用场，很有用途，连笑话过他的人都来向他求借。

樊重富裕但不忘接济穷人，他供养全家族的人，对十里乡亲也有求必应。有一次，他的外孙何氏兄弟为争财而发生纠纷，樊重觉得羞耻，用两顷土地来解决了这件事。由于樊重的美名，他被推举为乡里掌管教化的官员。樊重活到80岁才去世。在死前，他命令把平日里人家向他借贷的数百万的文契烧毁。借钱的人听说此事后，羞惭地争相来还钱，樊重坚决不肯接受。

樊重勤俭持家、乐善好施，美名流传于世，其所作所为也为我们留下了许多启示。

出自《后汉书·樊宏列传》

三、处世美德：爱岗敬业　忠心报国

爱岗敬业

功崇惟志，业广惟勤。

《尚书·周官》

[今译]　建立功绩重在志向，职业通达重在勤勉。

农不出则乏其食，工不出则乏其事，商不出则三宝绝。

《周书》

[今译] 农民不出力，人们就没有粮食吃；工匠不出力，什么东西也做不成；商人不出力，各种宝物便不能流通。

百工居肆以成其事，君子学以致其道。

《论语·子张》

[今译] 各种工匠住在手工制造场，用辛勤劳动来完成他们的本职工作；君子则用勤奋学习来获得真理。

忠于职责，秉直犯上

刘肃是金王朝宣宗时尚书省的令史。他为人秉公执法，忠于职守。

一次，皇宫宝库中的一批金银珠宝被盗。宣宗大怒，下令迅速破案，并要严惩罪犯。可是，负责破案的官员一连几天也摸不出头绪来，眼看皇帝的期限已到，为了向皇帝交差，就把卖珠宝的商人、买珠宝的官员和看守仓库的小吏，总共11人统统抓起来，用酷刑逼供，屈打成招。办案人将此冤案上报宣宗，宣宗令刑部将其统统判予死刑。当刑部的死刑判决书送到尚书省刘肃手中核准时，刘肃越看越怀疑，他在批文中写道："抓贼无赃，怎能定案；急忙杀人，岂不太冤。"便把刑部的判决书退回了。

宣宗得知刘肃的态度后，大发脾气。宣宗身边的一名宦官，平日敬重刘肃的为人，看皇帝大怒，深恐刘肃吃亏，连夜赶到刘肃家里，劝他最好不要在皇帝气头上惹事。刘肃说："谢谢公公的好意。公公不知，这辩诬释冤的事情，就是国家交给我的职责。我决不能为了自己的身家性命，把无辜的11人的性命送掉。"

第二天，刘肃继续为这11人辩解申诉。尚书省的右司郎中张天纲被他的精神和胆量所鼓舞，也站出来支持他。他们两人当下就合写了呈文交给宣宗，希望宣宗以国家的信誉和法律为重，派人重新审理这个案件。

宣宗看了尚书省两个官员的呈文，再仔细看了刑部的判决和案卷，感到事实有误站不住脚，于是下令重审。11个被冤屈的人终于全部获释。

出自《元史·刘肃传》

郭守敬编订《授时历》

郭守敬（1231—1316），顺德路邢台县（今河北邢台）人，元代著名的天文学家。少年时，郭守敬随当时精通天文地理的大学问家刘秉忠学习。郭守敬从小志向远大，学习刻苦，勤奋钻研，尤其对天文学兴趣甚浓，为日后天文学的研究打下了基础。

至元十三年（1276年），元世祖忽必烈派郭守敬主持修订历法。郭守敬通过实测，感到要制定新的历法，首先必须制造精密的天文仪器，于是他决定亲手制造新的天文仪器。经过整整3年的艰苦研究和反复设计，终于制成了简仪、高表、仰仪等13种仪器。

特别是观测天文的简仪，无论在性能上、装置上、结构上，都比古代浑天仪有很大的改进，它包括地平经纬仪、赤道经纬仪和日晷三个部分，结构简单，刻度精密，体积精巧，旋转灵敏，大大提高了天文观测的便利性与精确度，具有世界先进水平。

郭守敬雕像

在改进研制天文观测仪器的同时，郭守敬还在全国设立了 27 个气象观测点，并挑选了 14 名具有天文知识的官员到各地巡视指导天象观测工作。经过几年的观测，郭守敬收集了大量真实可靠的第一手材料。根据这些天象观测材料，郭守敬用了两年时间进行了精密的计算，于 1280 年编订成一部新历法——《授时历》。《授时历》推算出一年为365.242 5 日，与地球公转周期只差 26 秒。

由于《授时历》是中国古代最优秀的历法，节气推算十分准确，对农业生产帮助极大，所以受到中国人民乃至世界许多地区人民的欢迎。

出自《元史·郭守敬传》

忠心报国

常思奋不顾身，而殉国家之急。

[汉]司马迁《报任安书》

[今译]　常想着要在国家危难之时，要奋不顾身殉国。

人固有一死，或重于泰山，或轻于鸿毛。

[汉]司马迁《报任安书》

[今译]　人总有一死，有的死得比泰山还重，有的死得比鸿毛还轻。

群臣相继死谏

隋炀帝杨广在位时期，宠幸奸臣宇文化及、裴蕴等，诛杀功臣贺若弼、袁颖等，对人民实行严刑峻法，又自恃国力富强，大兴土木，滥用民力。繁重的兵役、徭役把全国民众驱入绝境，各地民众纷纷起义。炀帝目睹天下危乱，仍醉心于游幸江都，导致阶级矛盾日益激化。在这种情况下，右卫大将军赵才劝谏道："目前百姓疲弊，国库空竭，烽烟四起，号令不行，请求下诏返回京城，拯救黎民。"炀帝兴致受挫，十分愤怒，为震慑群臣，命人将赵才拘禁，十几天后才予以释放。朝臣多不愿南下，但慑于威刑，亦不敢阻拦。建节尉任宗奋不顾身上书劝谏，又被炀帝盛怒之下乱杖打死。朝廷内外笼罩着一片恐怖气氛。炀帝洋洋自得，与宫女话别时留诗道："我梦江都好，征辽亦偶然。"但他做梦也没有想到仍有人敢触怒龙颜。奉都郎崔民象，于洛阳南门拦住炀帝车马强谏。炀帝暴跳如雷，令人残忍地卸去崔民象的腮骨，然后处死。炀帝昏庸无道，继续寻欢作乐，但好景不长，不久就在其宠臣宇文化及等发动的兵变中，被逼自缢身亡。

众大臣不畏强暴，以国家百姓为念相继以死报国的行为，感人至深。而隋炀帝不明是非善恶，终于自取灭亡。

出自《隋书》卷四

段秀实义不同恶

段秀实（719—783），字成公，汧阳（今陕西千阳）人，唐朝官员。

唐玄宗时段秀实曾从军安西，累立战功，任泾州刺史兼泾原节度使。因段秀实率领的军队军纪严整，防范严密，数年中，吐蕃不敢进犯。唐德宗即位后，他为宰相杨炎所忌，罢了兵权，调任司农卿。

783年，泾原兵变，唐德宗逃亡奉天，曾任幽州卢龙节度使的朱泚在长安被拥立称帝。朱泚因段秀实曾做过泾原节度使，颇得人心，后来因事罢了兵权，以为他积念已久，必定肯与其一起反叛朝廷，于是就把他召来谋议。段秀实表面假装听从朱泚，暗地里却和旧部图谋刺杀朱泚。一日，段秀实乘朱泚召他议事之机，全副武装，与朱泚并膝而坐。等朱泚说到僭位之事，段秀实愤然起座，抓住朱泚的部将源休的手腕，把他的象牙笏板夺了过来，跳上前去，吐了朱泚一脸唾沫，大骂说："狂贼，我恨不能把你砍成万段！我难道会跟你反叛朝廷吗？"于是就拿笏板猛击朱泚，使朱泚流血逃窜。后凶恶的贼众一齐拥来，段秀实遇害而死。

出自《旧唐书·段秀实传》

关天培血战虎门

关天培（1780—1841），字仲因，号滋圃，江苏山阳（今淮安）人，清朝将领。

1834年，任广东水师提督。1839年，协助林则徐查禁鸦片，训练水师，加强海防，屡次挫败英国侵略军的挑衅。英军见广东防务坚固，无隙可击，就掉头北上。由于清政府腐败，江浙沿海防御力量薄弱，英军攻陷定海，进犯天津，直逼北京。面对危局，道光帝急派主和派琦善为钦差大臣到广东求和，并下令革去林则徐、邓廷桢等人的官职。琦善到达广东后，进行了一系列的卖国活动。为了向英军表达诚意，他下令撤销海防，裁减兵船，遣散水勇。关天培不同意拆除虎门的木排、铁链、暗桩，并要琦善收回成命。但琦善置之不理，以"钦差"的身份强迫执行。

1841年1月7日，英军进攻虎门，第一座门户大角、沙角炮台失陷，守将陈连陞父子及其下属官兵数百人全部壮烈牺牲。接着，英军又向横档、威远、靖远炮台窜犯，虎门危在且夕。关天培感到人少难支，派专人星夜向琦善痛哭求援，力请采取防御措施。但琦善害怕增兵会妨碍求和，竟拒绝不理。关天培见求援无望，决心以死报国。他毅然变卖衣物，将钱发给士兵作安家费，以激励士兵的斗志；同时将自己掉的几枚牙齿、几件旧衣、一缕头发装入木匣中，派人送回家乡，以示同亲人诀别。

民族英雄关天培

2月25日，英军攻占横档炮台后，集中全部战舰及陆军3 000多人，进攻靖远炮台。关天培亲自坐镇靖远炮台指挥战斗。他当众宣誓："人在炮台在，不离炮台半步！"命令得力炮手，装足火药，等英船靠近时，众炮齐发。这样，击退了英军的多次进攻。

2月26日清晨，英军乘潮水盛涨，前后夹攻，以排炮猛烈轰击。关天培连续作战，加上年事已高，疲惫异常。但他仍奋勇登台，大呼督励士兵，并亲自点燃大炮轰击敌人，打退了登陆英军的冲锋。战斗到下午2时许，已有8门大炮因打得滚热而炸裂，余下的大炮火门因浸水，完全失去了作用。关天培拔出腰刀，挺立台上，猛砍闯上炮台的英兵。肉搏战中，他身受创伤数十处，鲜血浸透了衣甲。战斗间歇中，他解下随身携带的水师提督印，命令随他多年的亲丁孙长庆立即突围送缴督印。孙长庆号啕大哭，徘徊不忍离去，坚持要背关天培下山，一起突围。关天培大怒，拔刀驱赶。等孙长庆跑到半山回头望去时，关天培已被飞炮击中倒在炮台上。孙长庆送印归来，寻找关天培时，这位62岁的老将全身已被炮火烧焦了。

关天培抵御外侮、为国捐躯的爱国精神，永为后人所景仰。

出自《清史稿·关天培传》

四、治国美德：以民为本　以德治国

以民为本

民为邦本，本固邦宁。

《尚书·五子之歌》

[今译]　百姓是国家的根本，百姓生活安定了，国家就安宁。

得天下有道，得其民，斯得天下矣。

《孟子·离娄上》

[今译]　得天下是有方法的，获得人民的拥护，就可以得到天下了。

为政之道，以顺民心为本，以厚民生为本，以安而不扰为本。

[宋]程颐《代吕公著应诏上神宗皇帝书》

[今译]　处理政务的方法，要以顺应人民的愿望为根本，以丰厚百姓的生活为根本，以安定而不扰民为根本。

老子遵道无为而治

老子是道家学派的创始人。

史书记载老子是楚国苦县厉乡仁里人，姓李，名耳，做过周天子王室的典藏史（相当于国家档案图书馆馆长）。他的著作《道德经》只有 5 000 多个字，但富于哲理，含义深奥。

老子比孔子年长，孔子曾找老子访学求道。

老子崇尚自然，遵道贵德，主张清静无为、以柔克刚。老子的社会理想是小国寡民，"民各甘其食、美其服、安其居、乐其俗，邻国相望，鸡犬之声相闻，民至老死，不相往来"。

老子的治国思想主要是无为而治。其中包括：

（1）无为。以正治国，以奇用兵，以无事取天下。圣人无私心，以百姓之心为心；积极作为会导致失败；固执某物会受到损失。治国事天，最要紧的是爱惜民力国力。大国不要想去统治小国，小国也不要去讨好大国。

（2）简政。治大国，要像煎小鱼一样简单。禁令越多，人民越穷；法律越森严，盗贼越多。不扰民，人民自然就富足。

（3）宽厚。政治宽厚，人民就淳朴；政治苛刻，人民就狡诈。人民饥饿，是由于赋税太多；人民难治，是由于统治者胡作非为。

（4）公平。天之道，像弯弓待发，高了就低一点，低了就高一点。有道德的人，愿意把多余的东西拿出来奉献给天下人民。

（5）反战。国家政治走上了正轨，战马用来耕田；天下无道，连怀胎的母马也用来征战。祸患莫大于不知足，罪过莫大于贪得无厌。

司马迁指出：老子的政治思想倾向保守，与社会竞争发展相悖，所以难以实行。但是，对于那些好大喜功、劳民伤财、瞎折腾的官员，老子的思想是有益的。

出自《史记·老子韩非列传》

黄霸为官，一枝一叶总关情

"一枝一叶总关情"，说的是黄霸关怀民众的事情。

黄霸（？—前51）是西汉淮阳阳夏（今河南太康）人，年少时爱学律令，热衷仕途，用钱买了个小官，后因政绩显著，步步高升，直到封侯拜相。不过在相位上，却政绩平平。

黄霸为政最出色的一段是在颍川当太守的时候。汉宣帝想做一个爱民的君主，多次颁布恩泽百姓的诏书，但各级官员腐败成风，执行起来大打折扣。黄霸为了让百姓了解圣上旨意，选良吏划片宣布皇帝诏令，使之家喻户晓。他制定了一系列富民政策：奖励人民务农植桑，增产增收，同时教育他们节约开支；设置父老、师帅、伍长，劝导人们防奸为善；让驿馆乡官饲养猪羊，以备救济穷孤病残。他还经常微服私访，调查研究，听取民众意见，作为制定政策制度的参考。

有一次，他派一名老实可靠的属员去办一件机密要事，该员为保守秘密，不敢到驿馆吃饭住宿，买了东西在路边吃。一天中午，他正在吃饭，乌鸦飞来把他买的肉叼去了。这个属员办完事回来，黄霸慰劳说："这一趟你太辛苦，好不容易弄点肉又叫乌鸦叼去了。"属员一听大惊，以为黄霸无所不知，其实是乡民告诉黄霸的。从此以后，下属官员对黄霸都不敢隐瞒实情。

黄霸治民，礼法并用，反对不教而诛，也不轻易撤换官吏。许县县丞年老耳聋，督邮建议将其免职。黄霸说："许丞为吏廉洁，应当帮助而不必撤换，以免贤者寒心。"他还指出，频频换官，迎来送往花费太大，而新官未必贤明能干。官吏们知道黄霸待他们如此宽厚，都忠于职守，努力工作，很少发生失误。

黄霸经常深入乡间，对整个颍川的一草一木都了解得很清楚。每当下官报告有鳏寡孤独去世，他都可以指出哪里有木料可做棺材，哪里邮亭有肥猪可以用来办丧事。差官们照此办理，总会发现黄霸所说与实际情况完全相符，都佩服黄霸的神明。乡民也都把黄霸视为自己人，称赞他对老百姓一枝一叶总关情。《汉书》上说："自汉兴，言治民吏，以霸为首。"后世都把他作为循吏的代表。

出自《汉书·黄霸传》

李世民改革法制

唐太宗李世民（599—649），是中国历史上比较贤明的皇帝之一。李世民从隋代暴政致亡的教训中看到了法治的重要性，意识到："炀帝忌刻，法令尤峻，人不堪命，遂至于亡。"他打算把这种恶法改得宽松一些、合理一些。其父李渊称帝时，曾制定武德律，"尽削大业所用烦峻之法"，受到民众拥护。李世民也认为："死者不可再生，用法务在宽简。""国家法律，惟须简约，不可一罪做数种条。格式既多，官人不能尽记，更生奸诈，若欲出罪即引轻条，若欲入罪即引重条。数变法者，实不益道理。宜令审细，毋使在文。"

根据这个旨意，宰相房玄龄、杜如晦和左武侯大将军长孙无忌3个人组成了一个写作班子，亲笔起草了《贞观律》。《贞观律》共分4个部分：律、令、格、式。"律"即刑法典；"令"是关于户籍、婚姻、土地等民事问题的规定，

唐太宗李世民

可视为民法典和经济法典；"格"是皇帝的敕令，规定百官的职责；"式"是国家机关办事的规则及程序，二者类似于当今行政法和程序法。但是，在违法的处理上，刑名不分，一律处以刑罚。不过在中国法制史当中，《贞观律》是最完备、相对也最合理的一部封建法典，它后来成了日本及东南亚各封建国家法律的主要渊源。

《贞观律》的刑事处罚比隋律宽松得多，减大辟（死刑）92条，减流刑为徒刑71条；刑罚方式也大为减轻。后来，多次出任宰相的长孙无忌还作了《唐律疏义》，亦即法律解释，为后代留下了宝贵的法学资料。

另一方面，李世民也十分重视道德教化，诏令房玄龄等礼官修改隋礼，最后完成了《贞观新礼》138篇。礼，在中国文化及治理国家方面，曾起到过十分重要的作用，其内容主要是道德礼义规范，但是用法律形式把它规定了下来，可谓法定道德。与刑律相比，礼制被认为是根本。违反礼制，是要受处罚的，其中包括许多死刑。古代中国号称礼仪之邦，是与用法律强制推行儒家道德的制度分不开的。

"贞观之治"，是中国历史上的太平盛世之一，这一太平盛世的形成，在很大程度上，是李世民采取"抚民以静"的政策和改革并健全礼法制度的结果。

出自《旧唐书·太宗本纪》

苻坚励精图治

苻坚（338—385），字永固，略阳临渭（今甘肃天水东）氐人，苻健之侄，十六国时前秦皇帝，357—385年在位。永兴元年（357年），苻坚杀苻健子苻生自立，去帝号，称大秦天王。他重用汉族士人王猛等，打击氐族酋豪，强化王权；又下令劝课农桑，兴修水利，提倡儒学，整饬军政；鳏寡孤独年高不自存者，赐以谷吊；民凡有殊才异行、孝友忠义、德业可称者，令所在上报，加以重用，使其治下关陇地区的经济文化得以恢复和发展。

自建元六年(370年)起，先后攻灭前燕、前凉和代，占领东晋梁益二州及襄阳地区，威服周边少数民族，结束了黄河流域长期以来的动乱局面。

符坚励精图治，为史家所称。但他后来固执己见，调集数十万军队，号称百万，企图一举攻灭东晋。由于军民不附，在淝水之战中大败而归，由此前秦瓦解。

出自《晋书·符坚载记》

【工匠故事】

工匠本色——精进于业　修身于本

知是行的主意，行是知的功夫；知是行之始，行是知之成。

——明代著名思想家王阳明

"有匪君子，如切如磋，如琢如磨。"孔子借《诗经·卫风·淇奥》中的这句诗，用古代工匠加工器物的过程比喻君子的修身养性，认为君子的学问道德也要经过切、磋、琢、磨等逐道工序，方可有美玉般的质地。

切磋琢磨之中，工作就成了修行的道场。工匠们在打磨产品的同时，也在打磨着自己的人品。在古汉语中，"匠"字就有教化的意思，"匠化"即指教化。"匠"字的这层含义背后，就是工匠注重传承、德艺双修的传统。

高铁首席研磨师：宁允展

宁允展是国内第一位从事高铁转向架"定位臂"研磨的工人，也是这道工序最高技能水平的保持者。他研磨的定位臂已经创造了连续十年无次品的记录。宁允展自1991年从铁路技校毕业后便扎根生产一线，如今已是高铁首席研磨师。宁允展扎根一线，一心一意做手

道德模范宁允展

艺，不当班长不当官，对自己的工作，他有着独特的追求："我不是完人，但我的产品一定是完美的，做到这一点，需要一辈子踏踏实实做手艺。"宁允展认为工匠就是凭手艺吃饭。为了磨炼自己的手艺，他自费购买了车床，将家中30多平方米的小院改造成了一个小车间，成为他业余时间研磨和搞发明创新的第

二厂房。凭着这种务实拼搏的劲头，他发明的工装和做法每年可为企业节约创效近 300 万元，其中两项获得国家专利。

脚踏实地是一种注重积累、从小事做起的务实精神。曾有一名刚毕业的大学生觉得家乡太落后、太闭塞，于是就离开家乡的实习公司到大城市闯荡。大城市就业机会很多，很快这名大学生就找到了工作，但他不是嫌薪水低，就是觉得在公司没有发展前景，总是不断地跳槽。后来他和同学合办公司，不想被人骗了。无奈之下，他只好重回家乡发展，找到之前的实习公司，安心从一名技术员做起，由于踏实肯干，没过多久，成了公司的一名管理人员。

回顾自己的成长经历，他深有感触地说："一万个机会也不如一步一步脚踏实地，以前总是拼命想要找最好的机会，但总是这山望着那山高，不切实际。这几年的折腾让我懂得了很多，只有脚踏实地工作，才能够一步步接近目标。"

中国妇产科主要的奠基人：林巧稚

林巧稚是中国妇产科主要的奠基人。她一生虽然没有结婚，却亲手接生了 5 万多名婴儿，被称为"万婴之母"。

1921 年，年近 20 岁的林巧稚在上海报考了北京协和医院，在最后一场英语笔试时，一名女学生因中暑突然晕倒，由于考场没有医护人员，林巧稚便放下没有答完的考卷去照顾病人。等她回到考场时，考试已经结束了，林巧稚最有把握的英语试题没能答完。虽然按常理她是不能被录取的，但院方认为她的爱心和临危不乱正是一名医生应该具备的优良品德，所以破格录用了她。

经过艰苦努力学习，林巧稚以全班第一名的成绩毕业，成了北京协和医院妇产科的一名住院医师。

在工作中，林巧稚强调一个临床医生要多到病人那里去。当实习大夫时，她经常很自然地为产妇擦汗，还握住她们的手，抚摸病人的额头，使她们能够放松紧张的心情。有一次，她到病房看望刚被她救治过的一个产妇，产妇用后的便盆放在床前，她随手就把便盆端走了，病人十分过意不去，她却说，我端便盆有什么不可以呢？这也是需要嘛……工作中，她的举手投足之间，都体现了对病人深切真挚的爱。

1983 年 4 月的一天清晨，林巧稚在昏迷中又发出呓语："快，拿产钳来！产钳！"慢慢地，她平息了下来，过了一会，脸上露出一丝微笑："又一个胖娃娃，一晚上接生了三个，真好！"这是林巧稚大夫留下的最后的话。

林巧稚身上展现了一名工匠的大爱。深爱病人的她从未因为医疗工作的劳累而心生厌倦。她说："我对妇女、儿童充满了爱，生平最爱听的声音，就是婴儿出生后的第一声啼哭，那是一首绝妙的生命进行曲，胜过人间一切最悦耳的音乐。"为了让所有的母亲高兴平安、所有的孩子聪明健康，林巧稚愿意把医院当成自己的家，把产妇当作自己的家人，把一个个小宝宝当作自己的孩子，当一辈子的值班医生。

工匠精神是一种幸福的工作观。它在帮助我们取得职业上的成功之外，还将工作变成一种完善人格与技艺的修行，让我们在工作中充分地实现自我，更多地体会到劳动带来的精神愉悦与幸福。与喜欢抱怨和逃避工作的人相比，工匠们工作时的认同感、成就感、幸福感、快乐感总是更多、更持久。

【阅读关键词】 幸福、生命、拼搏
【成长启示】 能够把自己的工作当作恋人一样热爱，不断拼搏，我想，人生的幸福感会是满满的。

第八章

世代传承：中华老字号

> 不伴随力量的文化，到明天将成为灭绝的文化。
>
> ——丘吉尔

中华老字号具有鲜明的中华民族传统文化背景和深厚的文化底蕴，获得社会广泛认同，形成了良好的信誉品牌。它见证了中国的历史变迁，是中国工匠精神的缩影。

一、老字号的情怀

1. 兼济天下的家国情怀

两千多年来，博大精深的儒家文化一直是中国读书人的处世标杆。无论是宽厚慈善的仁爱之心，还是磊落刚正的浩然之气，都塑造了中国士人特有的精神气质，以及于世界民族之林中卓然独立的价值追求。近代中国国力孱弱，人民困苦，饱受欺凌，社会各界掀起了一次又一次反抗侵略、救亡图存的爱国运动。以爱国主义为核心的民族精神，渗透到了社会政治、经济、文化的各个方面，成为民族企业家们创办和经营企业的精神指引。在传统文化中浸淫成长、信奉"万般皆下品，唯有读书高"的知识分子们在忐忑和犹豫间走出书房，扔掉"工贾皆末"的传统观念，拿起算盘、账单，在全新的经营管理领域筚路蓝缕，开始了中国民族工商业的艰难起步。

在这些老字号企业创始人与民族工商业先行者们的身上，褪不掉的是儒家文化的深厚底色。私塾里的琅琅书声，祠堂前的袅袅青烟，案几上的斑斑墨迹，都是他们难以忘怀的记忆。秉孔孟之道，处三千年未有之变局，近代中国企业家们在文化冲突、思想过渡、价值重构的背景下，用自己的行动，谱写了一曲曲家国情怀的感人之歌，注定在世界商业史上留下不一样的色彩。

天津劝业场摄影图

清末状元，也是清末民初实业家的张謇感叹道："救国为目前之急……譬之树然，教育犹花，海陆军犹果也，而其根本则在实业。"一个科举制下的文人终于意识到，唯有振兴民族经济，才能与欧美列强一较短长，不再受人之欺。天津是近代中国繁荣的工商业中心，也是列强在北方殖民统治的重要据点。在洋货倾销、外资扩张、中国民族经济饱受摧残的形势下，一家名为"劝业场"的企业横空出世，发出了中国人自强求富的时代强音。

"劝业"一词，出自《史记·货殖列传》："各劝其业，乐其事。"汉代人讲"百姓劝业"，"劝"意为努力从事。到了近代，这个古老词汇率先在致力于维新强国的日本焕发出了新的生命力：政府设有劝业寮，金融有劝业银行，展览有劝业博览会。1903年，在日本大阪召开的劝业博览会吸引了后来成为清王朝首任商务部长的载振渡海参观。1905年，在载振的主持下，清政府在北京成立了劝工陈列所，附设销售单位劝业场。自此以后，"劝业"一词便带着时代气息，从东洋折返华夏，带动了一批建设"劝业场"的热潮，成都（1909年）、上海（1917年）、济南（1927年）等城市都曾开办过以"劝业场"为名号的百货商场，为带动本地商业繁荣与满足市民生活所需起到了重要的作用。

从日本到中国，"劝业"一直担负着东方民族自强求富的殷切期望。天津劝业场的创办人高星桥，出身贫困，靠着自己的勤奋与好学得到了井陉煤矿德国老板汉纳根的赏识，方才发迹。曲折磨难的人生经历让高星桥见识了近代中国的社会冷暖，也深深体会到了国弱民贫的切肤之痛，因而对"实业救国"的时代浪潮予以积极的回应。天津劝业场创办之初，法租界工部局曾要求命名为"法国商场"，一腔爱国热情的高星桥无法接受，他采取了劝业场另一大股东载振的建议，将这座华人开办、雄伟气派的新商场定名为"劝业场"，并在中间又加一字成为"劝业商场"，场内高悬"劝吾胞舆，业精于勤，商务发达，场益增新"四言联句作为建场精神，殷殷爱国之心拳拳可见。"不到劝业场，枉来天津卫。"劝业场能在近百年时间里成为天津不褪色的城市名片，离不开它饱满深厚的文化底色，其中最亮眼的就是自成立之日便张扬的家国情怀。

众人皆知爱国企业家陈嘉庚、卢作孚等人的故事，实际上在那个"一寸山河一寸血，十万青年十万军"的年代里，有着同样爱国情操与家国情怀的企业家数不胜数。抗日战争期间，坚持抗战的新四军被敌人重重包围，物资匮乏、药品奇缺。当新四军将士们终于筹集了一批金器银圆，秘密运送到上海，希望能换到粮食和药品物资时，上海大多银楼金铺却都不敢接手这批金银。只有老凤祥第二代传人费祖寿大义凛然，冒着掉脑袋的危险兑换了这批来之不易的金银。最终，通过兑换这批金银购买到包括 X 光机、牛奶、毛毯等重要物资。这些物资通过宋庆龄女士的关系顺利运往了新四军根据地，为新四军解了燃眉之急。

诞生于血海烽烟中的近代老字号，无一不肩扛"救贫""救国"的民族使命，"设厂自救""挽回利权"。在他们身上，"爱国"不是一种商业目的，而是一种内心的初衷。这种情怀的产生与当时的时代背景密切相关，但儒家所传承的"位卑未敢忘忧国"却是内在最充实的动力。近代企业家们心系国难、振兴华夏的情怀与抱负，永远值得我们尊敬与学习。

2. 传承国魂的文化情怀

文化是民族的根本，是构成民族认同感与内聚感的核心要素。文化不仅是民族共同体可以识别的符号，也是这个共同体发展的精神维系。文化有多种表现形式，有纯粹精神思想方面的体系，有日常生活起居的仪式，也有具体的物品等。老字号企业正是通过具体的生产活动将中华文化传承下来。我们先来看看很有中华文化特色的中药制造企业达仁堂是如何实现中西文化合璧的。1840 年后，伴随着西方列强的坚船利炮、洋货外资一同进入中国的，是西式的生活风俗、科学技术与思想理念。同时，中国积贫积弱的现实也促使国人反思：中国的传统文化是否阻碍了中国的进步？"五四"前

乐氏老铺

后，这股思潮达到了一个高峰。此时，达仁堂的乐达仁先生也对中国传统文化开始深刻思考。乐达仁曾游历欧陆，亲眼见识了发达繁荣的西方世界，因而对世界大势有着同时代人少有的清醒认识。达仁堂创办之初，靠着各种古典成方、宫廷秘方打出了一片天地，但乐达仁同时也在深思，这种表面的繁荣，会不会只是中药的回光返照？国药的旗

号，在中国还能打多久？面对来势汹汹的西医西药，中医中药何以生存？在不可阻挡的新形势下，传统的中医文化又该如何发扬光大？

自18世纪欧洲人创立病理解剖学以后，西医西药取得突飞猛进的发展。欧洲人1858年创立细胞病理学，1865年提出遗传因子学说，1878年发现传染病由病原菌引起，1892年发现病毒，1903年发现激素……一连串的科学发现，让一向视"夷技"为"小术"的中医先生们目瞪口呆。欧洲人在临床医学上，使用显微镜、听诊器、体温表、血压计和心电图描记器，给病人开刀、拔牙、缝合伤口时使用麻药，这些直观的诊断手段和医疗效果，让人不能不服。

鸦片战争以后，教会办的医院由沿海地区推向全国各地，西医西药大行其道。20世纪初，施德之、梁培基、中华、和平、九福等西药厂先后开工投产，专门做西药生意的屈臣氏、泰安、华英、中法等大药房也纷纷开门营业，而且都获利丰盈，中医大夫和中药铺的生意，受到不小冲击。

乐达仁想，中国老百姓相信中医中药，这是个基本事实，但是这么多人，包括著名学者，都否定中医中药，难道没有一点儿道理？经验医学在西方已经发展为实验医学，而中医仍旧靠老祖宗传授的经验吃饭；西药能写出化学分子式，能从生理和药理上说明问题，能够做出定性和定量分析，西药销售靠对医院、药房和普通人群的宣传，引导人们去消费，而中药铺坐等顾客上门，与医院、大夫都不搭界。乐达仁认为，不适应时代进化要求的一切，都是没有生命力的，被淘汰是早晚的事。物竞天择，适者生存。为免遭淘汰噩运，乐达仁决心做中药改进的先行者。

他要求他的子侄和达仁堂所有年轻职工，都要学习英语，以便了解世界大势和西方医药的最新发展。他的儿子乐钊、侄子乐肇基，读中学都是在当时英语教学水平非常高的天津新学书院。达仁堂厂里的年轻职工，下班之后，除了背《汤头歌》《药性赋》之外，就是学英语。乐达仁认为，改进中药离不开化学，所以让他的接班人乐肇基在中学一定要学好化学。乐肇基中学毕业后，他又让乐肇基到南开大学化学系深造。

1934年乐达仁病故后，由乐肇基任经理、乐松生任副经理。乐肇基曾游历欧美，他运用自己学到的化学知识，探索中药的改进，引进西方的科学技术，注重机械和电力的应用，尽力淘汰落后的生产工具和工艺，在设备、安装、电力、用水等方面做了一系列的改革，既保留传统的优点，又采用新式方法，质量与工艺均臻上乘，信誉卓著，逐步把中药作坊改造为生产车间，让工人摆脱繁重的体力劳动。例如，安装冷冻设备，采用电动石磨、电动箩筛，自打深井建水塔，提高制药用水质量，炮制技术不断完善，产品不仅畅销国内，而且在20世纪30年代大量出口，供不应求。有着悠久历史的中医药文化不仅没有在西方医学科技的冲击下消亡，反而在达仁堂焕发了新的青春。

3. 扎根心底的乡土情怀

"山海关"饮料百余年的历程，也凝聚了一代又一代天津父老的情感记忆。1902年，英商麦沙斯等人在天津投资建设了"万国汽水公司"。第二年，为了寻求良好水质，厂址搬到了山海关地区，"山海关汽水股份有限公司"终于诞生。

民国时期，带有英伦血统的"山海关汽水"无疑是京津地区最上流、时髦的饮品之一。末代皇帝溥仪六岁逊位，由于皇室优待政策，他的婚礼仍被称作"大婚"，一应用品礼节当然也要尽量上乘。史料中记载："前一天从六国饭店（后改称北京饭店）订的牛奶、蛋糕、面包、奶油布丁、沙丁鱼、牛肉、鸡肉、鸭肉等摆满圆桌，法国香槟酒、五星啤酒、山海关汽水杯盏交错……"张寿臣先生在传统相声《开粥厂》里提到这么一段："黑桑葚儿一盘，白桑葚儿一盘，带把儿甜樱桃一蒲包，山樱桃一蒲包，大杏儿一百，雄黄二两，五毒饽饽四盒，玫瑰饼、藤萝饼一样儿五斤，山海关汽水两打……"这些都足以说明山海关汽水当时就是极有影响力的品牌了。

如果说这还不能让读者对山海关汽水的产品地位有直观的体验，那可口可乐公司与山海关汽水的一段合作就是最好的说明了。1927年，可口可乐公司看中山海关汽水公司的实力，与其建立销售伙伴关系。山海关汽水公司拥有使用可口可乐瓶子的专利权，成为可口可乐在中国北方的灌装厂。那时候的店铺想要销售山海关汽水，必须签下不销售其他品牌饮料的协议，山海关汽水销路畅通之外，更是在天津一家独大。

1956年地方工业部组织全国汽水会议，山海关汽水被评为全国第一名。新中国成立后的山海关汽水厂抓住机遇，改良工艺，迅速发展，研制出了招牌的橘子味汽水，开创了果汁型含气饮料品类先河。"山海关"是中国乃至亚洲第一个推出果汁汽水的品牌，并被选为人民大会堂国宴专用饮料。

上得了国宴厅堂，也下得了百姓厨房，价廉物美的山海关汽水几十年来一直是属于天津人夏天的独属记忆。山海关汽水在20世纪90年代后由于种种原因停产，然而它的员工们始终守着心里的一块属于"山海关"的牌匾，时刻准备着重新将它树立起来。2014年，"山海关"品牌重新出发，这属于天津人的共同情怀又被勾起，获得了极大成功。在天津举办的第十三届全国运动会上，作为天津符号之一的山海关汽水成为饮用水和非酒精饮料的唯一赞助商。为了重新梳理"山海关汽水"这个品牌跌跌撞撞走来的历史旅程，公司在品牌115周年纪念活动之际，启动了向消费者公开征集"山海关汽水国宴专用瓶"及"山海关易拉罐标签"设计的双响活动。许多老收藏家压箱底的宝贝也都被找了出来——已经斑驳的玻璃瓶、只在书中被人描述过的"封瓶口的玻璃球"、旧时的瓶装标签和广告册页……看到它们的人，都要感慨声"白驹过隙"才对。这家堪称中国最早的饮料厂在诞生后的一个多世纪里，成为津门标志性的存在。也正是凭着这种情怀，山海关饮料才能在新出发之后拥有不小的优势。毕竟，谁会不眷恋小时候"冲到鼻子里的那一股子凉气儿"呢？

"接地气"是用今天的语汇来描述这种乡土情怀，也就是《追求卓越》里特别强调的"接近顾客"。今天的这些老字号企业在当时大多拥有响当当的名号，创业者们没有因为一时的成功而沾沾自喜，他们紧密地联系市场，将对父老乡亲的回馈作为自己的责任。"劝业场""山海关"诞生、繁荣于天津这片沃土，天津也感念老字号企业们为这座城市带来的生机与活力。它们不仅是商品品牌的名字，也是天津人的乡愁乡情，是城市心灵深处的时光机。老字号企业用百年不断的光阴，诠释了老字号品牌所承载的乡土情怀。

随着改革开放和市场经济的发展，中国也在国际化的过程中更加多元化，但是中国独特的传统早已深深嵌入每一个中国人的血脉中。从"中国制造"到中华民族的伟大复兴，从"一带一路"建设到精准扶贫，我们看到许许多多的企业和个体，正是受到"情怀"的驱动，以各自的方式创造着各种精彩。民族振兴的情怀不会磨灭，只会在新时代更加熠熠生辉。

二、老字号的美德

1. 达则兼善

新时期，达仁堂捐助社会福利院、SOS 儿童村，向公安、交警捐献药品……2003 年"非典"肆虐，达仁堂以大爱之心，在全国率先研制出"预防'非典'中药液"，如春风劲吹，一扫病魔阴霾，如时节好雨，润物无声，大爱济世。

达仁堂还将大量药品捐赠给战斗在"非典"一线的白衣战士。2003 年 4 月上旬，广东急需达仁堂的"清肺消炎丸"，达仁堂立即将一批"清肺消炎丸"空运至广州，赠送给有关部门。达仁堂邀请首都医科大学、天津卫生防病中心等十几位专家，举行专题研讨会，共同研讨中医药抗击"非典"的对策，同时按照国家中医药管理局推荐的处方，组织"预防'非典'中药液"的生产。处方中的药材价格猛涨，达仁堂不惜重金购买药材，按照"品味虽贵必不敢减物力"的祖训，保证制药时药料足量投放。

为保证产品质量，达仁堂在制药工艺上丝毫也不敢马虎，全厂工人和管理人员全部实行 12 小时工作制，周六日不休息。职工们累得腰酸背疼，熬得眼红口干，但是没有人请假，也没有人问一声给不给加班费。因为他们知道，达仁堂就是这个传统——"仁者爱人，达则兼善"。

达仁堂还向"5·12"汶川大地震灾区捐款、捐药。在 H1N1 流感病毒暴虐之际，达仁堂发挥产品优势，为人类健康提供可靠保障。达仁堂每年还投入数十万元开办公益讲座，普及用药知识，传播健康文化。大爱无声，绵延不绝。

作为国药集大成者，达仁堂也非常重视传统医药文化的发扬与继承。2009年，在天津市中山路原址上达仁堂中药文化展览馆，成为中医药文化的重要宣传窗口，该馆后来被评为"中医药文化宣传教育基地"。

2. 仁者爱人

在老美华企业内部，领导与职工的关系早已超越劳动合同所规定的权责义务。关心职工生活具体体现在：职工婚丧嫁娶，领导必到；职工及其家属遇到困难，领导必到；职工及其家属生病或住院，领导必到；等等。为此，老美华专门成立了业余服务队，为职工办实事，解除后顾之忧。像职工家中买煤、搬家、孩子入学等，就连职工家用生活电器出现小故障，这个服务队也都有求必应。

2011年4月初，老美华和平路服饰店员工史岩年仅六岁的儿子，因身体不适入院治疗，后经医院诊断，确诊为白血病。此时，一个幼小的生命正面对着病痛的折磨和生死的抉择，一个家庭也正经受着沉重的打击。老美华总经理室在第一时间要求工会向全体员工发出倡议：请大家发扬"一方有难，八方支援"的人道主义精神，伸出援助之手，慷慨解囊，奉献我们的爱心，以捐款的方式为身边同事史岩的家庭提供帮助。全体员工迅速掀起了为史岩儿子献爱心捐款活动的高潮，全公司共募集捐款37 595元。工会主席刘艳茹代表总经理室，亲自将这笔饱含全体员工爱心的捐款送到了史岩及其家人手中，令史岩全家及医院的医护人员非常感动，感慨有这么好的企业和同事在为他们分忧。老美华对员工的关心、关怀和爱护，员工之间的友情、真情和爱心，体现的是中国传统企业文化中的"温暖"元素。

3. 至诚至信

老凤祥一直以来将"至诚、至信、至精、至善"作为企业价值观代代传递。"至诚"即忠诚事业，忠诚企业，忠诚顾客；"至信"即信念，信心，信誉；"至精"即精业，精艺，精品；"至善"即善事，善学，善人。老凤祥也一直以它忠于品质、服务至上的行动践行着它的价值观。

老凤祥一贯坚持着"质量第一"的企业宗旨，无论是过去的手工作坊，还是如今的车间生产，质量始终是摆在第一位的。为了更好地保证老凤祥旗下产品的质量，企业将黄金首饰产品执行标准建立在等同于国际首饰业的先进水平线上，"源自于国标，严行于国标"。同时，老凤祥还建立了公司、专业厂和连锁门店、班组四级质量管理网络，将检验重点放在产品出厂和上柜两个环节上，层层把关，确保每一件产品都是以最美的形态、最优的质量迎来消费者。老凤祥十分重视标准化管理，企业内部制定了《老凤祥银楼十大管理标准》，自 20 世纪 80 年代起，老凤祥生产的产品就荣获国家级质量金奖，成了全国首饰行业中的"领头羊"。老凤祥将"精细化管理"的要求落实到每个营销环节过程中去，严格履行对饰品印记的查验、逐件分称、标签内容标注、上柜再核对等手续，确保做到饰品标识无差错；加大对顾客服务质量与对顾客投诉的处理力度，努力营造一个优美的购物环境，让顾客真正做到放心购物、满意而归，把"老凤祥"打造成珠宝首饰的领先品牌。这样的要求，使得中国手艺人常提的那句"童叟无欺"，真正成为现实。

【思考与讨论】

1. 谈一谈中华老字号的企业价值观对你的影响。
2. 请说一说品牌企业中蕴含的工匠精神。
3. 中华老字号对当今中国企业发展有何借鉴意义？

【工匠故事】

工匠之脉——源远流长　生生不息

品牌价值观不是成为一个产品或者服务的附属物，而是品牌追求完善的驱动力。

——尼采

在中华老字号中，我们不难发现"工匠精神"的身影。在时光的历练中，这种精神甚至成长为一种深沉的情怀，一种对工艺与产品由衷的敬意。天津桂发祥的麻花便是老字号企业工匠情怀的一种体现。

如果有电影去拍一拍中国"手艺人"，一定能拍出不亚于好莱坞大片的极致美感。慢镜头下，麻花师傅左手推，右手收，双手提起，一气呵成。这个过程看似简单，实际从角度、速度、力度上都要紧密配合。拧出的麻花讲究造型，整体周正匀称，拧花分明，每节都呈现出葫芦的样子：底部仿若"宝瓶座"，上部如同"石榴嘴"。完美的桂发祥十八街麻花，每一支都是拧出来的艺术品。

传说桂发祥的手艺开创者，是一个叫刘老八的普通匠人。他的麻花香酥脆甜，顾客们都慕名上门。刘老八每天只干一上午，十点多钟基本上就卖完了，下午就用来准备第二天炸麻花的原材料。有一天将近中午正要关门的时候，有几个人敲门，非要吃刘老八的麻花，并扬言吃不到就把铺子给砸了。可炸好的麻花已经卖光，盆底也仅剩下一点面，要如何应付这些麻烦的客人呢？

人总是会急中生智。刘老八忽然想起了他刚买的准备送礼的两斤带馅点心，便把剩下的面搓成五根不带芝麻的白条，两根带芝麻的麻条，像两只手一样把点心馅包裹在中间放进锅里炸。炸出来的麻花连刘老八自己都惊讶万分，口感独特，更好吃了！

刘老八自此不停地研究夹馅麻花的配方。通过和不同的顾客交流，了解大家的需求，馅料里加上桂花、闽姜、桃仁、瓜条、青红丝等十几种小料……经过探索和改进，麻花馅儿越来越丰富，味道越来越可口，在天津独树一帜，大受欢迎。于是，刘老八就给自己的铺子起了个字号，叫作"桂发祥"，寓意吉祥如意，又由于店铺坐落在东楼村十八街，因此便得名"十八街麻花"。

做出一根好麻花，要通过麻花技师多年的制作经验，根据面粉的特性和气候变化，加上手摸、眼看、鼻闻等手段，运用面肥发面、熬糖提浆、热油烫酥、糖粒拌馅等传统工艺技能，选用的主料是面粉、植物油和白糖，又加了桂花、芝麻仁、青红丝、闽姜、花生仁等十几种小料，经过发肥、熬糖、配料、制馅、和面、压条、断条、对条、搓制成型、炸制等20多道关键工序精制而成。

当年的刘老八凭着一门好手艺炸出了格外酥脆香甜的麻花，直到今天，桂发祥也是天津"三绝"之一。无论是旅人邂逅还是游子回乡，来到天津，不咬上一口十八街麻花，就不能算作圆满的经历。没了旧时的吆喝叫卖，没了当年露天摆着的那口大锅，有些人会觉得失去了老字号真正的意趣和原味。其实，桂发祥人常常提到一句话："让老字号品牌老而不朽。"

为了保证麻花制作的原汁原味，桂发祥的和面、搓制工艺还是由人工进行。也许吃着桂发祥的麻花，再想到传统的老手艺没有被机器完全代替，除了麻花本身的香甜之外，还能品味到制作者对产品倾注的情感。

全聚德自创立以来，有句口号叫"做江湖买卖"。全聚德的"江湖买卖"除了与竞争对手良性竞争，还表现在广纳人才、创新菜品上。全聚德高薪聘请了李兴武、张永清、吴兴玉、蔡启厚、黎振林等名师，这些名师潜心钻研，精细考究，从冷菜到炒菜再到面点，开创了诸多特色名菜，为全聚德菜品的丰富与创新做出了突出的贡献。

全聚德许多特色的创新菜品都是兼收并蓄的结果。例如"雀巢鸭宝"这道名菜，正是来源于清太祖努尔哈赤打仗时在马背上常吃的一种菜叶包饭"吃包"。厨师们以此为基础并借鉴粤菜风格，在生菜叶内以油炸细土豆丝"筑巢"，里面填入鸭肉粒、鱼肉粒，包而食之。全聚德正是以顾客满意为导向，发现菜品灵感，寻求菜品改进。

大医精诚，有着100多年历史的达仁堂作为我国传统中药制药行业的典型代表，从未放弃过对制药技术的继承与精进。早在达仁堂创办之初，乐达仁先生不仅将达仁堂保存的中药精粹——古典成方、民间秘方、家传奇方、宫廷秘方等毫无保留地移植到天津，并给天津带来了一批具有丰富经验的制药工人和一整套制药工艺，还对原有的经营方式进行了改进。中国古老的制药业，以达仁堂的创办为起始，走上了工业化道路，形成了举凡蜜丸、水丸、药酒、药胶、膏滋、饮片等国药品种无所不能的生产能力和规模。达仁堂办成了一个自产自销、工商结合的企业，是中国最早的工商一体化的国药集团。

作为一个以缠足鞋起家的传统企业，老美华始终坚守着其传承了100多年的制鞋技术。老美华的坤尖鞋、骆驼鞍鞋、绣花鞋、杭元鞋这四类传统鞋的手工制作技艺，被认定为国家级非物质文化遗产。这四类鞋的制作工艺都十分复杂：采用手工制作的"千层底"，手工搓麻、纳底、扞边，鞋底每平方寸要纳九九八十一针，夏季用安徽苎麻，冬季用张家口油麻。操作时要严格遵循"缝匀，绱鞋针脚齐"的操作要领，使"老美华"鞋舒适、耐穿、美观。

制作坤尖鞋技术难度较大，需要50余道工序，特别是缝制尖头的前三针至关重要。而传统绣花鞋是鞋文化与刺绣艺术的完美结合，是华夏民族独创的手工艺品。在鞋面上精心绣上吉祥如意的内容，如喜鹊登梅、鲤鱼跃龙门、牡丹、菊花等图案，鞋面配色明快、和谐，针码均匀。

老美华的津派旗袍、连袖男装两项制作技艺，也相继入选天津市非物质文化遗产。老美华所制作的津派旗袍，有着非常精细的制作标准，在结构上吸取西式裁剪方法，使旗袍更为称身合体。在缝制连领旗袍的工艺上，老美华也非常考究，需要不开领圈而制作出旗袍的领子。这种款式的优点在于：一是低领比较宽松，穿起来特感舒适；二是不会破坏衣料上的花纹图样。这种服饰是内与外和谐统一的典型民族服装，也是天津服饰文化的代表。老美华的连袖男装，不仅是植根于民族文化中的生活实用品，更是名副其实的民间手工艺技术传承的历史见证，它已成为中国传统服饰文化中的珍贵遗产。

日本有所谓"寿司之神"，瑞士有享誉世界的手工名表。放眼中国，类似的工匠情怀，中国人也从不缺乏。《诗经·卫风·淇奥》曰："如切如磋，如琢如磨"，描述了工匠在切割、打磨、雕刻玉器、象牙、骨器时仔细认真、反复琢磨的工作态度。朱熹进一步提炼出它的核心特质："言治骨角者，既切之而复磋之；治玉石者，既琢之而复磨之。治之已精，而益求其精也。"精细的工匠精神，一直在中国文化的血脉中流淌。庄子笔下"庖丁解牛""轮扁斫轮""佝偻承蜩""运斤成风""大马捶钩""津人操舟"等故事，不仅反映了中国传统工匠们登峰造极的工艺水平，也揭示了他们"臣之所好者，道也，进乎技矣"的精神境界。由技艺理解生活世界，进而形成严谨细致的态度与精益求精的职业操守，在"道技合一"中实现圆满，正是中国工匠的追求。

"君子役物，小人役于物。"不可否认的是，在快节奏的时代，我们不少企业确实遗失了很多优秀的传统。但欣慰的是，在老字号企业身上，我们还能看到其对传统工匠精神的坚守。这些老字号企业不仅是把经营生产当作一种任务，更是树立一种对工作执着，对所从事的事业和生产的产品精益求精、精雕细琢的精神。在更加注重经济效益的今天，这种工匠情怀也显得越来越重要。重提工匠情怀、重塑工匠情怀，应当是今天中国企业生存、发展的必经之路。

【阅读关键词】　执着、求精、坚守
【成长启示】　把工作作为一生的坚守，不断追求卓越。

第九章

东方格调：中国民俗风情

> 风俗对民族来说是很重要的。它像一面镜子一样，可以反映出这个民族的精神面貌和心理情绪，以及这个民族的变化和兴衰，它可以帮助我们了解我们的现在和将来的生活。
>
> ——努弯詹·拉纳哥

一、汴河两岸的风情画卷

《清明上河图》，是北宋时期的一幅绘画，创作时代距今近九百年，今藏于北京故宫博物院。

作者是北宋末年一位名叫张择端的宫廷画家。作品完成之后，由当朝皇帝宋徽宗题写"清明上河图"五字。有关这件宝物的流传，可以写成长长的故事。这幅作品本为北宋宫廷收藏。金人攻下北宋都城，也洗劫了宫中

清明上河图

的一切，《清明上河图》被金人掠去，后流落民间。蒙古人建立元朝政权之后，《清明上河图》被掳进宫中。宫中有一个装裱匠，识得这件宝物，竟然使了调包计，用一个临摹

本把真本偷换出宫。从元代到明代的百余年时间中，它辗转于收藏家、古董商人和文士之间，一直到明代后期第三次入宫。到宫中不久，又被一个懂书画的太监盗走。经过了多次转手买卖，大致到 19 世纪初叶，归清代宫廷收藏。这是它第四次进宫。辛亥革命之后，末代皇帝溥仪将它带出宫。开始存放在天津，后伪满政权成立，带到长春。伪满政权灭亡后，溥仪正准备将它带到日本时，被截回，后交给北京故宫博物院，这是它第五次进入紫禁城。

五进紫禁城的传奇经历，更增加了这幅作品的吸引力。它在流传过程中，还产生了大量的摹本。至今散落在世界各大博物馆的摹本有三十件之多。其中一件摹本还骗过了酷爱艺术的乾隆皇帝，乾隆将这件摹本定为真本，现藏于台北故宫博物院。大量摹本的出现，也从侧面说明这件宝物的不凡价值。

这是怎样一件作品呢？

1. 汴河两岸的风情长卷

这是一幅五米多的长卷，采用的是中国绘画手卷式的形式，自右至左，缓缓打开，如打开一扇历史的闸门，九百年前北宋都城汴梁（今河南开封）的繁华景象尽收眼底。

画卷的叙述在清明时节汴河两岸展开。此时冰雪融化，告别了料峭的春寒，迎来了春天最重要的节日——清明节。清明节是中国二十四节气之一，是思念的节日。这一天，人们要祭祀祖先，这种风俗至今还存在。清明又是庆祝春天到来的佳辰，此时阳光妩媚，春风荡漾，绿草如茵。这幅图的开始描绘的就是汴梁郊外的春色，我们可以看到，野地里溪水潺潺，又有屋舍隐现于丛林之中，道路纵横，历历分明。有老树当风而立，染上了初春的淡淡绿意。向远看去，是绵绵无尽的原野，上有薄雾轻笼，正是柳永词写的"艳阳天气，烟细风暖，芳郊澄朗闲凝伫"的景致。林中忽而露出一队人马，几个仆夫引领着驴队，悠然地向城中赶路。向左去，道路上有绵延的人流，有的是到郊外祭扫的香客，有的是由城中归来的游人，骡马嘶鸣，人声鼎沸。这是远景。

手卷再向前打开，中段部分是近景特写。汴河开始进入人们的视域，那是一条连通南北的河流，河中漕运繁忙的景象诠释着这个时代的繁荣。开始时，可看到靠岸的三三两两的船只，再向左，河道渐宽，河水急速流淌，漕运的船只快速往来。

长卷向前，便是中段的高潮处，也是全画的中心，描写的是汴梁当时的中心虹桥地带。巨大的木桥凌空飞架，如彩虹饮涧。桥上人头攒动，商贾云集，有过路的，嬉戏的。最引人注意的是，桥上很多扶着栏杆向下观望的人，有的指手画脚，有的大声惊呼，有的惊恐不已。而在桥下正有一大船要经过，巨大的船体前低后高，船头有指挥者，大张着口，挥舞着手臂，有人以撑竿顶着桥下的底座，矫正着方向，船工奋力地摇着橹，顶篷上人们快速地摇下帆，大船向桥下驶去，水中还留下船快速向前所激起的漩涡。船将过未过，船上的人紧张，桥上观看的人也紧张，桥上桥下连成一体，人们紧张的心情伴着急速的水流而盘旋。

第三段画的是街衢，是平面的叙述。汴河水到此拐了一个弯，向东流去。在河岸边，有通衢大道向前延伸，前面有高大的城楼巍然而立，城墙下人们在休憩、交谈、观望，骆驼从城楼中露出了头，可以看出道路的繁忙。过了城楼是街市，街道星罗棋布，热闹非凡。商店、茶楼、酒肆、棋馆、武场、寺院等等，无所不有。街上车水马龙，人们三三两两，或行或立，或成群地聚集，神采飞扬地交谈，过路人两边观看，欣赏着街景。商人们在殷勤招揽。大路上忽有四套骡车奔驰而来，在悠然中又多了惊险。这里有贩夫走卒，有文士僧徒，有老翁，有童子，神情各异，栩栩如生。

这幅长卷的三部分分别描画乡野、河流和街衢之景，各部分以一个重点景色为中心，初段着重画杨柳，中段以桥梁为中心，末段则以城门为中心。在重点景色的统领下，画面虽然繁杂，但不显得混乱。三段的气氛也有分别，开始的时候平静悠远，气氛恬淡；中段紧张刺激，如激流回旋；而末段既开阔丰富，又琐屑细致，像是路边行人的娓娓细谈。

三个部分形成起伏回环的节奏。开始时的悠远和虹桥下的紧张、街衢中的热闹，形成鲜明的对比。从长卷的整体看，在绵长的陈述中，有起伏，有高潮，富有内在节奏。开始一段是缓慢地进入，到虹桥而达到全幅的高峰，经过第三段城楼内外街景的描绘之后，在喧闹的街市处戛然而止。中国艺术强调的余音绕梁三日不绝，这幅画就有体现。

2. 北宋的城市文明

中国自唐代以来，就有发达的城市文明：唐代的都城长安（今陕西西安）是当时世界上最大的城市。不仅长安，唐代南北都有大型都市，长安东边的洛阳城、南方的商业都会扬州等，这些城市的人口都在百万左右。长安鼎盛时的人口更是达到一百五十多万。

到了北宋时期，市井文化更加发达。北宋都城汴梁虽然没有鼎盛时期的长安规模大，但人口已经达到一百万，是当时世界上最大的城市。而且它的商业繁荣程度更胜过当年长安。五代时，洛阳开始允许临街设店，到了北宋，城市临街设店蔚然成风，而汴梁的临街店铺更多。在唐代的长安和洛阳，店铺被指定在特定的区域开设，称为"市"，而在汴梁，这样的限制没有了，城市中的各个区域都可以设店，街道两旁、沿河地带、人们聚居场所都分布着大量的商店，促进了城市生活的繁荣。

孟元老的《东京梦华录》记载了当时北宋京城的繁华景象。大内宣德门外，御街阔二百余步，道两旁有御沟，种植莲荷，岸边种植桃李梨杏，"春夏之交，望之如绣"。京城之内，正宗大酒店（正店）有 72 家，分号（脚店）及其他小酒店不可胜数。酒店门口搭五彩门楼，一到晚上，"灯烛荧煌，上下相照，浓妆妓女数百，聚于主廊檐面上，以待酒客呼唤，望之宛若神仙"。对常到酒店打酒的客户，酒店用银器送酒，第二天才取还，"其阔略大量，天下无之也"。城里商业买卖活动十分活跃。大相国寺的庙市每月开放五天，里面有出售珍禽奇兽的宠物市场，有日用品杂货市场，有百货市场，有刺绣、图书、古玩、香料、药材市场，孟元老称之为"万姓交易"，可以想象当时的热闹景象。城内每个区域都有勾栏瓦舍，是集商贸演艺为一体的娱乐场所，规模很大，有的可容纳数千名观众。汴梁的夜生活也很丰富，所谓"家家帘幕人归晚，处处楼台月上迟"。城市的夜空灯火通明，特别是由州桥往南至宋雀桥一段，夜市热闹非凡，有各种特色小吃谓之"杂嚼"，一直营业到三更。

汴梁的崛起，与汴河分不开。自7世纪初隋炀帝开凿大运河的北段，联通了南北，一条人工开凿的河流将黄河流域和长江流域联为一体。汴河当时是北宋国家漕运枢纽、商业交通要道。当时的西安、洛阳仍然保持着相当程度的发达，而南方的扬州等地经济迅速发展，大有超过北方之势。由西而来的船只经过汴河向东，通过大运河向南连接，汴梁不仅是文化、政治中心，还是经济中心。

《清明上河图》描绘的就是北宋都城的生活。发达的城市文明，给张择端这位宫廷画家注入了创作热情。作者选择了一个节日的上午，阳光明媚的时分，从绿色的小草、泛滥的河水，到市井中川流不息的人群，似乎一切都流动起来。作者以细致的画笔，赋予这座城市强烈的动感节奏。此画作具有震撼人心的力量，使观者如作者一样，愿意徜徉在这样的温情、欢快、热烈和沉醉之中。

二、中国服饰的东方神韵

中国在服装上有独特的创造。中国在四千多年前就发明了丝绸。18世纪前后欧洲掀起洛可可思潮，贵族在舞会中穿着中国式的服装，成为当时的时尚。今天，我们在日本正仓院看到的中国唐代衣服的实物，色彩鲜艳，质地轻柔，款式流畅而动人，具有很高的艺术价值，可见那时的中国服饰在世界上就占有重要位置。

1. 巧夺天工的"金缕玉衣"

据汉代的典籍记载，汉代皇帝和高级贵族死后所穿的殓服称为玉衣。玉衣真是玉做的衣服，还是只是对精美衣服的代称，谁也不知道。

在距汉代一千多年的宋代，曾经有学者提到过这被人们淡忘了的玉衣，但也说不出个所以然来。

直到20世纪40年代，在河北邯郸郎村汉墓中，人们发现了穿孔中残留着铜锈的玉片时，都不知它就是人们长期以来议论的汉代玉衣片。

1945 年，在江苏睢宁九女墩的汉墓中，出土了数量多达二三百片的玉衣片，发现者把这些玉衣片称为"玉片"，但依然没有意识到玉片的用途。

直到 1958 年，学术界终于"破译"了这些两千多年前用玉片编成的"密码"，指出睢宁九女墩汉墓中所出土的玉片应是汉代的玉衣片。这一结论立即被考古界接受，但玉衣的全貌是什么样子，还是没有人知道。

金缕玉衣

1968 年夏，在河北省满城县陵山上发现了两座保存完好的大型汉代墓葬。两墓系并穴合葬墓在石质山体中开凿而出，墓主为汉景帝刘启之子、汉武帝的庶兄刘胜和其妻子。

在这两座墓内摆放着琳琅满目的奇珍异宝。在这些令世人叹为观止的汉代珍宝中，最引人瞩目的是刘胜和其妻窦绾所穿的殓服——金缕玉衣。

谜底最终被彻底揭开了，经修复，两件十分完整的金缕玉衣呈现在人们面前。这两件玉衣的外观和人体的形状相似，它们是用正方形、长方形或梯形的小玉片，四角穿孔，以金丝缀连而成，因此称为"金缕玉衣"。如果把金缕玉衣分解开来，可以分为头部、上衣、裤筒、手套和鞋五个部分。

刘胜的玉衣全长 1.88 米，由 2 498 片各种形状的玉片组成，仅金缕就重 700 克左右。磨制如此多的薄玉片和制出碾拉工艺的金丝，在当时肯定耗费了很多人力与财力，其中也体现了我国古代劳动人民的聪明才智。

2. 典雅的唐装

APEC 会议的重要一幕，是出席会议的各国家和地区领导人穿着主办方提供的民族服装，集中亮相合影，这是采访会议的记者最喜欢捕捉的场面。每次主办方提供的服装需要能反映自己国家的审美趣味和文化传统。2001 年在上海召开的 APEC 会议上，主办方中国提供给会议各成员领导人的服装是唐装。它一出现，便吸引了全球的目光，那种充满浓郁民族特点的样式，给人留下了深刻的印象。

唐装，与唐代有关，因为唐代是中国历史上的盛世，以这样的朝代为这种服装命名，说明对中国古老文化的认同。但这并不表明唐装就是唐代流行的服装样式。今天人们使用的"唐装"一词，其实是对中式服装中一种特殊样式的称呼。

唐装是 20 世纪形成的服装样式。它是在清代满人服装（主要是马褂）的基础上发展而来的，并融入了一些西方服装的元素，男女款式都有。中国导演李少红执导的电视剧《橘子红了》曾经对女式唐装有集中展示，剧中女主人公秀禾前后穿有几十套唐装，它以清代宫廷的格格服为基础，结合现代服装的小立领形式，运用上等的真丝面料，在衣服上手工绣上体现中国风格的各式花朵，显得典雅细腻，有很高的欣赏价值，受到人们的普遍喜爱。

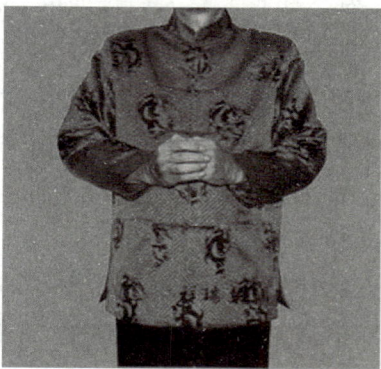
唐装

一般谈到唐装，总要提到它的四大要素：一是对襟，女式唐装多是斜襟，这样的处理既有民俗化的特征，又不失优雅的风韵；二是立领，唐装从上衣前面的中心开口，立式处理，突出人颈项的美感，又有落落不凡的气度；三是连袖，衣服的主要块面与袖子没有接缝，如女式唐装采用格格服的马蹄袖，宽宽大大，显得飘逸洒脱；四是盘扣，扣子不用机械制作，而用布匹纽结而成，手工制作，显得很有品位。

唐装一般都有花卉文字图案装饰，这可以说是唐装的生命。这些花卉文字图案，具有浓郁的民族特点。今天在中国，每逢节日或喜庆的日子，人们都喜欢穿上唐装，因为唐装有吉祥和祝福的意思。唐装上一般绣有团花，花朵呈四周放射或旋转样式，花卉有牡丹、梅、兰、竹、菊等，这些花卉在中国都有象征意义，如牡丹象征富贵，梅花象征高洁。也有的服装绣上福、禄、寿、双喜等文字图案，给穿这种服装的人带来好心情。

3. 手工针脚里的花样年华

优雅魅惑的风景

无论在普通中国人的新婚典礼上，还是在欧洲的时装周上，甚至是国际电影节的红地毯上，身着旗袍的美人总让人难以忘怀。2008 年那场盛大的奥运会，外国媒体说中国人对世界使了美人计，人们都把目光集中在了身着红色旗袍的中国礼仪小姐身上，那嫣然的微笑，优雅了整个世界。

精细的领口，缠绕的盘扣，右衽的开襟，吉祥的图案，华丽的暗纹，腿外侧的开叉，光滑的触感……所有的一切，都是旗袍这道风景线上迷人的景色。身着旗袍的佳人，温婉如玉，眉目若画，削肩蜂腰，双腿修长，曲线玲珑，举手投足间，像一曲婉转的古乐，尤其是那一回眸的风情，足以倾倒众生。

旗袍给女人带来的不仅是毕露的曲线，更是一种情调，一种看也看不完的优雅、写也写不尽的风华。不同性格的女子挑选心爱的旗袍也各有特点。《半生缘》中单纯、安

中国文化读本（职教版）

静的曼桢穿过一件浅粉色的旗袍，袖口压着极窄的一道黑白辫子花边；妖娆泼辣的曼璐出场时穿的是苹果绿软缎长旗袍，见男主人公世钧时则是一件黑色的长旗袍，袍叉里露出水钻镶边的黑绸长裤。姐妹二人，姿容截然不同。而《倾城之恋》里白流苏脱下来的那件月白蝉翼纱旗袍，大概是被月光浸泡过的吧，正映衬了流苏孤傲通彻的心境。

如果你看过电影《花样年华》，就一定不会忘记张曼玉曾穿过的那一件又一件的使人眼花缭乱的旗袍。还有这个优雅的女人数年前的旧作《阮玲玉》，一个风华绝代的女子，微卷的秀发，迷茫的眼神，浅笑轻愁、妖媚嫣然，瑰丽的旗袍点缀着她璀璨却短暂的生命。

其实，旗袍并不是一开始就这样迷人，它是由满族的旗装演变而来的。那时的旗装像一个宽大的直筒，而全世界家喻户晓的、被称道的旗袍，实际上是指中国 20 世纪 30 年代的海派旗袍（上海风格），它加入了西式服装的元素，借鉴了西式裁剪方法，使旗袍更合体，通合了中国女性清瘦玲珑的身材特点，所以备受青睐。

新世纪的今天，旗袍作为最能衬托中国女性身材和气质的中国时装代表，再一次吸引了人们的目光。不少设计大师以旗袍为灵感，推出了有国际风味的旗袍，完成了中国旗袍与欧洲晚礼服的完美结合，将中国风吹向了全世界，并发扬光大成了最绚丽的顶级时尚。

虽然，旗袍已渐渐淡出日常着装领域，但是，它会永远留在我们的记忆当中。每个女人的衣橱里都应该有一件旗袍，可以高高地闲置，不作任何着身的打算，但是绝对不可以不欣赏。它代表着一个女人对美的追求和向往，它是一个女人花样年华中最迷人的梦。

上海滩的百岁老裁缝——旗袍工匠大师褚宏生

旗袍真是件难定义的衣裳，被不同的女子穿了，从民国美人的衣香鬓影，到纽约大都会的 T 型台，竟可注入迥然的灵魂。褚宏生，上海滩最后的旗袍裁缝，见过了悲欢和繁华，风尚去又回，不变的是对手艺的历练。

102 岁的老人褚宏生被誉为"最后上海裁缝"，16 岁初学艺，做裁缝 80 多年，缝制旗袍 5 000 多件。影星胡蝶、宋氏三姐妹、青帮老大杜月笙、大将粟裕、刘少奇夫人王光美、歌手孟庭苇，还有巩俐、董洁……这些人，都是褚宏生的"忠粉"。歌手孟庭苇称赞：他的旗袍像皮肤一样。明明已是一代宗师，却拒绝"旗袍大师"的称呼。他简单地说："我就是个做旗袍的。"

4. 绚烂的戏剧服饰

戏剧服饰是中国传统服饰的重要组成部分。戏剧服饰是从人们平时服饰的基础上发展而来的,中国传统服饰很多重要特点凝固在戏剧服饰中。

戏剧服饰又称"行头"。戏剧中的角色行当,都有自己的行头。在舞台上,一般通过行头,就能判别出角色的身份。如旦角,因为服饰的不同,又有青衣、花旦等分别。青衣旦,又称正旦,是戏剧旦角的主要角色,她们一般是端庄正派的人物,以青年和中年女性为主(老年女性则为老旦),如《孟姜女哭长城》里的孟姜女、《祭江》里的孙尚香、《三击掌》里的

中国戏剧服饰

王宝钏。在服饰上,青衣旦穿戴素雅,一般穿青褶子,所以人们又称青衣为青衫。花旦在服饰上与青衣明显不同,她们一般是天真活泼的少女,戏服也极尽妖娆曼丽之态。花旦多穿着短衣或裙袄,配上坎肩、围裙等,并在腰前系有饰物(又称四喜带),这形成了戏剧服饰中最美丽的行头。

中国戏剧的服饰注意与人物性格、身份甚至心情相配合,如青衣的角色多是生活坎坷,性格抑郁,她们的服饰相对以冷色调为主。而花旦与之完全不同,她们的性格多开朗活泼,这与其花枝招展的服饰正相合。

中国戏剧服饰体现出传统美学追求的缕金错彩的美。如京剧《长坂坡》中的赵云形象就给人这样的感觉。这出著名的戏剧写刘备在当阳长坂坡被曹操大军所追,妻儿也在乱军中失散。赵云单枪匹马,闯入乱军之中要救出刘备的妻儿。戏剧中写赵云威不可挡的气势,一人纵横,万人难敌。既写出他的大将气度、赤胆忠心,更突出了他的英武之气。赵云的服饰体现出中国戏剧武生的特征,脸上涂红色,象征赤胆忠心、英勇无畏,身穿华丽袍服,披龙纹披肩,背后插着四面三角形缎质小旗,随着人物舞动,小旗翻飞,身上的服饰如流光闪动,凛凛有生气的人物形象跃然台上。

中国戏剧服饰中旦角的水袖极有魅力。宽宽大大的袖子,在人物的舞动下,如行云流水一般,所以叫水袖。学习戏剧的人要学甩水袖,这可不是轻易就能掌握的本领。水袖甩得好,与女子曼妙的身躯相互辉映,会产生特殊的戏剧效果。伴着咿咿呀呀的唱腔,旦角轻展水袖,在空中飞舞,将观众带入缠绵悱恻的境地。

中国文化读本(职教版)

三、老北京的风情和韵味

一提起老北京，人们脑海中就会浮现出前门城楼下的骆驼队，熙熙攘攘的天桥，一条条胡同以及胡同里的叫卖声，四合院里的春夏秋冬，豆腐脑、炒肝儿、豆汁儿等各种小吃，相声、大鼓、单弦等各种京腔京韵的演唱……种种图景，构成了一曲渐渐远去的古老的歌。

很多人说，老北京最令人经久难忘的，是它的饮食风味。这是一种最平常、最亲切、最具有地方特色的文化。

1. 东来顺火锅

涮肉来自满蒙，在北京发展几百年了。最著名的涮肉馆是东来顺，还有西来顺、南来顺、北来顺、又一顺，他们"顺"什么？顺乎京都饮食文化精工细作的高要求，做到了，他的生意也就顺利发展了。新中国成立前，没有冷冻设备的年代，最讲究切羊肉片的刀功。选料要精，羊腿最好，其他部位的羊肉也要剔除筋头巴脑，用白布把整理好的鲜

东来顺火锅

肉摁在案板上，拿锋利的片儿刀，横着肉丝"片"成半透明的肉片——这又薄又匀的肉片在沸汤里涮三五秒钟，一见白色就熟了，立刻捞出来蘸着佐料吃，又鲜又嫩，这就是"涮"的奥妙。肉片厚了，或厚薄不匀，三五秒钟涮不熟，时间一长肉就老，那就变成煮羊肉、炖羊肉，而不是北京美味涮羊肉了。当然啦，涮羊肉也有一整套吃法：铜火锅，白炭，高汤，锅底用葱姜、海米、香菇；佐料依个人口味选用芝麻酱、酱豆腐、虾油、辣椒油、韭菜花、葱花、香菜末，调一小碗，也有加白糖、鸡蛋清的；还可以同时涮肥牛片、肚丝、百叶，以及菠菜、白菜、莜麦菜、金针菇、冻豆腐；要一碟糖蒜爽口；喝杯二锅头更美；主食是芝麻烧饼，最后也可在火锅里下面条，羊汤浓郁，无须打卤。

2. 茶情茶韵

砂锅居开业于清乾隆六年（1741年）。砂锅居的"烧""燎""白煮肉"最有名。"烧"是指各种油炸的小碟，如炸肥肠、炸卷肝、炸鹿尾；"燎"是用木炭烧猪头、肘子的外皮，

燎成金黄色，然后再煮；"白煮肉"即白肉片，可以加酱油、麻油、蒜泥、辣椒油蘸着吃，也可以放入砂锅内与白菜、粉丝、海米、口蘑、肉汤同煮，就是砂锅白肉。砂锅居的名菜还有砂锅三白、砂锅下水、砂锅丸子、烩酸菜等。

烤肉季创办于清道光二十八年（1848 年），创办人为季道彩。这家店经营烤羊肉，燃料是枣木掺上松枝柏木。店内火光熊熊，烟雾腾腾，食客一手拿酒杯或烧饼，一手用一尺多长的筷子，把羊肉在调料中浸过后再在熟铁条制成的肉炙子上烤，边烤边吃，显得十分粗犷。另一家烤肉店名叫烤肉宛，烤的是小牛肉。

仿膳饭庄开业于 1925 年，位于北海北岸，由原在清宫内当差的赵仁斋创办。仿膳的菜肴色、香、味、形都极讲究。名菜有扒鲍鱼龙须、扒鹿肉、溜鸡脯、凤凰鱼肚、罗汉大虾、怀胎鳜鱼等上百道。他们制作的小点心也很精致，像豌豆黄、芸豆卷、小窝头、肉末烧饼都做得小巧玲珑，讨人喜爱。

北京城内还有一家"官家菜"餐馆，即谭家菜。创办人谭宗浚是清末的一位翰林。谭家菜属于粤菜，以紫鲍、海参等海味为主。餐厅内摆着紫檀家具，挂着名人字画。

老北京的饮食文化构成了一个韵味悠长的生活世界。中国当代作家萧乾回忆北京的小吃时说："回想我漂流在外的那些年月，北京最使我怀念的是什么？是喝豆汁儿，吃扒糕；还有驴打滚儿，从大鼓肚铜壶冲出的茶汤和烟熏火燎的炸灌肠。"好多从北京迁到台湾的文化人，当他们回想起老北京的饮食风味，不免都会涌起难以排遣的惆怅和乡愁："由精益求精的谭家菜，到恩承居的茵陈蒿，到砂锅居的猪全席、全聚德的烤鸭、烤肉宛的烤肉，再到穆家寨的炒疙瘩，还有驴肉、爆肚、驴打滚、糖葫芦、酸梅汤、奶饽饽、奶乌他、萨其马……还有热豆汁、涮羊肉、茯苓饼、豌豆黄、奶酪、灌肠、炒肝儿，冬天夜半叫卖的冻梨、心里美……求之他处，何可复得？"

3. 老北京百姓的休闲生活

老北京百姓的休闲生活也有古都的特色，精致、适度，而又悠然自得，渗透着一种"京韵"和"京味"。

休闲的核心是一个"玩"字。用北京人的话说就是"找乐子"。中国当代作家陈建功说，北京人爱找乐子，善找乐子。养只靛颏儿（观赏鸟）是个"乐子"。放风筝是个"乐子"。一碗酒加一头蒜是个"乐子"。嗜好京剧的北京人，唱这一"嗓子"，听这一"嗓子"，也是一个"乐子"。

喝茶、饮酒是老北京百姓休闲的主要方式。

老北京的茶馆很多，到茶馆喝茶的人五花八门。有记者、作家、文人学者、戏曲演员、棋手、教师、学生、工匠（他们到这里来找雇主）、破落的八旗子弟、办案抓人的侦缉队等等。手提鸟笼遛鸟的市民也常到茶馆休息。他们把鸟笼挂在棚竿上或者放在桌子上，一边喝茶，一边赏鸟，这时茶馆里各种鸟鸣声就响成一片。茶馆是当时一个社交场所，是一个浓缩的小社会，每天上演着一出出饱含着老百姓酸甜苦辣的喜剧和悲剧，映射出历史的变迁。老舍的著名话剧《茶馆》对此有出色的描绘，已经成了经典。

老北京城里酒店也很多。大的酒店多集中在东单、西单、东四、西四、前门外、鼓楼前这些繁华商业区，小酒店往往开设在胡同口。小酒店的柜台上摆着许多下酒菜，如煮花生、豆腐干、香椿豆、松花蛋、熏鱼、炸虾等等，店堂里放几只大酒缸，上面摆着红漆的大缸盖，作为酒客饮酒的桌子，所以这种小酒店俗名叫"大酒缸"。

北京的普通老百姓到了酒店，要上二两白干、一碟豆腐干、一碟花生米，一边和酒店中其他饮酒的顾客聊天，一边慢慢品味酒的滋味。酒和菜很便宜，但饮酒的人都很知足、快乐。整个酒店散发着一种悠然自得的情调。

北京老百姓的休闲生活花样很多，除了饮酒、品茶，还有玩鸟的、玩金鱼的、玩风筝的、玩蝈蝈的、玩蟋蟀的、玩瓷器的、玩脸谱的、玩盆景的、玩泥人的、玩面人的、玩吆喝的……北京的普通老百姓用各种方法"找乐子"，为平淡的人生增添一点情趣和快意。

北京老百姓喜欢养金鱼。养金鱼的风气从金、元时代就有了。一般平民百姓喜欢在自家庭院摆上鱼缸。金鱼缸和石榴树成了四合院中不可缺少的摆设。

北京老百姓喜欢养鸽子。养鸽子的乐趣在于放飞。有人还喜欢制作精美的鸽哨，系在鸽子的尾羽中间。民俗学家王世襄说，天空中鸽哨的声音已经成为北京的象征。"在北京，不论是风和日丽的春天，阵雨初霁的盛夏，碧空如洗的清秋，天寒欲雪的冬日，都可听到空中传来琅琅之音。它时宏时细，忽远忽近，亦低亦昂，倏疾倏徐，悠悠回荡，若钧天妙乐，使人心旷神怡。""它是北京的情趣，不知多少次把人们从梦中唤醒，不知多少次把人们的目光引向遥远的天空，又不知多少次给大人和儿童带来了喜悦。"这是北京的一个美感世界。

4. 北京胡同和货声

北京的胡同形成于元朝。元朝杂剧《张生煮海》中的侍女有一句话："你去那羊市角头砖塔儿胡同总铺门前来寻我。"这说明现在西四南大街西侧的砖塔胡同在元朝就有了。

北京的胡同也有独特的风情。光是胡同的名字，就引人遐想，你看：杏花天胡同、花枝胡同、菊儿胡同、小金丝胡同、月光胡同、孔雀胡同、胭脂胡同……这些胡同的名称多么富于诗意！还有雨儿胡同、袭衣胡同、帽儿胡同、茶叶胡同、烧酒胡同、干面胡同、羊肉胡同、茄子胡同、豆芽菜胡同、烧饼胡同、麻花胡同、劈柴胡同、风箱胡同、灯草胡同、蜡烛心胡同……这些胡同的名字不是把当时北京老百姓的衣、食、住、行以及生活习惯都展现出来了吗？根据老北京人的回忆，最有趣的是不同的胡同还有不同的气

味：钱粮胡同是大白菜的气味，帽
儿胡同是冰糖葫芦的气味，轿子胡
同里有豆汁儿味。

北京胡同里还有独特的吆喝
声和响器声，合称货声。吆喝的声
儿忽高忽低，声音时远时近，传送
出一种悠长的韵味。像春天的吆
喝："哎嗨！大小哎，小金鱼儿
喵!"夏天的吆喝："一兜儿水的哎

北京胡同

嗨大蜜桃!"秋天的吆喝："大山里红啊，还两挂!"冬天的吆喝："萝卜赛梨哎，辣了换。"
清早的吆喝："热的嘴，大油炸鬼，芝麻酱的烧饼!"晚上的吆喝："金橘儿哎，青果哎，
开口胃哎!"半夜的吆喝："硬面，饽哎饽。""馄饨喂，开锅啊。"有的小贩不用吆喝，就用
手里的响器召唤顾客。人们一听到响铁发出的颤颤巍巍的金属声，就知道理发的来了。
一听到打大铜锣声，就知道要猴儿的来了。一听到木头梆子响，就知道卖油的来了。一
听到拨浪鼓响，就知道卖针线香粉小百货的来了。胡同的吆喝在音调和趣味方面都很有
讲究。吆喝的气要足，嗓子要脆，口齿要清白，韵味要浓，还要运用花腔、滑腔、甩腔，
特别最后一个词的音调转折要有韵味。吆喝用的是北京地方的语言和音调，是地道的京
腔、京调、京韵、京味。有的吆喝既有音乐性，又有文学性。你听夏天卖西瓜的吆喝：
"吃来呗弄一块尝，这冰人儿的西瓜脆沙瓢儿；三角的牙儿，船那么大的块儿，冰糖的瓢
儿；八月中秋月饼的馅儿，芭蕉叶轰不走那蜜蜂在这儿错搭了窝；沙着你的口甜呐，俩
大子儿一牙儿。"这些吆喝，都渗透着民间的、欢乐的、幽默的趣味。翁偶虹说，北京城
里的吆喝，是一种充满感情的生活之歌，能够给心灵短暂的慰藉，又是一闪而逝的美的
享受。

四、异彩纷呈的中国节日

1. 万紫千红与春季节俗

春风送暖入屠苏——春节　红红火火过大年，每年农历正月初一是中国人的传统大
节——春节。新年头一天，开门要放爆竹三声，是"高升三级"，又说这样可以解除病
疫，是谓"开门炮仗"。岁朝，幼辈依次向尊长叩头贺年。尊长以红纸裹银元，酬幼辈，
曰"拜年钱"，又叫"压岁钱"。到正月初五接财神，接财神又称"接路头"，正月初五为

五路神诞辰。金锣爆竹，牲醴毕陈，算盘、银锭、天平诸物，亦供桌中。旁置一刀，上撮食盐，称为"现到手"，借其谐音。近代商业社会，家家均以争先为利市，迟恐被其他家迎去，故必早起迎接。是日商店开市半日，叫"应市"。除夕之夜通常各寺庙人流摩肩接踵，最先烧香者，称作"头香"，可以消灾获福。在春节时有颇多禁忌。如不可打破什物，不可骂人，不可扫地，忌说"死"等不吉字眼。还有的地方在初一时忌动针剪刀秤，忌晚上点灯，据说这样夏天的蚊子会减少。

春节饮食，北方人春节多食饺子，南方人则多食汤圆和年糕。汤圆讲求的是团圆甜蜜，年糕则是暗合"年年高"之意，期望生活一年更比一年好。新年中，各茶肆在茶壶中放入橄榄两枚，叫"橄榄茶"，也叫"元宝茶"。除了汤圆、年糕，初六后各家还要做"新年羹饭"，有七碗、八碗、十二碗，必有鱼肉、豆芽、豆腐、年糕等。现在的春节一般过到初二、初三便结束了。旧时，春节的活动持续多日，各地风俗不同，与岁首相关的习俗一个接着一个。比较重要的节日还有初七人日和十五迎紫姑等。初七人日，风俗此日不可动刑。迎紫姑的风俗虽然各地名称不同，但遍布各地。紫姑即厕神，一般的习俗都是正月望日（正月十五）迎厕神紫姑而祭，占卜蚕桑、年景、婚配等众事。

东风夜放花千树——元宵　全国各地的元宵节俗主要有吃汤圆、赏花灯、猜灯谜、放焰火、舞龙灯、踩高跷等。元宵节最大的特色是灯市，令市民蜂拥而至，流连其中，领略充满诗意与浪漫的元宵佳节。元宵节的灯市一般从正月十二就开始了，一直到正月十八才告结束。正月十二这天，要将新做的龙灯（两眼暂不点睛）抬至城隍山龙神庙，拜供后，以墨汁点睛，叫作"开光"，俗称"龙灯上山"。正月十三则是上灯节，家家户户用糯米粉搓成小团，煮好之后，供奉祖先，叫作"上灯圆儿"。正月十五那天，就用糯米粉搓成大团，以切细的胡桃、花生、芝麻、枣子、鸡油、豆沙等为馅，叫作"灯圆"，用灯圆馈赠亲友，就叫"灯节盒"。这一夜灯火最盛，大户人家请舞灯者在家里盘舞一番，称之为"拦龙灯"。

江南地区的妇女在正月十五晚上有"走三桥"的风俗。妇女们在晚上结伴而行，必须走过三座桥，俗信可以祛除疾病。各地灯俗风采纷呈，各具特色，如"伞灯""滚灯""龙灯"等，浙江湖州地区则把元宵节的灯和当地兴盛的养蚕业结合起来，形成"田蚕灯"风俗。

雨足郊原草木柔——清明　桃红柳绿、莺飞燕舞的清明时节无疑是一年中最美的时分之一。清明节不仅是一个传统节日，而且是中国二十四节气之一。

在汉魏及以前，清明原和其他众多节气一样，是一个单纯的农事日期。唐宋之后的清明节不仅将寒食节的节俗纳入自己的名下，还将上巳节的节俗收归旗下。上巳节，俗称"三月三"，在汉代以前定为三月上旬的巳日，后来固定在农历三月初三。上巳节是古代举行"祓除畔浴"活动中最重要的节日。人们要在水中沐浴，然后祭祀，以把晦气都除掉。在郑重肃穆的仪式之后，青年男女就可以开始自由交往，互赠礼物，谈情说爱。上巳节的这些仪式与习俗慢慢衍化融合，便有了踏青游玩、泼水嬉戏等节日活动，是后世清明节踏青春游的雏形。

祭祖扫墓是清明节俗的中心。上坟祭扫的两项必不可少的内容是挂纸烧钱和培修坟墓，表达对家族先人的缅怀和尊敬。踏青是清明节的又一重要节俗。祭墓是为怀旧悼亡，踏青则为求新护生。清明时节，自然界生机益然，阳气初生，万物萌芽。人们外出游玩，其意义在于以主动的姿态顺应时气。踏青、蹴鞠、秋千、放风筝等一系列清明户外活动都有助于身体阳气的生发。

与踏青活动息息相关的则是清明节插柳、戴柳的习俗。插柳、戴柳就是将柳枝插于门户、房檐等处，或者将柳枝、柳絮做成的柳圈、柳球等戴在头上或佩于身上。早在南北朝时期，已有对插柳习俗的文献记载。而宋以后，清明节插柳、戴柳蔚然成俗，许多地方还用柳条将清明祭祀用过的蒸糕饼团贯穿起来，晾干后存放着，到立夏那天，将之油煎后给小孩吃，就不会疰夏。农家在清明则要吃螺蛳，有"清明螺，赛过鹅"之说。江南蚕乡还有清明祭蚕神的习俗。祭蚕神时，各地都要插蚕烛，供茶饭，由年长妇女合掌默默祈祷，以求蚕花利市。蚕乡女子，无论老幼，在祭蚕神、谢蚕神以及一般的烧香拜佛时，头上总要插一朵用红花彩纸做成的纸花，叫作"蚕花"，以示对蚕神的虔诚。

2. 映日荷花与夏日节令

五色新丝缠角粽——端午　说到端午风俗，归纳起来离不开祛病禳灾、图腾崇拜、纪念人物等大范畴，但相比其他节日，端午在江南有着一些异于其他地区的习俗和传说。闻一多先生曾推论，端午节就起源于江南地区。虽然闻一多先生的论断乃一家之说，在端午节的众多起源学说中，人物纪念是其中一项，而最常见的三位与端午起源有关的人物便是屈原、伍子胥和曹娥。但今天对龙舟竞渡起源的争论丝毫没有影响到龙舟竞渡的端午节俗在民众生活中的盛行。

相比于龙舟竞渡，悬艾和缠五色丝的习俗起源和目的就要简单得多。端午节处农历五月初五，农历五月旧时俗称"毒月""恶月"，此月一到，天气转热，蛇虫竞出，邪气积发。而五月初五又是"恶日"，所以人们要进行众多习俗活动以达到驱邪祛病的目的。艾草和菖蒲由于具有强烈的芳香，同时具有药性，所以古人用它们治病，也用来辟邪。端午有"天中五瑞"之说，菖蒲、艾草、石榴花、蒜头和龙船花均可辟邪。而五色丝是缠在胳膊、脖子或脚腕上的五种颜色的丝线装饰品，又称长寿线、续命缕、辟兵缯、百索等。古人认为在端午节佩戴五色丝（五色蕴含五方神力），可用以辟邪。而有的地方还有弃绳习俗，将五色丝丢弃时要粘上秕米饭，丢至屋瓦，由飞鸟衔去，孩子则可以无病无痛，长命百岁。

粽子是端午节最具有代表性的食品。雄黄在端午节俗中另有一用，即用雄黄在儿童额上画一"王"字，象征老虎，可令小孩免遭毒月邪病侵害，这一点与"艾虎"有相同之处，即认为老虎具有强大的驱鬼辟邪的能力。端午节的要义在于"祛病防疫"，所以说端午是中国人自发的全民卫生健康节，并不为过。

家家乞巧望秋月——七夕　七夕最初在人们心中并非良辰吉日，而是凄苦的分离忌日，而今被引申为"中国的情人节"。七夕节源自中国古人对时间规律的认识，对星辰、时间的自然崇拜。汉代之前，大约在七月朔日，即七月初一。七月初一之所以会成为一个节日，是因为古人有利用织女星在天空的位置确定季节的历法。而之所以说七夕在其形成民俗节日的最初是凄苦的分离忌日，是因为那时的文献都以"隔离"为主题来描绘这个节日。汉代之后，七夕逐渐由古代历法的天文点向岁时节俗转变，节俗主题也在西汉中期以后开始发生重大变化，牛郎织女的悲剧，将西王母与乌鹊神话融入牛郎织女传说，演进为着重突出"鹊桥相会"的喜剧，七夕也由"分离"所形成的禁忌逐渐演变为良宵欢会。

七夕乞巧指的是在七夕夜里，仰望天上的织女渡桥，并向织女乞巧的习俗行事。到了南北朝时期，七夕原来的禁忌意义已经完全消解，从此以后，七夕主要成了表达女性乞巧、祈子，人们歌颂爱情的节日。除了月下穿针、浮针投影、观蜘蛛丝以乞巧、做巧果、曝衣晒书、拜魁星等各地皆有的习俗外，江南各地仍有不少独具特色的风俗活动。例如用凤仙花染指甲；妇女七夕洗发；许多少女一个人偷偷躲在生长得茂盛的南瓜棚下，在夜深人静之时如能听到牛郎织女相会时的悄悄话，这待嫁的少女日后便能得到这千年不渝的爱情。七夕从忌日到良辰的历史变化映射了古代社会民众时间观念的重大变迁。其实对照后世的七夕节俗，七夕节更应该被称为"女儿节"。

中元盂兰放湖灯——中元　其一源自道教，其二源自佛教。道教认为七月十五是天地水三官中地官的生日。天官为上元赐福，地官为中元赦罪，水官则称下元解厄。道书中说，凡是这三天，三官都要检校人间功罪以定赏罚。其中地官所管为地府，当然检的就是诸路鬼众了。所以这一天，众鬼都要出离冥界，接受考校。道门中于这一天例行设醮为地官庆贺诞辰，同时信众也出资设斋为祖先求冥福，请地官赦免罪过，早升天堂。道教虽然在东汉末年就有天地水三官的说法，但在魏晋南北朝之后才出现三官与三元结合的附会说法，将其中七月十五这个月圆之日定为地官诞辰，形成中元节。

七月十五日又是佛教盂兰盆节。"盂兰盆"是梵语音译，意为解救倒悬，从地狱的报应之苦中得到解救。按照佛说法，亡魂在轮回途中要经历无边的苦海和冥河，因此在用盂兰盆斋的方式超度、解脱亡魂的同时，还须点灯照亮冥河，以指引亡魂平安过渡。

另有一说认为，中元真正的起源与中国先民的岁时观念、灵魂崇拜有关。在古汉语中，"元"与"圆"相通，中元节可能就是基于"三元"之说而发展起来的节日。所谓"三元"指的是正月十五、七月十五、十月十五这三个月圆之日。周代的先民已经明确了冬至、夏至、春分、秋分的具体时间，还定出了"朔日"与二十四节气同时并行的节日，即以月的朔望圆缺为记。望日月圆，正月十五日，就称为"上元节"；盛夏的望日就是"中元节"；初冬月圆望日为"下元节"。

中元节的习俗在节日的发展过程中虽有所变化，但祭祀、超度是其持久不变的主题。这些祭祀、超度按照对象不同可以分为三种：一是拜祭先祖亡灵，具体内容为白天到祖祠、祖堂摆酒食、斋果祭祀祖先；二是中元节要祭拜无主冤魂，一般在家门口的墙脚下设一个盆，在里面烧冥币、烧衣服，以及燃烛插香布施各路冤鬼游魂；三是要超度新死亡灵，据传说，七月半阴间放假，鬼王开鬼门，阴阳之路被打通，旧鬼可以回家接受祭享，新鬼则可乘此机会魂归地府。在这些核心习俗之外，各地又发展出许许多多不尽相同的地方风俗。

3. 银烛画屏与秋季节日

今夜月明人尽望——中秋　在中国的传统社会中，春播、秋收都是头等大事。在春播的时候，需要祭祀土地神，祈求丰收，这种祭祀活动被称为"春祈"。同样，在秋收的时候，也要祭祀土地神，答谢神的护佑，这便是"秋报"。八月十五是秋收时节，家家户户都会在这一天拜土地，所以中秋可能是"秋报"的遗俗。

关于中秋的神话，最广为流传的当属嫦娥奔月。嫦娥奔月的故事在战国时期就已出现，在后世的流传过程中又不断得到丰富和补充。相传后羿射九日，解救百姓于水深火热之中，成了英雄，并娶了美丽的女子嫦娥为妻。王母感后羿射日之功，赠之不死仙药。一天，一个叫蓬蒙的人，乘后羿外出打猎的时候，逼嫦娥交出仙药。嫦娥为了不让仙药落入奸人之手，自己一口吞了下去，随即身子轻飘飘地向天上飞去。嫦娥牵挂自己的丈夫，便飞到了离凡间最近的月亮上成了仙。后羿因思念奔月的妻子，便在花园里摆上香案，放上嫦娥最爱吃的蜜食鲜果，对着月亮遥拜。百姓们得知嫦娥奔月的消息后，也纷纷在月下设香祭拜，祈求善良的嫦娥保佑安康，由此产生了中秋拜月的风俗。

说到中秋习俗，多数人最先想到的就是月饼。其实月饼最初是用来祭月的供品，并不是固定的节日食品，随着拜月习俗的淡化，月饼才逐渐演变成大众食品。斗香是一种特制的佛香，由多节香柱叠加而成。斗香的台数越大，则表明这家越有钱。有的会在香斗四周糊上纱绢，绘出月宫中的景色。中秋夜人们在院子里供奉月神，女子要在桌前拜月，随后将桌上的凉水涂抹自己和孩子的眼睛，相信这样能使眼睛明亮。南方还有一些地方有"照月求子"的风俗。久婚不孕的妇女，在月满中天的时候，独自静坐庭院之中，沐浴月光，祈望月宫仙女洒下的甘露能使自己怀孕。此外还有"摸秋""偷瓜送子"的习俗，即在中秋节晚上，到别人的田间偷瓜，然后把偷得的冬瓜或南瓜画成婴儿模样，送给婚后不育的夫妇，以瓜送子。

菊花须插满头归——重阳 "九月九日眺山川，归心归望积风烟。"出游登高是重阳节的主要内容。重阳节还有佩茱萸、饮酒赏菊、吃重阳糕的习俗。关于重阳节的起源，有几种不同的说法。一种是说重阳源于先秦的祭祀仪式，在九月农作物丰收的时候举行祭天祭祖的活动。另一种说法，认为重阳节的原型是上古时期祭祀"大火"（古代星宿名）的仪式。九月九日重阳与三月三日上巳相对应，分别是秋季与春季的大节，人们在这两个节日都会外出郊游，上巳"踏青"，重阳"辞青"。江南部分地区有重阳祭灶的习俗，可能源于古代的祭火仪式。还有一种说法，认为重阳的习俗源于汉代皇宫，汉高祖刘邦的爱妃戚夫人被吕后残害后，宫女贾佩兰也被逐出皇宫，从而将佩茱萸、食蓬饵、饮菊花酒等重阳风俗带到了民间。重阳节出现的确切时间如今已很难考证，但在悠久的历史长河中，重阳的文化内涵及诸多风俗被完好地传承了下来，并在当代社会得到了良好的诠释。

重阳节的节日食品有重阳花糕、菊花酒、茱萸酒等。首先，我们现在所吃的重阳花糕就是汉代的"饵"演变而来的。古时候的饵是用黏米制成，源于秋报尝新的风俗，与现在的糕是同一类食物。百姓希望借吃"登糕"来代替"登高"。民间有谚语说："吃了登糕，不登高也可以逢凶化吉。"有些重阳糕上还会插一面小红旗，象征登高插茱萸；而"糕"与"高"谐音，吃糕还有步步高升的含义。其次是饮菊花酒，菊花是长寿之花。在古代，菊花酒被看作重阳节必饮、祛灾祈福的"吉祥酒"。到了明清时代，菊花酒中又加入多种草药，其效更佳。由于菊花酒能疏风除热、养肝明目、消炎解毒，故具有较高的药用价值。唐代开始，重阳饮茱萸酒之风兴起，到南宋已盛行于杭州民间。茱萸是一种中药，又名"越椒"或"艾子"，果实秋后成熟，有温中、止痛、理气等功效。

重阳节的习俗有赏菊和登高。重阳赏菊，菊是长寿之花，又被文人墨客赞美为凌霜不屈的象征，所以人们爱它、赞它，常举办大型的菊展。农历九月初九，金秋送爽，层林尽染，美不胜收。此时登高远眺，能使人豁然开朗、心旷神怡。在上古时期，秋季登高和春季渡河一样，有着祓禊的含义，即祓除浊恶，净化身心。登高作为重阳习俗，约始于汉代，到唐代已广为流行。江南平原地区的百姓无山可登，一方面借吃重阳糕来替代登高，另一方面选择攀登一些高台楼阁。如今，重阳登高的习俗在很多地方依然流行，现在的登高已成为一种休闲健身方式，而不是过去的避难消灾。繁忙的都市人也不用舍近求远地跑去郊外登山，城市中的高楼同样能得到攀登的乐趣。

在江南部分地区，还有在重阳节悬五色旗的习俗。五色旗通常为纸质，有正方形、三角形、长方形等，旗的边缘镶有流苏，旗上绘着"八仙过海""三国故事""精忠岳传""二十四孝"等古代传说故事。重阳节时，大街小巷，旗海与人潮涌动，异常热闹。

4. 暮雪辕门与冬日风俗

山意冲寒欲放梅——冬至　冬至为二十四节气之一，也是很重要的传统节日。民间有"冬至大如年"之说，古人认为冬至日是"阴极之至，阳气始生"，为节气循环的开始。作为一个阴阳转化的关键节气，冬至又被称为"冬节""交冬""长至""亚岁"和"消寒节"等。《周礼》记载"以冬日至，致天神人鬼"，因为周历的新年是从冬至这一天开始的。周朝的冬至日，天子要率三公九卿迎岁，直至汉武帝采用夏历后，才把春节和冬至分开。

天子要祭天，民间百姓则要祭祀自己的祖先。冬至祭祖的习俗在东汉就已出现，宋代的祭祖活动开始多起来，到了明清时已广泛流行。冬至这天祭扫的人特别多，甚至不亚于清明扫墓，很多人还会在墓前焚烧用纸剪成的衣服，称为"送寒衣"，在江南也叫"烧衣节"，或延僧道作功德，荐拔新亡。至亲亦往拜祭，称为"新十月朝节"。祭祀过后，亲朋好友进行聚餐，共饮"冬至酒"。

冬至还有独特的节令饮食文化，饺子、馄饨、米团、年糕、糯米饭等都是常见的节日食品。民间有"冬至馄饨夏至面"的说法，在南宋时，临安人就有冬至吃馄饨的习俗，后来逐渐盛行开来。江南一带比较流行的冬至食品是米团和年糕。冬至后到春分前是一年中最寒冷的时期，中国各地都有"数九"的习俗，就是从冬至日起数九个九天，九九八十一天数完后，寒冬就过去了。与"九九歌"相对应的，还有"九九消寒图"。九九消寒图有各种各样的形式，常见的有九格消寒图、梅花消寒图、葫芦消寒图、消寒诗图等。它既是一种记录时间、气候的日历，又是一件精美的装饰品，并成为文人墨客高雅的娱乐消遣游戏，表达了人们对冬去春来的殷切期盼。

腊月风和意已春——腊八　腊八节是我国传统节日，源自上古时期的腊祭，后演化成了纪念佛祖释迦牟尼悟道的宗教节日。腊八节的主要习俗是吃腊八粥。"腊"是古代人们祭祀众神及祖先的一种活动，每年人们都要用捕获的猎物举行春、夏、秋、冬四次大祀，以冬祀规模最大、最为隆重。又因冬祀是在十二月举行，故十二月被称为"腊月"，冬祀被称为"腊祭"。

在佛教中，十二月初八是释迦牟尼悟道成佛之日。佛门弟子为了纪念释迦牟尼苦行修道，就把十二月八日定为佛教的腊八节，并在这天救济穷人，施舍饮食。每年腊月初七，寺庙的僧侣们都要把新鲜干果放入器皿中熬煮，直到天明。到了腊月初八早上，僧侣们诵经演法，将熬好的粥供奉佛祖，而后再分送给门徒及善男信女们。因为施粥在腊月八日，所以称为"腊八粥"。传说吃了腊八粥便能得到佛祖的保佑，腊八粥又被称为"福寿粥""福德粥""佛粥"。

腊八粥是腊八节最具特色的节日食品，在我国有一千多年的历史，最早是用红小米、糯米煮成，后来逐渐加上了红枣、莲子、核桃仁、栗子、杏仁、松仁、桂圆、花生等。

现在的腊八粥用料更考究，有的还加入了一些滋补药材。

送风接雨祭灶忙——祭灶　由于我国古代民众信仰体系比较复杂，百姓往往是多个教派一并信仰，大大小小的神灵一概敬之，并且对灶神有各种不同的说法，这样就导致了祭灶时间的不一致。到了宋朝以后，祭灶的日期相对固定下来，定为腊月二十四日，与腊祭的观念相一致。明朝时期，我国大部分地区在十二月二十四日晚上祭灶，北方的一些地区在二十三日祭灶，也有部分南方地区在二十五日祭灶。到了清朝，出现了"官三、民四、船家五"的说法，即官府在十二月二十三日、普通民家在二十四日、水上人家在二十五日祭灶。如今在很多农村，祭灶依然是腊月必不可少的一个节日，通常在二十三日祭灶，二十四日打扫屋子，或者在二十四日祭灶、打扫一起进行。

灶神被列为五祀之一，与门神、厕神、井神、中溜神（土地神和宅神）一起，共同掌管一家人的平安。灶神不仅要负责人们的饮食，而且会记录下这家人的功过，年终时上天庭向玉皇大帝禀报。为了能让灶神在玉帝面前美言几句，祈求降福免灾，保佑全家老小来年平安顺利，人们要在灶神上天的时候为其进行欢送仪式，这就是"送灶"。祭灶仪式通常在晚上，地点就在自家的灶房。祭灶仪式结束后，全家一起享用祭灶的糖、饼、糕等食品。到了年三十晚上，还要接灶神回来。接灶神的仪式就很简单了——把新买来的灶君神像贴到灶台上即可。

爆竹声中一岁除——除夕　除夕是一年的最后一天，也是年末最忙碌的一天。辞旧迎新是除夕的主要内容："一夜连双岁，五更分二年。"大年三十的晚上，民间有守岁的习俗——全家聚在一起，吃喝玩乐，谈笑畅叙，通宵守岁。如今，人们在除夕夜依旧会守岁、挂红灯笼、放鞭炮，但这些行为早就失去了驱邪的原始意义，而成了热闹喜庆的象征。

"万年粮"和"画米囤"，也是祈年禳灾的风俗形式。旧时许多人家院子里都有井，除夕之前，一般人家必须预先贮足用水，在封井期内，不得汲取。新年头上，岁朝不扫地，因此在除夕夜必使一人执红烛，一人扫地，扫地时自外而内，意谓财不外漏也。除夕结账，因按照俗例过了除夕之夜到春节就不得到人家索账讨债了。家中在除夕夜忙年时，一般都很重视"讨口彩"、说吉利话。小儿常常口无遮拦，倘若说到对神祇有不敬或者咒骂的言语，家人每于吃年饭后，以粗纸擦小儿嘴，意谓小儿之言，不能作真，童言无忌，以消神祇之怒。

年夜饭，可谓是中国人一年中最重要的一次家庭宴会，无论离故乡多遥远、工作多繁忙，人们都希望能回到家中，与家人团聚，一起享用除夕大餐。年夜饭的饭桌上常常是鸡、鸭、鱼、肉，应有尽有，主妇们为了这顿丰盛的大餐，都是提前好几天就开始准备。按照旧俗，这顿饭食必有余粒，谓有余粮也。年夜饭的饭桌上，鱼是必不可少的，但这条鱼不能吃完，要留到过完年，甚至要留到正月十五，意为"年年有余"。

五、风俗承载的信仰价值

　　繁华都市民俗与古朴乡村民俗共存，在中国统一的地域空间内，不同的风俗习惯彰显着同样的信仰。说起风俗的信仰功能与价值，可以从宏观和微观两个方面来认识。

　　从宏观方面来认识，我认为风俗的基本价值在于规范世道。风俗的信仰不是法律，但它总是以一种社会习惯的力量出现。风俗就像一只看不见的手，无声地支配和调节着亿万人的行为，从衣食住行到社会交往，从生产消费到精神平衡，人们都自觉或不自觉地遵从风俗文化的习惯力量，甚至在遵从时认为这是天经地义的，很少对它发生怀疑。社会规范共有四个层次：第一层是法律，第二层是纪律，第三层是道德和伦理，第四层就是风俗。风俗之所以强有力地支配着人们的行为，乃是因为我们并没有意识到它的存在，既然意识不到，对它的抵制和反抗也就无从谈起。有人称这种与法律对应的传统规范的力量叫"软控制"，法律、法令等称为"硬控制"，殊不知这所谓"软控制"的力量，在某种意义上比其他社会控制的力量，要有力得多，也厉害得多。所以有一个西方的哲人在好几百年之前就说过："人的思考取决于动机，语言取决于学问和知识，而他们的行动，则多半取决于习惯。"一个民族的风俗，规范着人们的思想和行为，使人们有所畏惧，对社会的稳定和发展，对小至村寨、大至民族和国家的凝聚力的加强，可以起到积极的整合与促进作用。其实，风俗乃至各类仪式并没有也不可能退出历史舞台。民间信仰在群体中有很深的根，它是与社会共进共退的伴生物，只要有人类社会存在，不论是什么性质的社会，也不论处于什么发展阶段上，风俗文化的价值功能是不可低估的。

　　从微观方面来看，风俗与信仰具有如下四种基本价值。

　　精神平衡　风俗作为民俗文化调节个体身心价值功能的另一表现，可以调节人的精神平衡。人降临到这个世界上，第一位的任务是求生存。但人毕竟不是动物，在生存需求得到满足之后，他（她）又会有享受和发展的需求。人的精神一旦发展到一定的高度，就不会再满足于仅仅在这个世界上做一个匆匆过客，他必然渴望在自己走过的土地上留下自己的痕迹，渴望用自己的双手去构筑世界的格局。风俗调节功能，就是为人们的精神需求的实现或是无法实现，起到一种"平衡器"的功能。为什么人类在自己生活、繁衍的进程中，要人为地产生或规定一些"不可接触的"或"神圣的"禁规戒律来束缚自己，或者说是限制自己自由的生活呢？其实，说到底，乃是一种精神上达到自我暗示、自我平衡的做法。例如，中国人很早就有了"梦"的释义，民间通俗的说法是灵魂暂时离开了身躯，所有的梦境都是灵魂单独的经历。灵魂在梦中可以与冥间相沟通，死亡则是灵魂永久地离开了人体。在普通百姓那里，由于早期的人们以为做梦时灵魂要出窍，要离开肉体，所以担心人的生命有损害。一般民众的心理，都忌讳做梦，尤其忌讳做"噩梦"。于是就衍生出一系列有关梦的禁忌和占卜的一套巫术来，就是直到今天，在日常生活中，人们还对神奇的梦，觉得无法捉摸，因而时时重温起梦魂禁忌的习惯风俗。不是这些禁忌习惯本身有什么了不得的作用，而是作为生命主体的人渴望宁静、平和与安详，渴求一种精神的平衡，去从容不迫地实现自我价值。人类的精神，既有理性的一面，也有感性(非理性)的一面。两者的平衡，尤其是两者的互补——对人乃至民族的精神健康是必要的。但是，要真正地做到个人的精神的积极平衡，在很大程度上是异常困难的事情。因为中国人的古代文化因子中历来是官方倡导的史官文化占据着主导地位，而风俗文化特别是风俗中的神秘的、非理性的文化成分，受到强大得多的势力的压抑。但表层的理智宣泄不了底层的原始精力，它汩动着，寻求自己的出路。于是它潜入人的意识背后隐藏起来，造成灵魂中不与理性相通的一个"死角"。无论从哪一个角度看，风俗文化对人内心的精神平衡，既缺乏积极的主动意识，又在精神平衡之中略带一点苦涩和无奈。

娱乐身心　如果民俗文化中失去了娱乐和审美的因素，民众的生活就将黯淡无光，没有了色彩，就好像春天的树林里没有了百鸟的鸣和，花圃里没有了百花的盛开。那种情景将是多么可怕。从原始人的石球抛掷到当代社会还在流行的赛龙舟，民间的游戏和竞技活动是风俗文化的重要内容。娱乐在社会大众的生活中占有重要的位置。尤其是青少年正处于成长的"花季"，娱乐游戏既适应民间儿童的天性，能够健全他们的心理，增强他们的体魄，又有助于成年人之间的联系和沟通，它更是人们休息和消费闲暇时光的积极的、生动活泼的生活方式。在欢乐的游戏活动中，成人或儿童的性情自由抒发，这有利于人们潜在的心理能量的发掘，增强人们生活的自信，享受人生的快乐。有一首流行歌曲唱道"生命终究难舍蓝蓝的白云天"，就是唱出了生命的激情和对于人间游戏需求的描绘。民间娱乐，指的是民间的游戏和类似于民间体育竞技活动的所有内容：一是它的竞技激烈性；二是它的赏心悦目性；三是它的知识趣味性。凡是能适应这三者之一要求的民间的愉悦身心快乐而有趣的活动，都可以称为民间娱乐。按照民间娱乐的性质和种类来区分，还可分为民间歌舞、民间游戏、民间竞技、民间杂艺四大类。民间歌舞，又可分为唱歌和舞蹈两大类。民间游戏，总体上又可分为儿童游戏和成人娱乐游戏两大类。民间竞技，则更多地具有民间体育运动的成分，所以人们常常把它与体育活动联系在一起。事实上，人类早在原始狩猎时期，就开始了不自觉的竞技活动，而众多的民间游戏活动，也往往包含着竞技的色彩。在民间已经蔚然成为全民风俗文化的，分别代表着以力度、技巧、技艺为竞赛内容的一些竞技娱乐活动，例如民间传统的摔跤、荡秋千、拔河、赛马、蹴鞠以及围棋、象棋等。至于在民间影响颇大的赛龙舟、放风筝等活动，就是大家都非常熟悉的。民间杂艺，主要指的是那种具有流动表演性质的以观赏为主的民间杂耍和各种禽戏、兽戏和皮影戏等，这也是构成民间娱乐的重要组成部分。

民间娱乐的诸多内容，常常起源于带有神秘色彩的祭祀、崇拜或者庄严的民间宗教活动。随着社会的发展、人类的进步，娱乐的游戏功能逐步加强，具体来说，健康有益的娱乐可以培养人们的智能。娱乐游戏是一种人体与精神的运动，不仅注重脑力的开发，而且还注重体能的锻炼。就个体素质的培养而言，民俗文化的娱乐功能，对于人们体魄的锻炼、人格的塑造、坚强勇敢的意志力的形成，以及树立诚实公正的处世态度、加强群体互助的合作意识，是其他文化类型难以替代的。

审美感受　如果说娱乐在调节社会个体的身心方面有着风俗文化其他事象难以替代的功能的话，那么在民间审美方面，就足以造成震撼人心的力量。风俗文化在审美方面，具有其他形式的传播无法比拟的优势。审美活动不仅是人们对美的外部形态的感知，而且包括由感知到想象、理解、再创造的过程。精神的本原是物质。民众在创造历史的发展进程中，同时也在生产和制造大量的风俗物品。各行各业的能工巧匠，可以称得上是默默无闻的"民俗造物大师"，他们不仅创造了具体的物质产品，同时也创造了美。例如一双工艺鞋、一顶绣花帽，乃至一块手帕，一个女孩子做针线活所用的针扎，其首先是基于对实用材料的加工与选择，它应该首先保证造型结构符合人的生理机制，使受用者感到生理上的便利与舒适。然后，则需要物品的形式本身主要以形式之美对人发生直接作用，这在很大程度上取决于造物的实用功能，民俗文化在对于人的身心调节的过程中，也悄悄地把审美的标准和价值观念以及同物质的存在联系在一起，制约着实用功能的总体构架，从而保证人的"悦目"和"怡神"审美需要得到满足。今天我们来看民俗文化的诸多内容，大抵都存在这样的情形，即原有的民俗的（包括宗教的）、道德的或其他过时的风俗的一些神秘兮兮的成分，已经悄然消失，而保留下来的，不过是审美的形式外壳以及审美的内涵。如果说"悦目"是民俗物品直接唤起人们的审美感受，那么"怡神"，则是民俗文化审美方面所追求的精神境界的表现，也是一般工艺品与民俗艺术或者民俗物品的区别所在。

生命意识　风俗在调节人的身心方面，可以说它时时处处在提醒人们的生命意识。你从哪里来？要到哪里去？你的归宿在何方？热爱生命、赞美生命、追求生命的永恒，这是风俗文化和民俗艺术不断张扬的大旗。虽然中国人宗教意识相对淡薄，民众比较注重世俗生活，讲究经世致用，但追求理想的精神并不比其他民族逊色。为一个新生命的降生而欢呼，为一个灵魂进入天堂而祈祷，为一对新人的美满婚姻而祝福，以其特有的风俗信仰，把追求理想、追求永恒的拼搏精神，表现得淋漓尽致。在科学和文明还很不发达的古时候，人们对于土地始终有着某种神秘的感觉。在定居某个地方之后，人们对土地的信仰发展为崇拜。自古以来，在我国就有不得任意挖掘土地的各种禁忌，特别是汉代阴阳五行的理论盛行以来，风水术中对土地的忌讳就更多了。汉族、苗族等许多民族中都有"龙脉"的说法，在所谓"龙脉"经过的地方不能随便挖土、取石。否则，风水就被破坏了，并且将会有灾难降临。汉族还盛行"土地爷""土地公""土地神"的俗信，人们向来以为，土地是由一位白胡子的老人掌管着，他就是土地神。土地神掌管的土地，又是有区域性的，因而有"此方土地"之说，这也体现了人们对土地的信仰，已经由对大地的整体信仰渐渐转向了对土地的局部地区的信仰。土地是中国传统农民赖以生存的信心和信念。民俗文化对于每一个个人而言，它向人们展现的不仅是纯粹的和广袤的原野，更多的却是作为精神家园的那一片"乡土情愫"。这个"乡土情愫"的背后，正是原始自然的生命意识。

当然，风俗，虽然较多地包含了原始信仰和原始禁忌的遗存以及它的当代表现，我们赞美生命意识，对人性的塑造是一种真、善、美，是调节个人身心的最好良方之一，但这并不意味着我们就赞同其中的一切，不是的！如果当这些生命意识的思考，仅仅体现在一般的风俗文化中，或是体现在一般的节庆赛会的种种礼仪和仪式方面，那确实是一种足以产生撼动人心的力量，但如果这些与迷信、顺命、宿命的思维方式以及落后、愚昧、保守的心态勾连在一起，那么，这种民俗习惯势力足以形成一种惰性，势必会成为民众思想解放和社会改革的阻碍力量，这是我们不愿看到的。

【思考与讨论】

1. 我们为什么要开展民俗文化教育？
2. 如何让传统节日融入中国文化？
3. 民俗风情中的民族团结的作用是什么？

【工匠故事】

工匠之本——态度决定人生的高度

一切向前走，都不能忘记走过的路；
走得再远、走到再光辉的未来，
也不能忘记走过的过去，
不能忘记为什么出发。

——习近平

初心，是指一个人做某件事的初衷，最开始的想法。随着时光的流逝，我们对事物的看法会改变，会产生许多新的想法，初心也就渐渐被遗忘。《华严经》中有一句经文，"三世一切诸如来，靡不护念初发心"，告诫世人守护初心的重要。

《庄子·达生》中有个名叫梓庆的匠人，他可以把木头做成鐻（古代一种木制乐器），凡见过的人，都惊呼为鬼斧神工。鲁侯觉得很惊讶，就问他，有什么诀窍吗？

梓庆回答说："我不过是一名匠人，哪里有什么诀窍？不过，我还是有点自己的方法。每次我开始雕鐻时，都要靠斋戒静心养神。斋戒三天，不考虑赏赐、俸禄；斋戒五天，不考虑诽谤和技术的好坏；斋戒七日，我已不以外物所动，似乎忘掉了自己的四肢形体。当进入忘我境界之后，我才走入山林，依循天性观察、选择与鐻最为相合的木料，此时鐻的外形已然呈现，这时我才开始动手，用木工纯真的本性，加上木料纯真的天性。我制作出来的鐻似鬼斧神工，大概原因也就在于此吧。"

梓庆在雕鐻之前，把功劳、地位、金钱、毁誉统统放下，只专心于工作的本分，达到了宠辱不惊的境界，因此才能完美地完成雕鐻的每一道工序。保持初心，就是要正心诚意，时刻不忘自己做事的初衷。《大学》一开始就开宗明义地说"大学之道，在明明德，在亲民，在止于至善"，并将正心诚意当作"明明德"的要旨。所谓"明明德"，与明代思想家王阳明所倡导的"致良知"互通，讲的都是要保持一颗初心。无论一个人的技艺多么纯熟，取得多么大的成就，只有时刻保持初心，他才能够明白自己所做事情的意义，从而不断获得新的、上进的动力。

初心，是一个人人生观和价值观的体现。有句话叫作"不忘初心，方得始终"。只有不忘初心，才能坚持本分，面对挑战不胆怯，面对困难不彷徨，面对压力不退缩，面对现实不妥协——"千磨万击还坚劲，咬定青山不放松"。初心提醒我们在纷繁复杂的市场环境中，时刻回归商业的本质，做好最基础的工作，老老实实把产品做好。

淡泊宁静的顾景舟

紫砂壶，松鼠葡萄茶具，9 200 万元人民币。这是顾景舟的茶具在 2015 年11 月 19 日北京专场拍卖会上创下的"天价"。

顾景舟是当代紫砂一代宗师、壶艺泰斗。

顾景舟一生惜壶如命，并不是因为他做的壶太值钱，而是因为做一把壶太不容易。

顾景舟出身于陶都宜兴一个陶瓷世家。18 岁继承祖业，随祖母邵氏制坯。他承袭家中制壶诀窍，出手不凡，20 岁便崭露头角。一次在当地一家茶馆，一位资深的老茶客拿着一把顾景舟的洋桶壶正在点评，顾景舟站在一旁，耳听其详。老茶客列举顾壶几大不足，说得有鼻子有眼。顾景舟直听得耳根发热，背心冒汗。顾景舟突然觉得，自己的壶艺功夫还很浅，有待改进的地方确实很多。他几步上前，从老茶客手中接过茶壶，奋力一摔，那壶顿时在地上变成碎片。一个似乎冒失得有些荒唐的举动，不仅让

大国工匠顾景舟

那老茶客，也让整个茶馆里的人吓了一跳，迅即起哄成一片。顾景舟不慌不忙地说："我就是顾景舟，先生您刚才的话是对的。明天还是这个时辰，我会赔一把新茶壶给您。"

第二天，新壶送来了。那把洋桶壶，就是顾景舟的人格写照：壶身笔挺，肩胛方正，壶嘴刚劲，风骨凛然。

20 世纪 50 年代末，古老的紫砂手工艺受到一次严峻挑战。有人提出，用机械化来替代手工制作，顾景舟公开抵制。他认为，若制壶真的搞成流水线，千壶一面，气息、意象、神韵、个性全没有了，那还是紫砂壶吗？为此，他受到了批判，但是，他依然执着地捍卫着紫砂古老手艺的一份尊严。

顾景舟的一把茶壶，就可以用来在当地买一套大面积的商品房。但顾景舟还住在一个叫"百家口"的紫砂厂职工宿舍里，面积很小，连个书房也没有。不爱钱的顾景舟，积蓄并不多。据中国工艺美术大师徐秀棠回忆，1982 年，有一次他和顾景舟去上海，办完事，在一个家具店选沙发。顾景舟颈椎不太好，喜欢那种高靠背沙发，颈脖枕在靠背上，可以舒服些，但高靠背沙发价钱要贵出许多。顾景舟犹豫了好久，最后还是买了低靠背沙发。徐秀棠当时很感慨，跟顾景舟开玩笑说："你只要肯卖一个小'壶嘴'，沙发钱就来了啊！"顾景舟却说："你还不了解我啊，我只做壶，不卖壶。"

顾景舟一生制作的紫砂壶不是很多，有时好几年才做一批壶。因为从设计草图、选矿、原料制备、技艺加工到烧成等各个环节，顾景舟都要亲力亲为，对自己不满意的作品就毁掉。

顾景舟认为，始有人格，方有壶格；只有淡泊，才能宁静。这样做出来的壶才会有自己的个性和气韵。这，也许就是他从一个制壶工匠成为一代壶艺宗师的原因吧。

顾景舟用自己的一生有力地诠释了淡泊宁静的现实内涵。他将淡泊视作人格，不求名利，但求艺术；不求理解，但求志趣。不做金钱的奴隶，不受世俗的压迫。他将宁静视作气韵，气韵不但是作品的独特风格，更是艺术的生命和灵魂，是我国传统艺术作品的最高境界。没有淡泊就没有宁静，没有宁静就没有气韵。顾景舟正是用淡泊来打造宁静，以此来获得艺术生命的气韵。

【阅读关键词】 初心、情怀、信仰

【成长启示】 不忘初心，牢记使命，坚守信仰，方能行将致远。

中国文化读本（职教版）

第十章

精湛民间：多彩的工艺

> 艺术的伟大意义，基本上在于它能显示人的真正感情、内心生活的
> 奥秘和热情世界。
>
> ——罗曼·罗兰

中国的民间艺术很发达，很多种类的民间艺术早已享誉世界。中国民间艺术一方面表现了民间艺人过人的灵巧和智慧，另一方面则体现了广大老百姓的生活愿望和生活趣味。热闹、喜庆、团圆、富足、平安、吉祥是中国老百姓几千年来始终不变的追求和渴望，正是这些构成了中国各种民间艺术的精神氛围。这里谈其中的几种。

一、年画：红红火火过新年

春节是中国最重要的传统节日，一到春节，无论城市农村，家家户户，都要张灯结彩庆贺。张贴年画，是春节的重要节目。用年画，可以将家庭布置得热热闹闹，增加过年的气氛。

年画在内容上多表现祝福、吉祥和喜庆之意。如一幅广为流传的年画《连年有余》，画一个胖娃娃，天真活泼，怀里抱着一条大鲤鱼，手里拿着一束莲花。"鱼"和"余"在汉字中读音相同，通过谐音，以表示生活富足、年年有余。

中国幅员辽阔，年画的风格也有所不同。北方的年画最著名的要数天津的杨柳青，南方年画最著名的要数苏州的桃花坞。杨柳青是天津西南郊的一个村镇，三百多年前，

这里就以制作年画出名，曾有过"家家点染、户户丹青"的历史。杨柳青年画采用的是木版套印和手工彩绘相结合的方法，人们称之为"半印半画"，这也是它的重要特色。它的制作方法是：先刻出木刻图案版样，然后印出图画，再手工将纸上的轮廓描绘涂彩，最后装裱成画。每一幅画都是由画师手工制作的，而不是批量的印刷品。它将版画中的刀法版味和手画的笔触感觉融合在一起，有一种独特的风味。人们喜欢杨柳青年画，在很大程度上是喜欢它是手工制作的。

年画《连年有余》

年画的喜庆气氛，在杨柳青年画中体现最为充分。这里出品的年画清新活泼，具有浓郁的生活情调。如一幅《母子图》，画湖边的庭院，院子里有湖石假山、花卉，妈妈站在窗前，拿着扇子，招呼着窗外嬉戏的儿子。胖胖的小家伙穿着小肚兜，一只手拿着一个小木棍，木棍的顶端有一只小鸟。一片祥和温暖的氛围，是一幅温情的生活画面。

苏州的桃花坞年画则体现出江南纤巧细柔的特点，它采用传统水印木刻的方法来印制。在选材上，桃花坞年画除了吸收民间故事外，还大量采用文人绘画的内容，其画面多儒雅清淡，风格上不似杨柳青年画那样浓艳，更强调清雅流畅。桃花坞年画曾经传到日本，影响了日本浮世绘的绘画。在三百多年前，桃花坞就注意吸收西方铜版的雕刻风格，注意阴影的处理。桃花坞年画中仕女图以其形象清新美貌而著称，受到人们的喜爱。

二、剪纸：剪刀绘出多彩

剪纸是中国民间一门有着近千年历史的独特艺术。它要求的材料很简单，只要有纸张和一把剪刀（或刻刀）就可以了。熟练的剪纸艺人剪纸的过程如同变魔术，他将一张红纸在手上左叠右叠，然后用剪刀轻轻地剪几下，摊开一看，就是一幅漂亮的图画。有的艺人根本不需要眼睛看，就能在袖子里剪出漂亮的图案

中国剪纸

来。剪纸是一种即兴式的艺术,剪纸艺人无须画稿,就靠手中的一把剪刀,刀起图出,每一次剪出的都不同,所以它的表现力很强。剪纸艺术在农村地区尤为流行。

在西安附近,旧时人们的窗户多是纸糊的,白白的纸,显得过于单调,也不吉利。于是心灵手巧的女子就剪出红色的四喜娃娃,或者剪一只美丽的蝴蝶,贴在窗上,作为窗花,于是平凡的窗子便有了灵气。

旧时姑娘家们做鞋子或者是做衣服,喜欢在上面绣花,绣花一般要有花样子。这花样子就是通过剪纸得来的。而中国的喷漆艺术,也需要剪纸作为模型。

围绕剪纸,中国古代还形成了很多风俗。如二十四节气中的立春,是春天来到的日子。为了庆祝这一日子,人们举行各种仪式,剪纸在这里就派上了用场,人们通过剪纸来表现对春天到来的喜悦心情。姑娘们将剪纸戴在头上作为饰物,迎春的人们将剪纸贴到了春幡——春天的旗帜之上,有的还将剪纸挂在柳树上,以为迎接春天之礼物。

中国古代有制作灯笼的习俗,每逢节日和喜庆日子,必挂灯笼。有悬挂的大红灯笼,有可以转动的走马灯,有放在水中的莲花灯,有孩子们非常喜欢的狮子灯、金鱼灯,等等。灯笼的制作有时是直接在上面作画,但更多的是粘贴剪纸,各种花样的剪纸,在灯光的衬托之下,越发有趣味。

三、刺绣:十指下的春风

中国是丝绸的故乡,产生了很多与丝绸相关的艺术,刺绣就是其中的一种。从事刺绣的多为女子,所以刺绣又被称为"女红"。刺绣在中国有数千年的历史,受到人们广泛的喜爱。刺绣可用来装饰衣物,如在衣服、被子、枕头等上面绣上美丽的图案,也可制作成特别的饰品。

中国刺绣

中国宋代就有锦院和绣院,集中了大量的编织和刺绣的专业人才,推进了丝织和刺绣的水平。明代大画家董其昌说:宋人之绣,针线细密,用绒止一二丝,用针如发细者为之,设色精妙,光彩射目。刺绣上的山水、楼阁、人物、花鸟都极为生动。他赞叹说:"十指春风,盖止此乎!"董其昌说的"十指春风"这四个字,正是对我国刺绣艺术审美妙境的极好赞扬。

中国有"四大名绣",即苏州的苏绣、广东的粤绣、湖南的湘绣以及四川的蜀绣,各种绣法不仅风格有差异,而且所选择的内容也有不同。历史上有"苏绣猫,湘绣虎"的说法。粤绣擅长绣鸟类，以"百鸟朝凤"最有名，而蜀绣则擅长绣山水人物。

在这其中，苏绣最负盛名。20世纪初，苏绣名手沈云芝的作品《意大利皇后爱丽娜像》，曾作为国家礼品赠送给意大利，受到了极高评价。

苏绣主要产生于苏州一带，也包括扬州、无锡、常州等地的刺绣。苏州一带盛产丝绸，民风又以细腻著称，苏绣因而大盛。苏绣有以针作画、巧夺天工的美名。近千年来，苏州一带从事刺绣的人很多，几乎女子长大了，个个都会刺绣，有"家家养蚕，户户刺绣"的说法。据说苏州的高超艺人绣一双猫眼，要用二十多种颜色的丝线，千缠万绕，从而突出炯炯有神的眼色。

四、中国结：指尖上的艺术

小小的中国结蕴含了中国人几千年来的智慧和情感。

中国结是中国民间特有的手工编结装饰品，与布艺、刺绣并称为"中国三大手工艺品"。它从头到尾由一根丝绳编织而成，形状大多左右对称，正反相同，很有中国韵味。

结艺的历史，从远古中国结时代就开始了。人们在文字发明之前，是靠在绳子上打结来记事的。因此，在古代，"结"有约定的含义，能记载历史事件，是文字的前身，很受人们尊重。

中国结

中国结的编织方法灵活多变，改变线的穿插方向可以编织出不同形状的结。中国结各有自己不同的含义。"团锦结"外形像一朵花，包含了"花团锦簇""前程似锦"两个成语的意思，表达了学业、事业越来越好的愿望；"双钱结"的外部轮廓是圆的，里面是方形的孔，与中国古代钱币相似，寄托了人们希望它带来财富的美好愿望。一些动、植物形象的中国结也都有特定的含义，鲤鱼代表富裕，龙凤代表高贵，蝴蝶代表像梁祝化蝶那样忠贞的爱情，花生象征多子多孙，寿桃象征长寿，等等。这些自然界的生物被赋予了人的情感，体现了中华民族"天人合一"的哲学思想。

中国结的另一个特点是谐音，就是借助某一事物的读音来代表另一读音相同的事物。比如，"鱼"和"余"同音，鱼形的中国结就象征着生活富足，年年有余；结的"摆穗"和"百岁"同音，就有了长寿、健康的含义。利用一音多字的特色，一些深刻的含义便能形象地表达出来。这些谐音都和幸福、欢喜、圆满、长寿有关，反映出中华文化追求完美、和谐的特点。

现在，小小的绳结已不再是人们记事的工具，结艺也不仅仅是对文化简单的传承，而且更多地融入了现代的特色。走在街上，经常能看见女孩子耳朵上戴一对"花篮结"的耳坠，不仅展示了花样年华的美丽，而且还让大家感受到东方的典雅；现在开私家车的人越来越多，家人将"方胜结"贴在车窗的玻璃上，希望他们出行时能平平安安；儿女们在老人的扇子上挂上一个"长寿结"，祈求他们能够幸福、长寿。

海外华人特别喜欢中国结，因为编织中国结只用一根丝线，经过复杂的缠绕，最后头和尾总能衔接在一起。所有中华儿女，不管在世界哪个角落，看到红红的中国结，想起自己的故乡，心里总是感觉暖暖的。不仅如此，许多外国友人也很喜欢这门独特的中国艺术，有着深厚的中国情结。

中国结联系不断，一个结扣着另一个结，一段绳缠着另一段绳，你离不开我，我也离不开你，这正是团结的象征。中国北京申办 2008 年奥运会时的会标设计，运用奥运五环组成五角星，环环相扣，这也起源于中国结，象征着世界五大洲团结合作、相互交流、共同发展。

"天不老，情难绝，心似双丝网，中有千千结。"这是宋代词人张先《千秋岁》中的名句，意思是上天不会老去，感情就像中国结一样缠绕在心中不会消失。中国人表达感情比较含蓄、内敛，不像西方那样直白、热烈。小小的绳结，诉说了深沉的爱，凝聚了不变的情，是家的温馨，是心的愉悦。这种朴素而又浪漫的情感传了一代又一代，成为中华文化的缩影。

中国结，其实就是一种中国的情结。

五、皮影：灯与影的艺术

18 世纪后半叶，法国曾经出现过一种叫作"法兰西灯影"的戏剧形式，在巴黎、马赛等地演出，一时引起轰动。那是传教士将中国的皮影戏介绍到法国，法国的戏剧家在皮影戏的基础上创造出来的艺术形式。有趣的是，在 2004 年的中法文化年期间，中国的艺术家又把一部新创作的皮影戏《影之舞》送到了法国。皮影戏记载着中外文化交流的历史。

在世界历史上，要说中国文化对世界的影响，皮影戏是不可忽视的。这种创自中国的戏剧形式，在 13 世纪就传到了中东，到了 18 世纪便有了世界性的影响。皮影戏曾经受到过歌德的赞扬，到了 20 世纪，卓别林的无声电影也受到了皮影戏的启发。皮影戏产生于两千多年前，到了宋代，皮影戏已十分发达，中国皮影戏的主要形式此时都具备了。当时传统戏剧并没有成熟，但皮影已经相当成熟，利用皮影戏，就可以演出完整的三国故事等。当时很多城市都有皮影戏演出，节日的时候，皮影戏更成了重要的娱乐形式。明代仅北京一地，就有皮影戏戏班几十个。至今皮影戏仍然受到人们的广泛喜爱。皮影戏是世界上最早由人配音的活动影画艺术，它的成功给现代电影以很大启发。

中国皮影

皮影人物的制作非常考究。先将准备好的皮革，做成人的头、四肢、躯干等模样，再用绳索将其串起，用连杠连成一体，成为颜色鲜艳的人物形象。在演出时，用灯光照射在皮革做成的人物上，形成活灵活现的剪影，通过他们的动作表演故事，若真若幻，赏心悦目。有一出传统山西皮影戏《含嫣梳妆》，其中有一段描绘一个少女坐在镜子前面化妆的情景。一边是镜子内，一边是镜子外，皮影艺人两面照应，动作要求一致，有相当的难度。成功的表演，能使观众得到很大的满足。

皮影戏的妙处不仅在于皮影的制作，更在于表演。表演时，几个表演者站在一块白布的后面，操纵着各种形状的皮影人，同时演唱着故事，并配有打击乐器或弦乐。陕西华县的皮影戏很有名，他们形象地称皮影戏为"五人忙"，五个人演了一台戏："前声"，是负责唱的，一人要唱生旦净丑几个角色；"签手"，负责操纵皮影进行表演；"坐槽"，是负责敲锣、打碗、打梆子等；"上档"，负责拉二弦琴、吹唢呐；"下档"，负责拉板胡、吹长号，并配合签手的工作。这样五个人在台后忙得翻了天，共同演出一出戏。

皮影戏表演水平的高低，取决于演员的唱功和"手功"。演员在幕后手提皮影人不是一件简单的事情，往往一个皮影，要五根竹棍操作，要求演员手指灵活，好的演员常常玩得观众眼花缭乱。

六、用匠心记录匠人

《中国手艺人》的作者花费四年的时间，寻访了 30 多位中国传统手艺人，对他们的生活、工作进行了跟踪拍摄和采访，记录下了当下中国传统手艺人的坚持和梦想，以及他们的生存状态和传统手艺的发展现状与困境。

2013 年夏天一次偶然的机会，我（白英）见识了国家级非物质文化遗产项目平定刻花瓷的制作过程，并结识了刻花瓷手艺传承人张文亮。出于对刻花瓷的喜爱、对制作工艺的好奇，我时常去张文亮先生的手工作坊拍摄和观察，越接触越是深爱刻花瓷黑白分明中的飘飞清韵。对传承这门技艺的张氏父子，我不仅惊叹于他们的精湛技艺，更是对那份历尽艰辛却始终不改的初心有一份敬重。也就是从这时候起，我对中国传统手艺人和手工技艺有了一种全新的认识并开始关注这个领域，开始时是拍摄身边的手艺人，渐渐地，每到一个地方，我都会尽可能地探访当地的手艺人，记录手艺人以及他们的技艺。

4年时间里，我用镜头和文字留下一个个真实的手艺人形象，他们当中，既有平遥推光漆器传承人薛生金、南通蓝印花布传承人吴元新、平定刻花瓷传承人张文亮等国家级工艺美术大师，也有柳编匠人李世德、乡村铁匠尹俊杰、焰火制作人尹来庭等普通的民间手艺人，还有彝族银饰工匠、荥经砂器人等手工艺从业群体；既有最后的制针人裴向南、即将消失的张箩业手艺人白明印等以一己之力支撑着一门手艺的传统手艺人，也有彩面塑艺人付海云、铜器手艺人王氏兄弟、龙狮道具传人马小增等紧跟时代再创辉煌的创新手艺人，还有玻璃工人郭才军、手工粉条新把式高永军等志在发扬传统文化的后起之秀年轻手艺人……

中国手工艺，是什么模样？它其实就是一件件篆刻在器物上的华美纹饰，是一个个凝固在寻常生活里的家用物件，是一缕缕融化在舌尖上的独特美味，是一丝丝烙印在心房里的美好寄托……真是至善至美，大美无言。更让人惊奇与感动的，是这些散发着指尖温度的手作背后的手工艺人，他们毕其一生，刻苦磨砺一项技艺；殚其所精，用心完成每一件手工艺品；极其所虑，只为每一个细节的完美呈现；终其一身，只为把每门手艺中所承载的精神镕铸成永恒的信仰。

对手艺人的拍摄与采访其实很辛苦，很多时候都不是一两次拍摄就能完成的。光是为了拍摄刻花瓷完整的制作过程，我就来回奔波了五六次；为了拍摄白明印师傅张萝绞簸箕，连续几天跟着他走村串巷；为了拍好砂锅出炉的场景，无数次起早贪黑坚守在炉火旁，只为呈现暗夜里烈火熊熊的画面；为了拍到碑拓的全部过程，跟随王银海师傅翻山越岭到荒野坟地；为了寻找柳编人，专程在寿阳大东庄村逐户打听，终于寻到了仅存的几位手艺人……

无畏崎岖，专注向前，投入自己热爱的事；为接近极致，不惧枯燥和漫长，倾注所有……在这4年的拍摄中，这些于平凡时光中坚守的手艺人，时常能让我惊叹、让我钦佩，也让我深刻地体会到了坚持的魅力。越是深入，越是感受到蕴藏在手工艺中的博大的传统文化、丰富的历史信息，以及朴素的民间智慧、本真的人生哲理。即使世界再喧嚣、社会再躁动，他们却总能在手艺与守艺之间，营造一种岁月静好、匠心独运的美好。

1. 中国民间工艺表现了老百姓怎样的淳朴风情？
2. 民间工艺蕴含着怎样的工匠精神？
3. 如何将民间艺术与校园文化融合在一起？

【工匠故事】

工匠之守——一份热爱，一生坚守

希望你们年青的一代，也能像蜡烛为人照明那样，有一分热，发一分光，忠诚而踏实地为人类伟大的事业贡献自己的力量。

——法拉第

即使世界再喧嚣、社会再浮躁，总有那么一些人，因为一份热爱、一份情怀、一份梦想、一份期盼，在坚守一种手艺、一种传统。即使过程艰辛、未来不可知，却从未放弃。因为这份坚守，他们在这个一切急速向前奔的社会里显得格外珍贵。

黑白雅韵：陶艺大师张文亮

早在秦代，山西平定的土地上就有了生产陶器的痕迹。平定窑旧有"西窑"之称，始于唐，兴于宋，跨越元、明、清，直到民国炉火依然延续，是山西四大"土贡窑"之一。平定黑釉刻花瓷，以其黑亮的釉面、古朴的装饰、精练的造型，为古今中外众多陶瓷爱好者和收藏家所喜爱。

离平定县城不远的冠山镇冠庄村曾是刻花瓷的烧制地，《平定县志》就记载着清乾隆年间冠庄村建瓷窑的历史，至光绪年间瓷窑已发展至十余座，曾为皇家贡品。如今的冠庄村有一座"平定文亮刻花瓷砂器研究所"，这个研究所没有高门大院、敞亮厂房、现代机械，而是一处平常甚至有些古老破旧的院落，院子正中央是一处青石垒就、古朴苍凉的老窑，还有一间原生态的手工作坊，一座座土陶窑、马蹄窑、倒焰窑、梭式窑散落四处。这里就是非物质文化遗产——平定刻花瓷的浴火重生之地，是平定刻花瓷代表性传承人——张文亮的工作间。

文亮已故的父亲张聪老先生，是古陶瓷专家水既生先生的学生，他与同事设计制作的黑釉刻花缠枝牡丹纹梅瓶曾荣获中国工艺美术品百花奖创作设计制作一等奖，是当年当之无愧的"平定刻花瓷"掌门人。20 世纪 50 年代，父亲刚到陶瓷厂上班时，刻花瓷已经历经了自金以来的几百年低潮期，几近失传。在中国古陶瓷研究会理事、古陶瓷专家水既生先生的帮助下，当年的平定冠庄陶瓷厂试点进行手工业陶瓷出口实验，文亮的父亲以其朴实忠厚、好学上进、刻苦钻研的精神赢得了水既生先生的倾囊相授。60 年代，平定刻花瓷参加广交会，大放异彩。

　　小的时候，张文亮经常跟着父亲去陶瓷厂（平定冠庄陶瓷厂）玩，用泥巴捏鸡鸭、捏猫狗。父亲对艺术的热爱潜移默化地影响着文亮，让他对刻花瓷有一份难以割舍的情感。中学毕业那年，正是改革开放后乡镇企业蓬勃发展之际，文亮随父学艺，到陶瓷厂做起了专职的"玩泥人"。除了因为对画画的喜欢，当时的文亮并没有太多抱负，只是觉得干体力活比较累，画画则相对轻松一些。哪里想到，真正到厂里上班后，却成了一名杂工……跟父亲学配料、跟大爷学烧窑、跟舅父学拉坯、跟东北请来的师傅学雕塑，基本上陶瓷制作的各道工序都学了一遍。每天，同事们都下班了，张文亮还独自在厂里的石头轮子上练拉坯。不过，虽然辛苦，文亮还是觉得那是件幸福的事。有时候，他还会跟着父亲去文化馆找书看，有一次，父亲借到了一本《鱼的图案》，文亮喜欢得不行，就把书里面的图案全部抄下来。20 世纪 80 年代，工艺美术方面的书籍并没有现在这么丰富，所以，每当在杂志、烟盒、火柴盒上面看到自己喜欢的图案，他都会收集起来。1990 年，中央工艺美术学院的周淑兰教授带学生来厂里实习，看到文亮对传统的陶瓷艺术有潜质和热情，回到北京后，经常寄一些传统陶艺的装饰技巧方面的资料给他。文亮一边看资料，一边练习，遇到不懂的问题，就直接去北京请教周教授。到 20 世纪 90 年代中期，由于市场需求的下降和企业改制等原因，不少陶瓷企业举步维艰，文亮父子所在的平定冠庄陶瓷厂也停产了，很多人被迫转了行，只有文亮和父亲舍不下这门手艺。

　　为了挽救老祖先留下来的这份宝贵遗产，1997 年，54 岁的父亲带着文亮兄弟三人开始创业，文亮说"那个时期是最无奈、最无助的"。烧瓷需要大量的钱来买原料、买设备。文亮一家根本拿不出那么多钱，只能做手工"花盆"来维持。

　　可仅靠辛苦烧出来的花盆是难以维持一家人生活的。刚刚娶妻生子的文亮，一家三口挤在一间 20 多平方米的小屋里，除了一台 14 英寸的彩电，就是一个个瓷瓶瓦罐，再没别的像样的东西。无奈之下，文亮买了台照相机，在外面帮人照相来补贴家用。靠照相积累了一定的资金后，文亮一家人在自家院子里自己垒瓷窑，自己做设备，终于又回到制瓷的轨道上来。

文亮家的小作坊真正有点起色是 1998 年以后。那时正赶上山西一家醋业公司要做一批醋瓶，他们 10 天打出样品，一月交了 300 个。虽然平时会接着做醋瓶、花瓶的活儿，但是文亮一家人从来没有放弃过

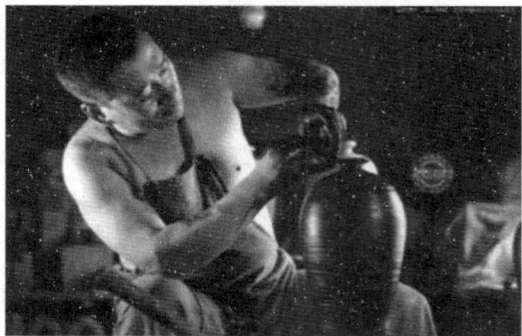

陶艺大师张文亮

对刻花瓷的研制。他们一方面做醋瓶、面盆和日用粗瓷，一方面做刻花瓷并研发一些新产品。

"刻花瓷工艺很复杂，大体上分为取土、配料、研磨、淘洗、过滤、注浆、拉坯、修坯、上釉、晒干、装饰。要是细分，每个步骤还包括若干小环节，总共有五十多道工序。"文亮拿着揉好的泥，边抟边说。在平定制作刻花瓷最大的好处是原料可就地取材，因材施艺。经过摔打，泥料就会软硬一致，抟揉后不仅能增加韧性，而且能排出气泡。之后就是拉坯。

拉坯需要巧力，力道的控制十分重要，多一分少一分都不行。拉坯是陶瓷制品成型的第一步，决定着整件作品的成败。"共计一坯之力，过手七十二，方克成器。其中微细节目，尚不能尽也。"明代科学家宋应星在《天工开物》中就曾这样写道。

平定窑刻花瓷采用独特的烧结技术，一般以刀代笔，采用的是"湿作法"，在坯体未干之前就要施釉，当坯体达到七八成干时进行刻花装饰。讲求"刀刀见泥"，一气呵成。坐在灯下，用自制的竹刀专注雕刻的张文亮划花、开线、剔刻、吹扫，刀刀犀利、果断精准，完全不同于平时的敦厚憨实。

张文亮说："设计环节是最难的。因为吉祥的图案都会运用在刻花瓷上，所以做传统艺术品就要扎根于传统民俗艺术。"文亮在保留传统技艺的基础上，大胆吸收相关陶瓷门类的特色，除黑釉刻花工艺外，棕釉和白釉刻花也有涉及。同时对仿宋剪纸漏花、木叶陶艺、开片艺术釉、绞胎瓷等工艺及抽象动物装饰、彩云窑变艺术釉、龙山文化黑陶制造工艺等都进行了大胆的尝试。

近些年，随着社会经济的发展、百姓生活的富足，陶瓷这一中国人几千年来形影不离的器具又重新焕发生机，尤其是瓷器精品得到众多陶瓷爱好者的追捧。国家也加大了对非物质文化遗产的保护力度，文亮父子苦心经营的刻花瓷成为国

中国文化读本（职教版）

家级非物质文化遗产，成为山西民间艺术的一个符号。2010年，刻花瓷更是被选为上海世博会非遗展演项目，张文亮则被评为"中国陶瓷艺术大师"。

"文不灭质，亮不炫目。"文亮的名字似乎包含了他的人生理念，他早已把做陶瓷当成了生活的一部分，把培养传承人当成了义不容辞的责任和义务。不同于老一辈的思想，文亮有着更加开放的想法，他收的徒弟来自全国各地，儿子也子承父业。如今的张文亮成立了自己的刻花瓷公司，注册了自己的商标，和父亲一起创作的作品还曾入选"和谐中华——中华文化名家艺术成就"系列邮票，自己建的刻花瓷砂器研究所还成为首批山西省非物质文化遗产生产性保护示范基地。"灵心酿精物，妙手成万端。"对于刻花瓷的未来，张文亮充满期待。

【阅读关键词】 勤奋、钻研、踏实

【成长启示】 每一份成功背后都有不为人知的艰辛，即是说当下的付出是明日的花开。

第十一章

惊世匠心：中国传统文物

> 文物是人类文明的坐标，对文物的认知程度和文化的重视程度标志着一个民族发展的水平。
>
> ——马未都

一、无声的军阵：秦始皇陵兵马俑

被称为"世界第八大奇迹"的秦始皇陵兵马俑，是中华民族的伟大遗产，也从一个侧面展示了中国古老的灿烂文化。

1. 兵马俑的发现

1974 年春天，陕西临潼的一个乡村，人们挖井的时候，忽然挖出一些陶片，有的像人形，有的像动物，大家惊讶不已。经考古人员发掘，沉睡两千多年的秦始皇陵兵马俑见了天日，一座巨大的地下军事博物馆呈现在世人面前。

农民发现陶俑的这个地方，是一号坑。此坑面积约一万四千平方米，是四个坑中最大的。经过整理发现，这是一个完整的军阵。这里掩埋的陶俑与真人大小差不多。前锋部队有三列，每列有武士俑 70 个，队列前又有指挥。前锋之后是兵阵的主体，共有 38 路，每路长约一百八十米，形成一个巨大的方阵，约有六千个陶俑，一个个穿着铠甲，手握青铜兵器，兵器都是实物。两侧各有一列横队，每队约有武士俑 180 个，是军阵的两翼。在靠西的部分，又有武士俑，似为军阵的后卫。军中又有陶马 32 匹，四四一组，拖着木质战车。在四个坑中，这个完全模仿实际军阵的兵马俑队列，规模最大，气势最壮。

二号、三号坑，是考古人员于 1976 年夏天发现的。

二号坑东边的一组是射击方阵，这里有立式弩兵俑 60 个，军阵的中心，布置了八路跪蹲式弩兵俑，共有

秦始皇陵兵马俑

160 个，一个个英武有力。人们所赞叹的栩栩如生的射击俑，就出于这个兵阵。右侧是战车方阵，共有八列，每列八乘。战车前驾有四匹大马，与真马大小差不多。在马的后边，又有三个兵俑，平行排列，中间的兵俑拉马辔，两侧的兵俑持长柄兵器。

在二号坑的中部，则是更大的战车方阵，共由 19 辆战车、264 个步兵俑和八个骑士俑组成长方形阵，共分三列。每匹马前立骑士俑一个，一手牵马缰，一手做拉弓状。每乘车后除三名车士外，还配有一些步兵俑。在二号坑的左侧，是骑兵方阵，108 个骑士俑和 180 匹陶鞍马俑排成 11 列横队，组成长方形骑兵阵。整个二号坑的四个方阵，共见陶俑陶马一千三百多件，战车八十余辆，青铜兵器数万件。

三号坑在一号坑西端，面积较小，呈凹字形。门前有一乘战车，内有武士俑 68 个。从三号坑的布局看，当为总指挥部，统帅左、右、中三军，只是没有建成而已。

后来还发现了一个未建成的坑，这就是四号坑，它在二、三号坑之间，未及放兵马俑，就匆匆填死了。面积大约有五千平方米。从整体布局看，这是关键的中军位置。三、四号坑都是未建成的陪葬坑，修建秦始皇陵用了近四十年时间，一直到秦始皇去世之后，由他的儿子秦二世接着修建，工程还没有完成，农民起义军已经打到了骊山周围，不得不中途停止。

2. 秦陵地下宫殿

这四个巨大的兵马俑坑，只是秦始皇陵的一组陪葬坑。

在西安附近的临潼，南依骊山，北临渭水，远远地望去，有一座庞大的山丘映入眼帘，这就是神秘的秦始皇陵。这个庞大的土丘是由人工堆积而成的，工程之浩大，世所罕见。本来高有五十丈（113 米），经过时间的侵蚀，如今大约有七十六米高，土丘占地面积有近二十五万平方米，下面就是秦始皇陵。

秦始皇从 13 岁开始，就在为自己修建陵墓，这是一项浩大的工程，工程前后持续近

四十年。工程动员了七十多万人，当时全国只有两千万人，也就是说，全国每十几个成年人中，就有一个参加过这一工程。

秦始皇陵可能是这个地球上有史以来最大的陵墓，它是一座庞大的地下宫殿。秦始皇命令，按照他在世时享有的一切，来建设这座地下宫殿。由此我们也就对兵马俑追求与真实的兵阵相同的做法不难理解了。

那深埋的地下宫殿今天是否存在，考古学家有激烈的争论。种种迹象表明，这一神秘的地下宫殿今天依然存在，而且没有被盗掘。

2002 年 9 月 17 日，人们通过电视直播，曾经目睹考古学家探测埃及金字塔内部空间的过程。如果打开秦始皇陵地下宫殿，不知道又该吸引世人怎样的注意？我们在等待这一天。

3. 驱使天下的帝王气势

秦始皇消灭了六国，一统天下，成了中国历史上的"始皇帝"——第一个皇帝。为了防止有人造反，他命令将天下所有的兵器集中到咸阳，将它们全部熔化，用其中的铜塑造成 12 个巨人，立于秦宫廷的门前。史书记载，这些铜像，每个重 24 万斤（12 万千克），高五丈，一只脚就有六尺长。中国人有做巨型雕塑的传统，这主要是指佛像雕刻，如四川乐山大佛、山西云冈石窟的大佛。那些巨型雕像表达的是人对于神佛的一种崇拜，而秦始皇下令制作的大型铜像则相反，他不是要膜拜神，而是要世人膜拜他。在他看来，如果说有神，这个世界的神只有一个，那就是他自己。

汉初文学家贾谊形容秦始皇的统治，是"振长策而御宇内"——挥舞着鞭子，驱赶天下。秦始皇正是要手持鞭子，驱使天下。秦始皇陵兵马俑所展现的，正是这种驱使天下的帝王气势。

当你走进秦始皇陵兵马俑一号坑，眼前呈现的景象不由你不震惊。数百人的前锋部队在指挥的率领下，列队在前，整装待发。后面跟着数千人的部队，一个个身披铠甲，手握兵器，排成整齐的队形，只等待着一声令下，就要出发。而两旁战马昂首，战车森然而列。你似乎听到骏马嘶鸣，战车辚辚，无数将士高声呐喊，此时天低云沉，宇宙间似乎都在回荡着这样的声音。这个军阵确有一种排山倒海的气势。

但是这种以一人而驱使天下的威权和威势并没有保持多久。秦始皇去世不到三年，秦王朝就被推翻了。他本来盼望以他为"始皇帝"的王朝会传至万世，想不到二世就终结了。

4. 充满生气的彩绘雕塑

兵马俑引起世人轰动，除了它的不凡气势之外，还在于它的雕塑艺术达到极高的水平。

兵马俑的人俑、陶马都和真人真马一样大小，人俑高约 1.85 米，陶马高约 1.6 米，全部绘彩（由于掩埋过久，色彩多已脱落）。所有这些人俑和陶马的雕塑，都非常真实，没有夸张变形。每一个人俑的面部表情，以及头型、发型、眼、眉、鼻、唇、耳、胡须等各有特色，体现了每个军士不同的年岁、身份和性格。

兵马俑的人俑

同时，每个人俑和陶马都富有动感，充满生气。

我们就从二号坑的跪射俑说起。这类武士俑，头梳发髻，身着战袍，外披铠甲，右膝着地，左腿弯曲，身体微微前倾，双目凝视前方，胸前的两手一上一下，做控弓之状。虽然弓箭已不存，但仍可感觉到准备射击的紧张态势。兵马俑中的立俑都突出其身材高大、体格健壮，而这类跪射俑则更突出其矫健灵便之态，突出其伺机而动、蓄势待发的神情。他们面部的神情也充满生机，眉低垂，鼻微张，耳朵侧竖，正是静听八方之音、等候出击的样子。人身上铠甲的缝褶，也随着人物的动态而显示出变化。人物蹲跪所形成的力点差异，也惟妙惟肖地表现了出来。这样的雕刻，细致入微，使观看的人，似乎觉得他活了起来。

马俑在三个陪葬坑中占有很大的数量，共有六百多匹，它们的用处各有不同，有的是拉车的，有的是乘骑战马。陶马的造型比陶俑更加逼真。我们看二号坑的一匹乘骑战马，与真马的大小相当。前有一骑兵静立。马的雕刻风格简洁古朴，令人陶醉。马四蹄伫立，鬃毛竖起，尾巴在静垂中又微微翘起，富有力量感。马的身体骨劲而力丰，腹部微微上缩，前脚上提，后脚下沉，马首高高昂起。马的耳朵凛凛有神。头部的造型更是令人称绝，面部如斧头削出，硬朗中显示出洗练。鼻子微张，而唇吻略闭，眼睛突出，十分传神。

秦始皇陵兵马俑方阵的这些彩绘雕塑，如此写实，如此传神。塑形处理如此微妙，整体姿态如此富有动感，使人们对于两千多年前中国雕塑艺术的水平，有了一种全新的认识。

二、青铜中凝结的精神

在世界文明史上，有所谓青铜时代的说法，它指的是人类社会生活中普遍使用青铜工具和兵器的历史时代。中国的青铜时代开始于距今 4 000 多年前，持续 1 500 多年时间，也就是夏、商、西周到春秋时期。在这一时期里，中国创造了灿烂的青铜文明，在世界上占有重要位置。大量出土的青铜器物，不仅有丰富的政治和宗教内涵，而且还具有很高的艺术价值。

1. 神秘的礼器：大盂鼎

大盂鼎是中国青铜时代的代表性作品之一，今藏中国国家博物馆。它是西周康王时期的作品，距今大约有 3 000 年。这是一件祭祀所用的鼎器，鼎呈圆形，立耳，深腹，三足。鼎高一米多，体量巨大，体现出那个时代鼎器威严端庄、浑穆凝重的特点。

商周时期，握有权力的人，热衷于铸造庄严巨大的青铜器，将它作为国家的礼器、权力的象征。那时常常将青铜器和权威等同起来，

大盂鼎

一个当权者，为了宣示自己的权威，常常要给臣子们派送青铜器，所以，青铜器又是一种荣耀的象征。

大盂鼎也是如此，内侧的铭文正说明这一点。这里一共有 291 字，为西周青铜器中所少见。内容是周康王告诫要出征的将领盂，让他记住商代灭亡的鉴戒，尤其告诫他不要酗酒。鼎在这里明显起到了传递权威的作用。

正因为把青铜器作为国家礼器和权威象征，所以在制作上，力求端正、庄严肃穆，体现出不可抗拒的威权。人们一接触大盂鼎，就可感受到它巨大体量所体现出的威严感，以及那种不可违逆的气度。

商代青铜器，为了追求庄严而过于方正，而大盂鼎在浑穆庄严之外，又多了圆润流畅、典雅秀美的特点，使人感到一种妩媚，这是历来人们谈到它时所交口称誉的。

大盂鼎器的口沿下和三只足上都有纹饰，这是一种兽面纹，又称饕餮纹。纹饰只有面部，没有身体，以鼻梁为中线，两侧对称排列。这种纹饰在商周青铜器中非常普遍，是传说中一种怪兽的面形，这种怪兽没有身体，只有头和嘴，十分贪吃，它是贪欲的象征。但为什么将如此凶猛且又贪婪的形象作为青铜礼器的代表性纹饰？现在虽然尚不能知道确切的原因，但有两点是可以肯定的：一是以凶制凶，辟除邪恶；二是强调统治者不可抗拒的权威。

2. 飞旋的精神：莲鹤方壶

莲鹤方壶是中国上古青铜艺术的杰作，以其造型独特、制作精工而享有盛誉，被视

中国文化读本（职教版）

为春秋中后期中国青铜艺术的代表。莲鹤方壶为一对，二壶体态相似。

这对青铜宝器一改西周之前青铜器的浑穆风格，轻盈而秀美，优雅中不乏亲切。雕刻也非常精工，线条流畅，在繁复的造型中，又不失简淡。壶呈扁方形，体态修长，清秀而雅致。

方壶的颈部稍细，四面雕有龙兽。壶的腹部下方略鼓起，四个角落都刻有一神兽，而圈足下则有两只怪兽，托起方壶。壶盖做莲花形，立雕双层莲瓣，向四周绽放，烘托出全壶的中心——那只翘首展翅的仙鹤。

莲鹤方壶

这只鹤带着整个方壶作飞动之态。壶的笨重与鹤的轻盈，壶全身奇诡的花纹与鹤的清新俊逸，构成了奇妙的关系。壶身力重而下沉，体积很大，而雕刻者力求展示向上飞旋的态势。

观察它的细部雕刻，似乎整件宝器都插上了翅膀。壶上纤纤的仙鹤踌躇满志，跃跃欲飞；底座的两只怪兽，身体弯曲，长长的尾巴蜷曲而抖动，将方壶凌空托起；颈部的飞龙和腹部下雕刻的小龙，一个个都作游移攀缘之态；壶身的一些不知名的怪兽，顶端分叉，肩膀处生有翅膀，长尾上卷，如同要飞到云中。最引人注目的是，莲花花瓣作绽开之态，既有烘托飞鹤之意，又有一种张势，如一片天上的祥云，它是带动画面飞旋的根本因素。

西周之前的鼎器多强调沉稳和凝重，即所谓"鼎重"，而这对宝物却突破了这一传统范式，显得轻盈而灵动，反映了展翅欲飞的时代精神。

这件作品的青铜雕刻技术也受到广泛称道。它在制作工艺上，采用了圆雕、浅浮雕、细刻等多种雕刻方法，如壶身的纹饰为浅浮雕，并有阴线刻镂的龙凤纹饰。从方壶的焊接工艺看，它通过在模型中预制零件，再与整体合铸，将这一在商代就已出现的工艺推向了更成熟的境地。如壶盖的莲鹤铸在一块平板上，可以单独取下。二十片莲花瓣先行预铸，再与盖的主体铸在一起。

3. 速度的魅力：马踏飞燕

马踏飞燕是中国雕塑史上的不朽之作。这座青铜奔马雕塑，为东汉时期的作品，现藏于甘肃省博物馆。

这是一匹骏马奔驰的雕像。马为中国早期雕塑中的重要题材，秦始皇陵兵马俑就有千余座马的雕塑。这座雕像的特殊之处，正在于它的重点并不是表现马，马只是它借用的一个道具，它要表现的是飞动之势。

这匹青铜奔马，展示的正是速度的魅力。马奔跑起来，就像腾入半空，所以中国古代有天马行空的说法。按照一般的方法，一匹飞奔的天马，风驰电掣，如果突出它的快，可以在它的脚下衬以云霓，以表示它在空中飞行。但马踏飞燕的创作者突发奇想，携来一只小小的飞鸟，与骏马一道在天上飞行，马硕大的身躯和飞鸟的体态奇妙地结合在一起。马昂首嘶鸣，

马踏飞燕

鼻翼张开，两耳翘起，双目怒张。身体部分鬃毛竖起，马尾高扬，全身的肌肉圆劲有力，腹部因奔跑而收缩。三足腾空，一只足下有一只飞鸟，矫健的飞鸟回首惊视，翅翼展开，也作疾飞之态。

这只飞鸟，一般称作燕子。经有的古动物学家研究，认为它是隼科中的燕隼，飞行极为疾速。依通常之理，燕隼应该飞在马的上面，现在把燕隼置于马的足下，说明马的速度超过了燕隼。李白《天马歌》写天马的腾空之势时说："回头笑紫燕，但觉尔辈愚。"一语双关，颇合这里的意思。这件艺术品被今人称为"马踏飞燕"，"踏"并非是对燕隼的踩踏，而是对燕隼速度的超越。

如此表现马的速度，并不仅仅在于刻画一匹快马，而是张扬一种精神。速度带来飞旋，在飞旋中产生凌虚蹈空、激昂蹈厉的精神，使人超越实在的世界，产生与天同行、让生命飞舞的意志，是这件艺术品至今受到人们喜爱的根本原因。

4. 蜀国的祭器：三星堆青铜器

1980 年，在四川广汉三星堆遗址出土的文物，引起了世界的轰动。出土文物中包括大量的青铜器。时间至少在三千年以上。这些属于古代蜀国的青铜器，形式多样，其中有人头像、立人像、跪坐人像、兽面具，又有罍、尊、盘、戈等器具，还有大量的装饰品，包括铜鸟、神树、铜鹿和其他动物类头像等。

这些青铜器主要是宗教祭祀用品，反映出三千多年前蜀地浓厚的宗教氛围。其中人像与中原出土的有较大区别，给人印象深刻的是，

三星堆青铜器

表现人物眼睛的青铜器很多，有些青铜器就是人物脸部的夸张造型，如同面具，硕大的脸部中，有两只突出的眼睛，眼球呈圆形，直愣愣地瞪着。这些特别的图形引起学者们的浓厚兴趣。一般认为，这些眼睛突出的人像面具，正是蜀国开国君主蚕丛的神像。有记载说，蚕丛就长得眼睛突出。

这里出土的高 2.62 米、重 180 多公斤的巨型青铜立人像，是中国早期青铜器中罕见的全身青铜人像。人像头上有冠，面部夸张，眼睛突出，耳朵悬垂，穿着左衽长袍，衣服有三层，手臂平抬，脚下佩戴脚镯，显得威武高大，又很神秘。人像比真人高大，夸张的意味浓厚，显然是宗教祭祀的神像，也当是蜀国的开国君主蚕丛。

青铜神树是三星堆出土青铜器中最为别致的雕刻。这件艺术品有三簇树枝，每簇三枝，共九枝；树上共有九只鸟儿栖息，鸟儿长喙大眼，张翅欲飞；树枝上悬挂着二十七个果子；树旁有一条宛转的龙，攀附着树枝往下游动。主干直立，树枝宛转曲折。这件精致的雕刻很有艺术感染力，反映了当时蜀地高超的青铜铸造水平。

青铜神树

三、中华文化的名片：瓷器

在英文中，"中国"与"瓷器"是一个词，这说明，很早时欧洲人认识中国是和瓷器联系在一起的。唐朝起，中国瓷器大量输入欧洲，在中外交流中占有重要位置。德国卡赛尔郎德博物馆至今还藏有一件中国明代青瓷碗。历史上，中国和亚洲、欧洲许多国家的瓷器交易非常频繁，而且数量巨大。据今人研究，在 1602—1682 年间，仅荷兰东印度公司贩运的中国瓷器就有一千六百多万件。瓷器以其优雅精致的品质，为中国赢得了好名声。在 17—18 世纪欧洲将中国理想化的思潮中，瓷器扮演着重要角色。我们在当时风行欧洲的洛可可风格中，也多少可以看出以瓷器、园林为代表的"中国风"的影响。

瓷器是中国文明史上的重要物品。瓷器的前身是陶器，釉陶是瓷器产生的基础。商朝时已烧制出原始瓷器。到了宋代（960—1276）瓷器进入了成熟期。宋瓷代表中国瓷器的最高水平，当时有钧、定、官、哥、汝五大名窑，各窑的瓷器均具创造性，一直是后代模仿的对象。自宋代开始，景德镇开始成为中国的瓷器中心。

中国瓷器莹然可玩，沉静的色彩，透明的胎体，优雅的图案，精巧的形状，都是一代一代瓷器艺人追求的目标。青铜器、陶器、瓷器都是中国人喜爱之物,但风格各有不同。瓷器虽没有陶器的古朴,却多了一些细腻;没有青铜器那样肃穆,却多了一种轻巧和优雅。

瓷器可以说是中国文化的名片,这个名片中凝聚着中国文化的信息,也体现了中国人的审美追求。

1. 自然天成之美

熟悉中国瓷器的人都知道,很多瓷器布满了不规则的裂纹,瓷学术语叫"开片"。开片本来是瓷器制作中的缺陷,到了北宋却变成了人们的追求,而且这一传统一直流传至今。它是中国瓷器的典型特征之一。

开片是瓷器釉面的一种自然开裂现象,是由瓷器内部应力作用所产生的,当釉面的伸缩程度超出它的弹性区间极限时,就会出现釉层断裂和位移现象,产生裂痕。瓷坯和釉的膨胀系数不同,瓷器焙烧后,在冷却的过程中,釉层的收缩率比坯料大,内部应力不平衡,这也是导致瓷面裂痕的重要原因。

一种缺陷,竟然变成一种审美追求,其中的内涵很值得玩味。

哥窑(浙江龙泉)是宋代诸窑中追求开片的典范。上海博物馆藏有两件哥窑瓷,开片很美,都是宋代作品,一件是葵口碗,一件是轮花碗。两件藏品碗口自然如花、开片细密,纵横有致。台北故宫博物院藏有一件元代哥窑鱼耳炉,在米色釉上,有细碎的开片,裂纹就像一片树叶上的纹理,渐渐伸展,脉络相连。藏于台北故宫博物院的哥窑米色三足炉,也是一件著名的作品,系南宋时作品。釉质不透明,纹理纵横,古朴天然,如同一件远古时期的法器。

宋代汝窑也追求裂纹的表现,但纹理与哥窑不同,重视脉络。前人谈汝窑的特点时说:"青如天,面如玉,蝉翼纹,晨星稀。"前两句说的是色彩和品相特点,后两句说的就是开片特征。"蝉翼纹",是说它的开片很薄,如蝉的翅膀,或隐或现。"晨星稀",是说汝瓷以玛瑙入釉,釉面的裂痕有不同角度的斜开片,稀稀落落,寥若晨星,对着光照,产生不同的反射效果,极有意味。

上海博物馆藏有北宋汝窑青瓷盘,瓷器的底盘上有芝麻叶的纹理,由一主脉生出很多支脉,每一支脉又形成很多的支脉,纹理细密,脉络清晰,很耐看。

中国瓷器追求纹理,其中隐藏着深厚的哲学内蕴和美学旨趣。中国文化有重视纹理的习俗。三千多年前中国流行一种占卜方式——龟占,就是通过火烧龟壳所形成的纹理来判断吉凶。中国美学中还有一条重要原理:风行水上,自然成纹。如一阵风吹在湖面上,水面形成涟漪纹理,自然而然。中国人将这视为自然天成之美。

中国瓷器追求裂纹,就是追求自然天成的趣味。瓷器是人工的艺术,但最反对人工的痕迹。瓷器上面好的裂纹是自然形成的，它是不可预料的。人工画出的裂纹，显出匠气，也就没有自然的美。冰裂纹和几何线条不同，几何线条是机械的，横来直去，如果瓷器都画成这样的线条，机械的意味就浓了，那也不是自然的美。

北宋汝窑

追求自然天成的意味，不仅在冰裂纹中有体现，它也是中国瓷器的整体追求。没有自然之美，就没有中国的瓷器。瓷器是人工做成的，但中国人却要做得没有人工痕迹，做得就像天然生成一样。这是中国瓷器的一条始终不渝的准则。比如中国瓷器的色彩，就追求自然的意味。宋瓷以天青、天蓝为贵。前人形容天青说"雨过天青云破处，这般颜色做将来"，说的就是自然天成的意味。

2. 纯净如青花

瓷器追求纯净优雅的美，这在青花瓷中体现最为充分。

青花瓷是中国瓷器的典型形态，明清两代出口的瓷器中，八成是青花瓷。青花瓷在唐代之前就有了，而真正形成规模并有杰出创造则是在元代，明代是青花瓷的成熟期，中国青花瓷器的大量珍品出自这个时代。青花瓷还与一个地名有关，这就是中国的瓷都景德镇，自元代在景德镇创造出令人心醉的青花之后，明清两代这里一直是中国瓷器的中心，皇家的官窑也设立于此。青花瓷也成了中国瓷器的代表。

青花瓷

青花瓷，在材料上，它的秘诀就是氧化钴，以氧化钴在白色的胎体上作画，然后上釉，经过高温烧制便成了青花。因为氧化钴一经高温，就变成蓝色。乳白色的底子，上面加上清澈的蓝色，外面罩上透明的釉，形成鲜洁光亮、清雅透明的效果。

这些钴料是青花成功的关键。氧化钴是稀缺之物，元青花的一部分和明永乐、宣德官窑所用青料，都是被称为"苏料"的料，这公认是最好的钴料。这些材料主要产自波斯或今叙利亚一带，是通过海上丝绸之路传入中国的。明中期以后这类材料少了，便用其他钴料代替，但效果没有氧化钴好。

永乐青花和宣德青花是青花瓷的至上之品，在明永乐、宣德年间由景德镇出产。台北故宫博物院藏有一宣德折枝花卉纹碗，造型古朴淡雅，花卉描写生动，质白细腻，泛淡青色，而青花发色有渗青和晕散现象，形成白与蓝之间的交融。花卉的线条柔和从容，布局不松不紧。

台北故宫博物院还藏有一宣德把莲四季花卉纹盘，内壁有菊、莲、栀子、石榴、芍药、芙蓉、茶花等十三朵花，外壁画花卉若干，盘的中心则画一把莲花——佛教以莲花为圣花，所以中国瓷器中多有此花。白胎晶莹透亮，花纹虽多，但繁而不杂，纯净的白色和优雅的淡青相配，产生极为雅致的效果。

青花何以在中国瓷坛独占鳌头？主要因为它与中国人长期追求的文化和美学精神相契合，这就是平淡天真、自然从容。

中国人认为，最高的美是一种平淡天然的美，任何过于造作、文饰的艺术，都与这种精神相违背。青花作为中国瓷器的代表，以白色和蓝色所构成的简洁清雅世界，表现宁静清洁的美。青花瓷器有一种静气，看这样的瓷器可以平息人心的浮躁，将人的心灵从喧嚣的世界中拉回。青花是一种单色彩绘，色彩上看起来比较单调，这也正是青花的特点。没有过分的装饰，没有刻意的夸张，优雅而平静。青花瓷追求透明的感觉，元明时期的官窑青花瓷，白色胎质非常薄，在透明的白色中，着以蓝色的花纹，干净爽利，给人一种高风绝尘的感觉。

3. 含蓄内敛的境界

中国瓷器多体现儒家美学的特点，在它温润细腻的追求中，可以看出儒家温柔敦厚的美学倾向；在它含蓄蕴藉的风格中，也可看出儒家美学内敛的气质。

宋代是中国儒学复兴的时代，也是瓷器成熟的时期，二者之间绝非巧合。儒家思想促使了宋瓷的突出发展，温润而内敛的儒家审美准则给造瓷者很大的启发。宋代瓷器追求内在的质感，这一传统在后代一直被遵循。它的表现方式，不是"放"，而是"藏"。正是这"藏"，使得中国瓷器很耐看，有余味。

元代景德镇始创的釉里红瓷器，就是"藏"的代表。釉里红与青花是元代景德镇创造的两大瓷器品种，釉里红烧制难度大，没有青花那样流行。但釉里红有很高的品位，这种瓷器在明代洪武年间得到进一步发展，今天收藏界对洪武釉里红的痴迷，也说明它的价值。

釉里红的烧制方式与青花大体相同，不同的是，青花作画的材料是氧化钴，而釉里红用的是氧化铜，铜料呈铜红色，以铜红绘出图案，再罩上透明釉，经高温烧制，形成了别具一格的釉红风味。白色的胎质上着以红色的图案，既鲜亮又内敛，既温婉又不夸张。

藏于台北故宫博物院的洪武釉里红岁寒三友玉壶春瓶，以釉下红绘出纹饰，腹下有莲瓣纹一周，肩腹间绘有芭蕉、湖石、竹丛等小景，如同一幅元代书斋山水，而且平添了一种优雅内蕴的意味。

儒家美学强调温润细腻，但又推崇一种内在的力的冲荡。外表就像平静的水面，几乎不泛一丝涟漪，里面却含有漩涡，冲突在内部展开。这在瓷器中也有体现。

斗彩瓷器，就是这种思想的反映。斗彩创制于明代的成化年间。斗彩，要经过两次彩画过程。烧制之前，在白色的胎质上绘以青花轮廓线，烧制之后，再在第一次所绘的画面上，以红、黄、绿、紫等色填彩。

斗彩是釉下彩和釉上彩的结合。釉下和釉上是彩釉的两种类别，在胎坯上先画好图案，上釉后入窑烧的彩瓷叫釉下彩；在烧后的瓷器上彩绘，再经过第二次烘烧，这样的彩瓷，叫釉上彩。斗彩使得釉下彩和釉上彩相映相争，盎然成趣，内藏和外露造成了一种力的冲荡形式。

斗彩

台北故宫博物院藏成化斗彩团花鸟茶杯，两次上彩，不仅增加了层次感，显然也赋予了它更多的表现力。

4. 造型和画意

瓷器是综合性的艺术，好的瓷器如雕塑，需要有引人注目的造型，对于瓷器欣赏而言，造型往往能先声夺人。中国瓷器中，有一种白瓷，乳白色的胎质，再饰以淡淡的花纹，有浮雕的感觉。宋代定窑的白瓷最为出名。后代的白瓷多受到定瓷影响。清道光年间的白釉印花小罐，是白色系的瓷器。它的形状虽然与一般小罐没有多大差别，但内部嵌有五色花瓣的暗花，在简洁素雅之外，又暗藏美艳。以它作放棋子的罐子，实在是精美至极。

中国瓷器还追求画意，瓷器中一般都有图案，这些图案往往取自山水和花鸟画。瓷器艺人多善画。这就像中国的园林，设计者往往是画家。在明清的瓷器上，精美的造型，奇妙的色彩质地，与生动的画面相互引发，别具趣味。

由于受到西方绘画的影响，明末清初以来，瓷器绘制中，还融入了西方绘画的表现方式，如对光影的追求和对阴影的注意，使画面富有立体感。流行于清代的粉彩就是如此。

粉彩被称为软彩，以区别于那些没有注意层次变化的彩画。北京故宫博物院藏有一件乾隆粉彩九桃天球瓶，其中所用粉彩不同于以前的彩瓷，这里不取繁复出现的五彩，而是注意色彩的层次变化，注意阴影，画面有立体感，写实性强。

【工匠故事】

工匠之艺——精雕细琢　精益求精

学会"专注"，要静得下心，沉得住气，坐得了冷板凳，努力从人类社会一切文明成果中汲取营养和力量。

——周其凤

晋韵悠悠：砖雕工匠李锁文

"无雕不成屋，有刻斯为贵。"漫步三晋大地，无论是豪华的晋商大院，还是古雅的民间古宅，随处可见精美的砖雕。一处处古建筑犹如凝固的音乐，而砖雕则是这音乐中最美妙动人的旋律和乐章。

砖雕在中国有上千年历史，特别是山西，因土质好烧出的砖经久耐用，自然而然也就孕育出了精湛的砖雕手工艺。明后期至清中期的两百余年中，随着晋商的崛起，兴起讲究建房规模和雕刻装饰之风，使得原来只用在宫廷、庙宇等建筑之上的砖雕进入民居，那些雕刻着人物神祇、祥禽瑞兽、花草山水、器物、锦纹鹤字符等，代表着人们美好心愿的砖雕装点着山西的民居，也装点着百姓的生活和梦想，成为山西民间最为花样繁多的装饰艺术。乔家大院、王家大院、常家大院等一大批晋商大院，就装饰着大量卓尔不群、璀璨夺目的砖雕艺术精品。这些大院的照壁、屋檐、门楼，甚至是每一片瓦当都雕刻着不同的图案，寓意着不同的祝福。而山西砖雕最有名的就是清徐砖雕了。清徐砖雕延续了"秦砖汉瓦"的精工细作，从原料的选取到全部工序完成要经过十几道工序、30 多个环节，常能历经数百年风吹日晒而保持完好。只是现在已经很少有人会在自家房屋上使用这些精美的砖雕了，取而代之的都是瓷砖贴面、水泥盖顶，费工费时又费钱的砖雕早已远离百姓生活，只在一些古宅、古庙还能窥见一斑，砖雕技艺几乎消失。

近年，清徐企业家韩永胜先生投入巨资创建了一家砖雕传习所——晋韵砖雕传习所，与新、老艺人们一起，开始对砖雕技艺进行保护与传承。砖雕艺人李锁文师傅就被重金聘到晋韵砖雕传习所，重展技艺，授徒传习。

砖雕传习所的工作间内，几面宽大的墙壁上全都是砖雕作品，青灰色的砖石透着几分古朴，精致细腻的刀工让人赞叹。今年 51 岁的李锁文师傅，从事

中国文化读本（职教版）

砖雕已有 30 多年。

"那时候就觉得好奇,以为很容易。"看到老艺人们雕龙刻凤,少年时的李师傅回家就动手。"什么事都要尝试后才知道其中的酸甜苦辣。"一开始,砖太硬雕不动,他就先在泥巴上雕,没有工具,木片充当刻刀。怎么样才能雕得像呢?"那时农村的老式大门都有砖雕,我就把它们当老师,一遍遍模仿,没几天手就结起厚厚的一层老茧。"平时外出只要见到砖雕,李师傅都要仔细研究研究,特别是有特色的老砖雕,从纹理到神态,精心揣摩,再记下来,回来之后潜心研究。怎么刻,刻多深,铲、挖、雕、挑各种手法怎么用、何时用,这门手艺的好坏全在手里的刻刀上,要做到心中有数,还要掌握下刀力度,没有多年积累是做不到的。

制作一组两幅图组成的大型砖雕门神作品,从打磨砖到基本完工,纯手工制作需要花费近两个月时间,李师傅光刻刀就得用秃十几把。刻画出来的山西传统门神图案秦琼和尉迟恭,手执兵器,腰带鞭练弓箭,全装怒发,威风凛凛,脸上那份威严的神情通过几笔简洁的线条表现得栩栩如生。身上的盔甲更是片片清晰,明暗有序。秦琼美髯飘飘,尉迟恭怒目圆睁,两个人物各有特色,形象鲜明。

"在砖块上雕刻和在木质上雕刻技法基本相同。但各类雕艺技法中数砖雕最难。"经验丰富的李师傅虽然早已能够灵活运用阴刻、阳刻、高浮雕、浅浮雕、圆雕、透雕等技艺,但依然不敢大意,因为砖质坚脆易爆裂,一刀下去,落手无悔,所以腕力指功要拿捏得十分准确,否则一件精致的作品即使完成在即,也有可能因为最后一刀失手而功亏一篑。近几年,因为国家对古建筑保护力度的加大,用于古建筑修复的砖雕需求量加大,再加上砖雕开始向艺术品市场转变,砖雕技艺又开始迎来自己的春天。晋韵砖雕传习所的创始人韩永胜先生已准备在传习所的基础上,筹建砖雕博物馆。李锁文师傅很高兴自己的技艺有了用武之地,也很欣慰终于有志于从事砖雕艺术的年轻人跟随他学艺,能让自己将这门手艺传承下去。

一坯泥土,就这样经过砖雕工匠李锁文们的手,在烈火的炙热里、铁锤的敲击下、凿子的开凿中,在砖石上打造出祝福、心愿、美好、期盼,镶嵌在宅院的厅堂里、晋商的大门中、乡间的戏台间、山野的墙头上,跌宕从容,沧桑千年。

【阅读关键词】 精湛、兢兢业业、心无旁骛

【成长启示】 极致的工匠精神,支持着你追逐梦想的脚步。

第十二章

国韵潇湘：追忆湖湘匠心

三湘四水润湘楚，道南正脉承孔儒。

魏源睁眼看世界，曾公三立垂千古。

湖南人材半国中，屈贾之乡出圣主。

半部国史湘人铸，中兴将相什有九。

——《七律·湖南湖湘文化行》

　　湖湘文化源远流长，它从遥远的过去一路蜿蜒，滋润着一代代湖湘儿女。"心忧天下、敢为人先、百折不挠、兼收并蓄"的湖湘文化在中国优秀传统文化序列的宏大格局中，有着自己独特的风骨，在历史演变的一次次审视中，焕发着独有的光芒。以尝百草的神农氏、汉代改进造纸术的蔡伦、唐代"药王"孙思邈、宋代理学鼻祖周敦颐、明末大儒王船山、湘军主帅曾国藩、收复新疆的左宗棠为杰出代表的湘楚人物，无不体现"舍得死，耐得烦，吃得苦，霸得蛮"的精神特质，这与"敬业、益精、专注、创新"的工匠精神不谋而合。今天我们追忆湖湘，问道湖湘文化的特色和风格，挖掘其中蕴含的工匠精神，领略潇湘英杰人格魅力，学习潇湘工匠的职业精神。

一、文明开化——三湘文化之源

1. 三湘四水孕育远古始祖

冬季凛冽的西伯利亚寒潮滚滚南下，长驱直入湖南全境，达南岭的脚下郴州、永州一线，被阻于南岭；夏季南方阳光烈日加上湘北洞庭湖大水面的蒸发，使三湘大地热气郁积而不得散发，致使盛夏酷暑。

而春秋两季，三湘大地时而受西北的冷风控制，时而受西南暖湿气流的影响，故气候多变，时晴时雨，骤冷骤热。

湖南又是"艰难困苦，玉汝于成"的地方，自远古时期开始就有了人类生存、生活的痕迹。

湖南"石门人"即在湖南省石门县皂市镇凤堡岭西山角的燕尔洞洞穴发现的人类股骨，这也是湖南境内首次发现的古人类化石，属晚期智人，距今约2万年，晚更新世的晚期。石门人是湖南省唯一的旧石器时代晚期的人类化石，填补了湖南旧石器时代人类化石的空白。石门县位于我国湖南省西北部。据《舆地广记》卷记载：

> 吴时武陵充县松梁山，有石洞开，广数十丈，名曰天门，孙休以为佳祥，置天门郡于此，隋废郡，置石门县；今县西有石门山。

相传在很久以前，石门县这里是车走不通、人行不便的死岗，岗下有一大汀，水深莫测，浊浪滚滚，水害连年，成为无人涉足的天堑。多少年，多少代，人们盼望这里能打通屏障成为坦途，变水害为水利。有一年，当地有一位老石匠，带领几名乡亲到石门岗上劈山开路，想打开东西部的交通，把岗下泛滥的汀水堵起来。他们每天爬上高岗，下到汀边，不停地挥锤舞镐，劈山填土。

可是，大家干了一天又一天，干了一月又一月，石门关仍没有劈开。原来，山下的汀里藏着一条鱼精和一只鳖怪，它们施展妖术，使石门关白天劈开一块，晚上，又长出来一块。

一天，老石匠劈山归来时，发觉丢了一根錾子，他沿着弯弯的山路回去寻找。錾子找到了，他坐在山脚下喘口气，忽然听到一阵窃窃私语，一只鳖怪鳖声鳖气地说："劈吧，有我俩在这儿休想劈开。"

另一个尖哑的声音："你别吹牛，一旦这些人用烟火烧石门关，我们就玩完了。"

石匠听后，跑回村里，连夜找来乡亲们，决定火烧石门关。第二天一早，石匠领着乡亲们，扛着柴火，拿着旧衣服上了石门岗，在山口点起了通天大火，火借风势，越燃越旺，只见山岗下的汀里，浓烟滚滚，汀水沸腾，鱼精和鳖怪被烧得嗷嗷直叫，逃跑了。火熄烟灭，汀水变清，一泓碧波在山脚下荡漾。石匠和乡亲们欢呼雀跃，劲头倍增，立即投入了劈山开路的战斗。冬去春来，石门岗被拦腰劈开，一条大路被开辟了出来。这里的人们过上了幸福的生活，他们在石门燕尔洞一带生息繁衍，被称为"石门人"。

2. 新石器文化荟萃湖南

玉蟾岩遗址　湖南气候温湿，其南部的江永一带是原始野生稻产地。毗邻江永的道县玉蟾岩遗址发现超过 1 万年的陶器和稻谷。

道县先民在自然界不能满足人们食用需要的野生稻面前，通过栽培，改造野生稻，率先为人类燃起了开拓稻作文化的希望。玉蟾岩遗址位于湖南道县西北寿雁镇，是一处文化性质单纯、文化内涵丰富的远古时代洞穴遗址，遗址文化堆积厚 1.2 米至 1.8 米，洞内遗物主要为打制石器和骨、角、牙、蚌制品及大量的动物遗骸，呈现由旧石器文化向新石器文化过渡面貌。黑褐色的陶片，为我国最早的陶制品。另外，在这里发掘出大量的螺壳化石，而且去掉了尾端，这说明在古代当地人就懂得吃螺了。

彭头山文化遗址　彭头山文化为距今 9 100 年至 8 200 年，彭头山文化遗址属新石器时代早期遗址，面积约 1.5 万平方米。遗址大致呈长方形，经研究发现，遗迹有地面式、浅地穴式建筑遗迹和以小坑二次葬为主的墓葬 18 座。

彭头山文化遗址，城内分布着成排的房屋，其中有我国最早的高台建筑；城外有一圈壕沟环绕。这座城址可能是我国后来夯土城址的雏形。

彭头山文化遗址

在彭头山文化遗址中，首次发现了超过 9 000 年至 8 000 多年的世界上已知最早的稻作农业资料，陶器泥料中也普遍发现稻作遗存，在体视显微镜下，可清楚地看到陶器胎壁中有大量的炭化稻谷谷粒和稻壳。将稻壳作为陶胎的主要掺和料之一，是彭头山文化陶器的一大明显特征。

广泛流传于洞庭等地的系列神话，暗示了生活在彭头山文化遗址的原住民三苗，率先发现野生稻并进行人工栽培。

从农业起源的角度看，它们都应是早期栽培稻，为确立长江中游地区在我国乃至世界稻作农业起源与发展中的历史地位奠定了基础。

除玉蟾岩和彭头山外，湖南还有 8 000 年左右的澧县八十垱遗址，发现稻谷和大米

2 万多粒，是全世界史前稻作谷物发现最多的地方。

还有木耒、木铲和骨铲等农具以及木杵等加工工具，与《周易·系辞》"神农氏作，斫木为耜，揉木为耒，耒耨之利，以教天下"的传说记载完全暗合，和战国中期《尸子》说"神农氏七十世有天下"以及《续三皇本纪》载炎帝称帝"五百三十年"的时间也大体相当。

3. 湖湘文化融入炎黄文化

湖湘文化不仅源自千年，而且源自炎黄文化和前炎帝神农文化。尽管炎帝与远古湖湘文明的渊源难以考证，但湖南却一直是最可信的神农故地，具有最浓厚的炎帝文化氛围。

早在 967 年，宋太祖就"立庙陵前"，1371 年明洪武帝又"考君陵墓在此"，到清代乾隆年间祭道旁刻下"邑有圣陵"的石刻，湖南炎陵县鹿原陂作为始祖长眠之地的历史地位就更趋稳定。从《史记》等资料记载可以看出，舜帝传说源自湖湘一带，《史记》记载舜帝"崩于苍梧之野，葬于江南九嶷"，《山海经》记载了"湘水出，舜葬东南陬"。

屈原在流放时，留下不少千古绝唱，《离骚》《九歌》《湘夫人》这些是源自湖湘地域的民间传说，尤其是《湘夫人》，是源自当时"二妃寻夫"的传说。

公元前 210 年秦始皇到洞庭湖望祭，至 718 年，唐玄宗委派张九龄遣祭，再到世界舜裔宗亲联谊会在九嶷山拜祭，公祭舜帝大典在宁远县九嶷山举行，悠久的祭舜历史和繁多的舜陵祭文似乎已将"根在九嶷"的传说化作了无可争辩的史实。

随着时间的推移，黄帝氏族从黄河流域兴起，与炎帝氏族逐渐融合发展，形成炎黄联盟，成为古代我国最强盛的部落群。炎帝神农氏是这个联盟的奠基者，尔后黄帝取而代之，统一中原，拓展四方，炎黄集团从此进入国家产生前夜的酋邦时代。

黄帝成为首任酋长，继续高举炎黄联盟大旗，将炎帝开创的原始文明推向新的历史阶段，从而奠定了一个世界上民族和人口最多、垂数千年稳定统一的文明古国的巩固基础。湖湘文化也就随之融合发展成了炎黄文化。

《周易·系辞》将炎黄文化的基本精神高度概括为"自强不息""厚德载物"，以喻兼有天和大地的品格。这个概括不仅体现为先贤的哲学理念，更主要的是体现在炎黄文化传统中持续作用着的基本精神，这就是勇于征服洪荒的艰苦创业精神，勤于科技发明的开拓创新精神，乐于为民造福的牺牲奉献精神，包容互补的民族大团结精神。

湖湘在北宋时期，有周敦颐的濂学、张载的关学、二程兄弟的洛学；到了南宋，又有了朱熹的闽学、胡氏父子及张栻的湘学、陆九渊的象山学等。

理学思潮的兴起，标志着一种更具有综合性的新儒学的文化形态出现，又由于文化重心南移和儒学地域化，必然使这种以儒家为核心、综合释道的文化形态在南方繁衍、发展。

湖湘文化与炎黄文化融合后，基本精神可以概括为"淳朴重义""勇敢尚武""经世致用""自强不息"。"淳朴"，即敦厚雄浑、未加修饰、不受拘束的生猛活脱之性。"重义"，即强烈的正义感和向群性。"勇敢尚武"，即临难不惧、视死如归的精神。二者融贯，构成了湖湘文化独特的强力特色，具有鲜明的英雄主义色彩。"经世致用"，即重视实践的务实精神，是实践理性与"天下兴亡，匹夫有责"的参与意识的集中体现，这一普遍性范畴一旦与英雄主义相结合，就成为一种"当今天下，舍我其谁"的"敢为天下先"的豪迈气概，给湖湘文化提供了明确的奋斗目标。"自强不息"是"天行健"的宇宙精神的基本形态，而在湖湘文化中，则将它列为"人极"的范畴，视为文化的"极则"。这就赋予了湖湘文化独特的哲学依据。

二、一脉相承——先贤惊魂

潇湘之地，山环水绕，古往今来，人文荟萃，湖湘人才遍及三湘四水、大江南北，人才之盛，称誉天下。

东汉蔡伦，用树肤、麻头及敝布、渔网以为纸，有功于华夏文化升降之迹，泽被后世。唐代欧阳询与怀素，书法独辟蹊径，成就楷书与草书之巅。宋代周敦颐，开创宋明理学。衡阳王船山，六经责我开生面，倡经世致用、实事求是之学，蔚为一代宗师。明清湖湘文化一脉相传，英才豪杰辈出，以陶澍、魏源、左宗棠为代表，融合理学之坚定信仰和经世务实之作风，勇当天下之责，尽显前仆后继、不屈不挠之英勇斗争精神和无私无畏、锲而不舍之献身精神。

1. 蔡伦造纸泽被后世

蔡伦，字敬仲，东汉桂阳郡，即湖南耒阳人。我国古代四大发明中造纸术的改进者。造纸术的发明和改进彻底改写了后世我国乃至世界的历史，也使蔡伦屹立于古今中外的杰出人物之列。

92年夏天，各地闹起了蝗灾，多个地方颗粒无收，灾情十分严重。年轻的和帝刚刚亲政，立志要效仿先帝，于是经常通宵达旦地批阅奏章处理国家大事，蔡伦一直伺候左右。当时的奏章都是用竹简所造，本来就十分笨重，灾害时竹简更是堆积如山，和帝的辛苦劳累蔡伦看在眼里，于是有一个念头在蔡伦心中萌发了出来：为什么奏章不用轻便的纸而用笨重的竹简呢？

当时可供书写的材料有竹简、缣帛、赫蹄纸和麻纸。竹简，制造简单、成本便宜，但是太笨重；缣帛，制造工艺复杂、耗费人工，成本太高，无法普及；赫蹄纸，它属于缣帛生产的附属品，虽便宜但数量有限；麻纸，原料为麻，工艺简单较为粗糙，一直都是医生包裹中药的用纸。

于是蔡伦就想制造一种书写材料，使其能有竹简的成本、缣帛的洁白、赫蹄纸的轻便、麻纸的原料。蔡伦将自己的想法告诉了皇家织造坊的工匠们，众人像看怪物一样看着蔡伦，都认为他是痴人说梦！

但蔡伦还是心有不甘，于是他就利用休息的时间走访民间。

103年，京师洛阳一连下了半月的大雨，大雨刚过蔡伦就去民间探访，这一次他来到了洛阳城外的洛河附近的侯式镇，向当地的工匠讨教一些技艺。蔡伦在路过洛河边的时候，有好几棵大树腐烂倒地，树上还缠绕着一些破渔网，而在这些破树上，蔡伦惊奇地发现了一层与赫蹄纸很相似的东西。难道这是树皮形成的东西？蔡伦忽然意识到这也许就是他苦苦寻找了数年的东西！

于是蔡伦就在洛河边搭建了一个临时的作坊，用树皮开始了他的实验。为了模拟树皮腐烂的方式，蔡伦在洛河边上修了一个小池子引入洛河之水，将树皮投入池中浸泡；为了模拟树皮日晒雨淋的方式，他又将树皮放在太阳底下暴晒，经过这两道工序后树皮变得脆弱，然后用石臼将树皮捣成浆……一步步的发现使蔡伦欣喜万分，然而他并没有因此而沾沾自喜，因为蔡伦发现这种纸里面有一些细小的杂质存在，用手在纸上抚摸有明显凹凸感。

如何去掉这种杂质呢？蔡伦忽然想起了制剑时淬火的工艺，蒸煮！于是蔡伦在造纸的流程中首创了蒸煮的方法，这一次所造出的纸让蔡伦欣喜若狂，这种纸不但成本低，而且洁白、轻便，原料普遍。看着自己多年的追寻终于有了成果，蔡伦激动万分。激动之余蔡伦又想，麻的材料也很普遍，自己的造纸工艺能否改良成用粗糙的麻纸呢？

一天蔡伦经过河边，看到妇女洗蚕丝和抽蚕丝的"漂絮"过程。他发现，好的蚕丝拿走后，剩下的破乱蚕丝，会在席上形成薄薄的一层，而这一层晒干后，可用来糊窗户、包东西，也可以用来写字。

这给了蔡伦很大的启示。于是蔡伦又开始找来破麻衣和破渔网进行实验，最后发现用麻所做的纸虽然不如用树皮所做的纸洁白，有些微黄，但是比起原来的麻纸几乎是天壤之别！于是，蔡伦将自己的造纸工艺流程记录成册。105年，蔡伦将造纸过程、方法写成奏章，连同造出来的植物纤维纸，呈报汉和帝，和帝大加赞赏，蔡伦造纸术很快传开。人们把这种纸称为"蔡侯纸"。

2. 胡安国创立湖湘学派

胡安国的治学理念上承二程，下接谢良佐、杨时、游酢，在理学发展史上居于承上启下的地位。胡安国对于心、理、性等理学范畴的研究虽尚未形成规范的理论体系，但其以心为本、心与理一的思想却对后学产生了重要影响。

胡安国生于 1074 年，15 岁到州学就读。一天，一个戏班子在州学前演出，州学学生都弃学外出看热闹，仅剩胡安国一人还留在书斋中诵读，州学教授发现后非常感动，赏赠他纸笔佳砚。

两年后，胡安国进入太学学习，这段时间他接受了程颐、程颢学说，成为理学的坚定信奉者，极力推崇二程是孔孟之道的直接继承人。

1097 年，胡安国进士及第，踏入仕途，先徙居潭州城南，提举湖南学士，在官 6 年。以后，他还任过中书舍人等职。

胡安国画像

由于仕途坎坷，他在晚年干脆辞职退隐，致力于学术研究。1123 年始撰《春秋传》。北宋末年，黄河流域战争频频，中原士人纷纷南下，给长江流域的文化兴盛创造了机遇。胡安国也于南宋建炎年间，抵湘潭，至碧泉定居，遂落籍湘潭。

胡安国在潭州湘潭建碧泉书院，前后居潭三十余载，著书讲学，从游弟子数十人，潜心续撰《春秋传》。胡安国志在经世济民，感于时事，往往借《春秋》寓意，不拘章句训诂，成为宋代理学家以义理治《春秋》的代表。然后，胡安国又在衡山山麓办文定书院，以讲学撰述为业，除自己的子侄胡寅、胡宏、胡宪等外，还吸引了众多湖湘士子前来就学。其中仅长沙人就有治《春秋》和《资治通鉴》的谭知礼，以孝友信义著称的黎明等，从而开始奠定了一个在我国古代学术史上具有特殊地位的理学派别，就是著名的湖湘学派。

胡安国认为自己的学问主要来自二程，以二程的弟子自居，并请朱熹来长沙会讲，此后湖南士人一直与朱熹保持着密切的学术联系。宋代的许多理学家都有空谈心性、不究实用的倾向。湖湘学派却自创立之初就反对"腐儒"学风，主张"通晓时务""留心经济"。胡安国提倡实际生产劳作，提倡学者不妨锄锄地种种菜；认为君子之学，最重要的就是一"实"字，除经史之外，还必须致力于兵、农等经世实学，在他自己的著作中对这类知识就多有涉及。在知行关系上，湖湘学派阐述"知行互发"，特别注重"行"的作用，强调实践，认为"知之非艰，行之惟艰"。因为湖湘学派重视务实，所以后人评价他们都是有用之才，而非"迂谈道学者"。

湖湘学派还有一个显著特点，就是不存门户之见，抱兼容并蓄态度，对与程朱理学不同的陆九渊心学派、陈亮事功学派并不一概否定，而是互为取舍。如胡安国等人提出的"性，天下之大本也"的性本体论体系，就兼容了二程的理本论与陆九渊的心本论。

1138 年《春秋传》书成，共计 30 卷，进呈朝廷。宋高宗赞他"深得圣人之旨"，诏加宝文阁直学士。同年四月春，胡安国在湖南逝世，葬隐山，朝廷破格赐谥文定。

胡安国去世后，他的学生许多改从朱熹。朱熹在就任湖南安抚使期间，又致力于振兴岳麓书院，经常和生徒讲论问答。于是，程朱理学在湖湘占据了学术的主导地位。虽然以后也有心学、农学渗入湖南，但这一主导地位始终没有动摇过。

3. 曾国藩文武之道大智慧

曾国藩，出生于湖南长沙府（今湖南双峰）。晚清重臣，湘军之父，湘军的创立者和统帅者。清朝战略家、理学家、政治家、书法家、文学家，晚清散文"湘乡派"创立人。

1853 年，曾国藩在其家乡湖南一带，依靠师徒、亲戚、好友等复杂的人际关系，建立了一支地方团练，称为湘勇。在团练湘勇期间，他严肃军纪，开辟新的军队，他先后将 5 000 人的湘勇分为塔、罗、王、李等十营，将团练地点由长沙迁至湘潭，避免与长沙的绿营发生直接矛盾。

后来，清廷命曾国藩督办直隶、山东、河南三省军务。曾国藩带领湘军 2 万人、淮军 6 万人，配备了洋枪洋炮，使湘军力量大大加强。湘军将帅之廉勇，军纪之严明，是

曾国藩画像

其勇猛善战的重要原因，亦使湘军威震天下。由此，战乱各省纷纷赴湖南募勇招兵，蔚然成风，后人有"天下无湘不成军"之说。

曾国藩是一位政治家，对"康乾盛世"后清王朝的现象洞若观火，他说："国贫不足患，惟民心涣散，则为患甚大。"对于"士大夫习于优容苟安"，"倡为一种不白不黑、不痛不痒之风"，"痛恨刺骨"。曾国藩提出，"行政之要，首在得人"，危急之时需用德器兼备之人，要倡廉正之风，行礼治之仁政，反对暴政、扰民，对于那些贪赃枉法、渔民肥己的官吏，一定要予以严惩。曾国藩认为，理财之道，全在酌盈济虚，脚踏实地，洁己奉公，"渐求整顿，不在于求取速效"。

曾国藩将农业提到国家经济中基础性的战略地位，他认为，"民生以稼事为先，国计以丰年为瑞"。他要求"今日之州县，以重农为第一要务"。

受两次鸦片战争的冲击，曾国藩对中西邦交有自己的看法，一方面他十分痛恨西方人侵略我国，认为卧榻之旁，岂容他人酣睡，并反对借师助剿，以借助外国为深愧。另一方面又不盲目排外，主张学习西方先进的科学技术，如他说过购买外洋器物、访募覃思之士、智巧之匠，始而演习，继于试造……可以剿发捻，可以勤远略等。

曾国藩在文学上主张理、词章、考据三者并重，有《曾文正公家训》行于世，其奏疏、信札、诗文辑为《曾文正公全集》。

曾国藩也善于运用人才，清朝另外一些名臣如左宗棠、李鸿章等都与他有密切关系，李鸿章等称呼曾国藩为老师。

曾国藩对交友之道颇有见地，他认为交友贵雅量，要"推诚守正，委曲含宏，而无私意猜疑之弊"。"凡事不可占人半点便宜，不可轻取人财"。要集思广益，兼听而不失聪。处世方面，曾国藩认为，"处此乱世，愈穷愈好"。身居高官，"总以钱少产薄为妙"。"居官以耐烦为第一要义"，"德以满而损，福以骄而减矣"。为人须在一"淡"字上着意，"不特富贵功名及身家之顺逆，子姓之旺否悉由天定，即学问德行之成立与否，亦大半关乎天事，一概笑而忘之"。"功不必自己出，名不必自己成"，"功成身退，愈急愈好"。

曾国藩还非常注重人格修养，他的人格修炼体现在五个方面：

首先是诚，为人表里一致，一切都可以公之于世；第二个是敬，敬畏，内心不存邪念，持身端庄严肃有威仪；第三个就是静，心、气、神、体都要处于安宁放松的状态；第四个是谨，不说大话、假话、空话，实实在在，有一是一有二是二；第五个是恒，生活有规律、饮食有节、起居有常。最高境界是"慎独"，举头三尺有神明。

三、文化风韵——湖湘工艺

湖湘工艺是湖南人在长期的劳动中形成的，集聚了人文精神的基因和工匠精神的精髓，堪称中华工艺的一朵奇葩。

1. 荟萃荆楚文风的岳阳楼

岳阳楼位于湖南岳阳西门城头，紧靠洞庭湖畔，始建于三国东吴时期。自古有"洞庭天下水，岳阳天下楼"之誉，与湖北武汉黄鹤楼、江西南昌滕王阁并称为江南三大名楼。北宋范仲淹脍炙人口的《岳阳楼记》更使岳阳楼著称于世。

岳阳楼始建于220年前后，其前身相传为东吴大将鲁肃的"阅军楼"。两晋、南北朝时期，阅军楼改称巴陵城楼，虽仍侧重于军事上的需要，但那壮阔绮丽的风光，已为诗人吟咏。南朝诗人颜延之作有"清氛霁岳阳，曾晖薄澜澳"的佳句。

唐代时，巴陵城楼始称为岳阳楼。因岳州地处南北通途，又有楼台胜景，"迁客骚人，多会于此"。

716年，中书令张说贬官岳州，常常会文人登楼赋诗。传说张说贬到岳州后，决定张榜招聘名工巧匠，在鲁肃阅兵楼旧址修造"天下名楼"。

有一位从潭州来的青年木工李鲁班，手艺高强，擅长土木设计，被张说相中。张说限李鲁班在一个月内设计出一座三层、四角、五梯、六门、飞檐、斗拱的楼阁图纸。

谁知李鲁班摆弄了一个月的时间，设计出来的图纸只是一座过路小亭。张说很不满意，再限 7 天时间，一定要拿出与洞庭出水形胜相得益彰的有气派的楼阁图纸。

正当李鲁班一筹莫展时，一位白发老人走了过来，问清缘由，便把背后的包袱打开，指着编有号码的木头说："这些小玩意儿，你若喜欢，不妨拿去摆弄摆弄，或许会摆出一些名堂来。若是还差点什么，就到连升客栈来找我。"

李鲁班接过来，摆了又撤，撤了又摆，果然构成了一座十分雄壮的楼型。大家十分高兴，都说是祖师爷显灵，向白发长者道谢。

老人说自己是鲁班的徒弟，姓卢。老者在湖边留下了写有"鲁班尺"三字的木尺，一阵风后不见了。工地上人群纷纷跪下，向老者逝去的方向叩头不止。不久，一座新楼拔地而起，高耸湖岸，气象万千。

如李白："楼观岳阳尽，川回洞庭开"；杜甫《登岳阳楼》更是千秋绝唱：

昔闻洞庭水，今上岳阳楼。

吴楚东南坼，乾坤日夜浮。

亲朋无一字，老病有孤舟。

戎马关山北，凭轩涕泗流。

但岳阳楼真正名闻天下，是在北宋滕子京重修、范仲淹作记之后。

1044 年，环庆路都部署兼知庆州滕子京被贬知岳州。滕子京上任后第二年便重修岳阳楼，《涑水纪闻》记载滕宗谅（字子京）向民间欠钱不还者讨债，讨来的钱有一万缗，就用于修建岳阳楼。

滕子京无愧为一位具有远见卓识的名臣，他认为"楼观非有文字称记者不为久，文字非出于雄才巨卿者不成著"。

当他重修岳阳楼后，委人画了一幅《洞庭晚秋图》和一封求记书寄给当时的大文学家、政治家、军事家范仲淹，请他为楼作记。

当时范仲淹被贬到河南邓州戍边，见其书信后，欣然奋笔疾书，写下了名传千古的《岳阳楼记》，更使岳阳楼名扬天下，尤其是最后一段表达出忧国忧民的爱国情怀：

嗟夫！予尝求古仁人之心，或异二者之为，何哉？不以物喜，不以己悲。居庙堂之高则忧其民，处江湖之远则忧其君。是进亦忧，退亦忧。然则何时而乐耶？其必曰"先天下之忧而忧，后天下之乐而乐"乎！噫！微斯人，吾谁与归？

岳阳楼的建筑构制独特，风格奇异，气势之壮阔，构制之雄伟，堪称江南三大名楼之首。

岳阳楼为四柱三层，飞檐、盔顶、纯木结构，楼中四柱高耸，楼顶檐牙啄，金碧辉煌，远远而瞭，恰似一只凌空欲飞的鲲鹏。

全楼高达 25.35 米，平面呈长方形，宽 17.2 米，进深 15.6 米，占地 251 平方米。中部以四根直径 50 厘米的楠木大柱直贯楼顶，承载楼体的大部分重量。再用 12 根圆木柱子支撑 2 楼，外以

岳阳楼摄影图

12 根梓木檐柱，顶起飞檐，彼此牵制，结为整体。全楼梁、柱、檩、椽全靠榫头衔接，相互咬合，稳如磐石。

岳阳楼的楼顶为层叠相衬的"如意斗拱"托举而成的盔顶式，这种拱而复翘的古代将军头盔式的顶式结构在我国古代建筑史上是独一无二的。

岳阳楼不只建筑精巧，而且还是一个集对联、诗文及民间故事为一体的艺术世界。12 块檀木板组成的木雕屏篆刻着《岳阳楼记》全文，各种对联悬于四壁，长的达 100 余字，短的只有 8 个字。雕屏文章、书法、刻工、木料全属珍品，人称"四绝"。

此外，人们把范仲淹作记、滕子京重修岳阳楼、大书法家苏舜钦书写《岳阳楼记》和邵竦篆刻并称为"天下四绝"，并树立了"四绝碑"。

2. 四大名绣之一的湘绣

湘绣是以湖南长沙为中心的带有鲜明湖湘文化特色的湖南刺绣产品的总称，是勤劳智慧的湖南人民在漫长的人类文明历史的发展过程中，精心创造的一种具有湖湘文化特色的民间工艺，是我国四大名绣之一。

湘绣起源于民间刺绣，已有 2 000 多年的历史。湘绣是从农村妇女用来装饰衣服、荷包、烟袋的制作开始的。后来有一些画家参与湘绣的设计，把我国的一些技法移植到刺绣上，从而逐渐形成了湘绣的独特风格。

马王堆汉墓也有 40 件刺绣衣物和一幅铺绒绣锦。这些绣品图案多达 10 余种，绣线有 18 种色相，并运用了多种针法，达到针脚整齐、线条洒脱、绣工纯熟的境界。这说明远在 2 100 多年前的西汉，湖南刺绣即湘绣已发展到了较高的水平。至清代，长沙刺绣遍及城乡。

1898 年，优秀绣工胡莲仙的儿子吴汉臣，在长沙开设第一家自绣自销的"吴彩霞绣坊"，作品精良，流传各地，湘绣从而闻名全国。清光绪年间，宁乡画家杨世焯倡导湖南

民间刺绣，长期深入绣坊，绘制绣稿，还创造了多种针法，提高了湘绣艺术水平。

光绪末年，湖南民间刺绣发展成为一种独特的刺绣工艺系统，成为一种具有独立风格和浓厚地方色彩的手工艺商品走进市场。这时，"湘绣"这样一个专门称谓才应运而生。

随着湘绣商品经济的发展，通过众多刺绣艺人不断探索和一大批出色

手工湘绣

的国画家潜心投入，湘绣吸收了我国古老文化中绘画、刺绣、诗词、书法、金石等诸种艺术精华，从而形成了以中国画为基础、以数十种针法和多种色阶的绣线，在各类底料上充分发挥针法的表现力，精细入微地刻画出物象外形内质的自行特色。

此后，湘绣在技艺上不断提高，并成为蜚声中外的刺绣名品。

湘绣的艺术特色，主要表现为形象生动、逼真，质感强烈，它是以画稿为蓝本，"以针代笔"，"以线晕色"，在刻意追求画稿原貌的基础上，进行艺术再创造。

传统湘绣的用线极有特点，线色万千，根据各种不同画稿的题材，运用各种不同的针法，选配各种不同色阶的丝线或绒线，凭借针法的特殊表现力和绣线的光泽作用，使绣制出来的物象，不但保存着画稿原有的笔墨神韵，而且通过刺绣工艺，增添了物象的真实性和立体感，起到了一般绘画所不及的艺术效果。

四、百花齐放——文苑奇葩

湖湘是我国民族最多的地域之一。在漫长的岁月里，各个民族由于历史沿革、居住地域、生产方式和宗教信仰等的不同，孕育了丰富多彩的传统习俗和民族风情，因此民间艺术异常丰富。

1. 湖南花鼓戏的魅力

湖南花鼓戏是湖南最著名的戏种，是湖南各地花鼓戏流派的总称。

特别是唱遍大江南北、风靡海内外的湖南花鼓戏名剧《刘海砍樵》，其脍炙人口的"比古调"唱段，深受全国各地的人民群众所喜爱。

早期的花鼓戏，只有半职业性班社在农村作季节性演出，农忙务农，农闲从艺。光

绪以来，这种班社发展较快，仅宁乡、衡阳两县就有几十副"行箱"，艺人近 200 人。当时训练演员采取随班跟师方式，也有收徒传艺的，称"教场"或"教馆"，每场数十天，教三四出戏。过去，由于花鼓戏经常遭受歧视和禁演，各地花鼓戏班都曾兼演当地流行的大戏剧目以作掩护，这种戏班称"半台班"或"半戏半调""阴阳班子"。

刘海砍樵

各地花鼓戏的传统剧目约有四百多个，音乐曲调三百余支。音乐主要是以极具地方特色的湖南花鼓大筒以及唢呐、琵琶、笛子、锣鼓等民族乐器作伴奏。曲调活泼轻快，旋律流畅明快。

花鼓戏步法和身段比较丰富，长于扇子和手巾的运用，拥有表现农村生活的各种程式，诸如划船、挑担、捣碓、砍柴、打铁、打铳、磨豆腐、摸泥鳅、放风筝、捉蝴蝶等。后期由于剧目的发展，表演艺术也有所丰富，如吸收了兄弟剧种的一些毯子功和把子功，充实了武功表演。

后来，花鼓戏的行当分工也更趋细致，不但由"三小"发展到生、旦、净、丑，而且"三小"中也有更细的分工。以长沙花鼓戏为例，小丑又分褶子丑、短身丑、官衣丑、烂布丑、奶生丑；小旦又分正旦、二旦、花旦、闺门旦；小生又分正小生、风流小生、武小小生、烂布小生、奶生子等。

湖南花鼓戏由于地域声腔以及民俗乡音等各方面的差异，分为长沙花鼓戏、岳阳花鼓戏、常德花鼓戏、衡阳花鼓戏等。均以长沙官话为统一的舞台语言，各有代表性剧目和音乐声腔。长沙花鼓戏演出剧目较多，保留下来的共有 336 个。这些剧目大多为劳动人民和艺人集体创作，故事多取自民间传说、神话故事、通俗话本和社会生活；描写对象多为劳动人民、书生公子、官吏商贾，但以渔、樵、耕、读为主；表现内容上多为反封建伦理道德、追求婚姻自由，要求个性解放，提倡朴素的伦常美德，惩恶扬善，歌颂劳动人民的生活和理想；在表现形式上，长沙花鼓戏剧目大多以载歌载舞、短小精悍见长，特别是那些生活气息浓郁、轻松活泼的喜剧和嬉笑怒骂、泼辣热闹的闹剧都很受观众的欢迎。

2. 丰富多彩的民族民间舞蹈

湖南民族民间舞蹈，历史悠久，源远流长，是湖南各族人民群众共同创造的结晶。

据统计，湖湘地区有舞种近 400 个，舞蹈节目数以千计，丰繁多样，异彩纷呈。这些舞蹈不仅真实反映了人们现实生活，表现人们对生命的强烈渴望和追求，而且通过纯朴古老的艺术手段，做到了内容与形式的完美统一。

生产劳动是人们最基本的实践活动。在湖南民族民间舞蹈中，有很多节目由唱词到动作，均直接地反映了人民的劳动生活，如地花鼓、花灯中表现劳动生活的节目，就有《十二月采茶》《采茶灯》《打阳春》等。"赶起牯牛背起耙，背篓放上锄头把，年年有个四月八，割了麦子种棉花"，反映农民在"四月八"这农业季节中劳动的繁忙情景。

流行于芷江、攸县等地的"三打三"，以劳动和劳动对象为主要表现串联的节目，它以劳动作为舞蹈语言，以劳动工具为表演道具，通过敲打柴刀、扁担的动作，表现农民上山砍柴打樵的劳动生活。

土家族的《摆手舞》、瑶族的《长鼓舞》，从砍火燔、种苞谷、插秧、开荒、种树、伐木、建房等劳动生产中直接提炼舞蹈动作，表现了农业劳动的生产过程。

其他如《春牛舞》，则通过人和牛在田间耕作的动作，描述了人们因勤于耕作而得到丰收的快乐心情。

爱情是一个古老而永恒的主题。在古代，男女婚姻都受着"父母之命，媒妁之言"的束缚，青年们渴望婚姻自主，向往自由恋爱的幸福生活。因此，以爱情生活为题材，倾吐和抒发青年男女恋情的节目，在湖南民族民间舞蹈中也占有很大的比重，如《十月望郎》《摘菜薹》《送荷包》《瞧干妹》等。人们用"俗谣俚曲"的形式，运用地方方言，借助质朴自然、诙谐明快的民间语汇，表达他们渴望婚姻自主的心愿。

受楚文化影响的湖湘地区，人们虽然比较注重世俗生活，讲究经世致用，但是人们追求理想的精神并不比其他地区、民族逊色。为一个新生命的降生而欢呼，为一个灵魂进入天堂而祈祷，为一对新人的美满婚姻而祝福，湖南民族民间舞蹈艺术以其特有的民族风格，把人们追求理想、追求永恒的精神，表现得淋漓尽致。

湖南湘西的茅古斯舞。舞者全身大部分暴露在外，上身和腿部涂上各种色彩的图腾，舞时人们围成两圈，男性在外圈、女性在内圈，男女人数相互对应，表达了广大群众渴望生命不断延续的共同理想和愿望。

死是人生命的终结。按一般的传统观念，那是灵魂走向了另一个世界。为了使灵魂在新世界得以安宁，活着的人们便要举行隆重的葬礼，这是一套严格的程序化的过程。其中招魂、哭灵、跳丧等逐渐演变成了各种艺术化的形式，使葬礼也成为一种美感的表达。这种以歌舞来祭祀死者的丧葬习俗，表达了人们对死亡的美学认识和超然的审美态度。

湖南土家族的跳丧舞、苗族的先锋舞、汉族的跑花舞和穿花舞等，都是专用于祭祀死者的舞蹈。这些跳丧舞尽管形式不同，风格各异，但都有强烈的感情宣泄和感官愉悦的功能，具有浓厚的浪漫主义色彩。同时也体现出一种崇高的悲剧精神，揭示了生与死，即人的有限生命和时空无限的宇宙的矛盾。跳丧舞就是这种矛盾和悲剧精神的进发，在对逝去的灵魂的声嘶力竭的呼唤中，充满了对生命的无限渴望，舞者观者都在这种狂热的歌舞中表达了对命运的抗争，获得了宣泄后的平衡和快感。这种生命的躁动、情感的冲突，才造成了震撼人心的、悲壮的、具有极高审美价值的丧葬歌舞。

湖南民族民间舞蹈最典型之处，就是它有着稚拙古朴的艺术神韵。湖南具有深厚的农耕文化的根基和底蕴，从而衍化了湖南民族民间舞蹈的稚拙古朴的审美特征。

湖南湘西茅古斯舞

【思考与讨论】

1. 请列举你最敬佩的一名湖湘人物，并谈谈你的理由。
2. 说一说湖湘文化对你的影响。
3. 如何更好地将湖湘文化与工匠精神培育相融合？

【工匠故事】

湘匠之风——经世致用 敢为人先

何为经世？致力于国家，致力于社会谓之经世。何为致用？以我之所学，化我之所用谓之致用。

——《恰同学少年》

一、工匠精神的湖湘底蕴

湖湘优良传统蕴含着丰富的职业精神，具体表现为吃得苦的敬业精神，霸得蛮的职业意志，扎硬寨、打硬仗的职业作风。

1. 吃得苦的敬业精神

敬业精神是人们基于对一件事情、一种职业的热爱而产生的一种全身心投入的精神，是社会对人们工作态度的一种道德要求。湖南地处祖国西南边陲，古时曾是一块蛮荒之地，被称为"南蛮子"，艰苦的自然环境养成了民众刻苦耐劳的性格，使湖南人的血性特别地刚硬。源于上古的"吃得苦"精神，成为湖湘文化的深层血脉。"吃得苦"是指湖南人具有艰苦奋斗的精神，不怕困难，不会被困难吓倒，不会在逆境中消沉。"吃得苦"的精神历代传承，在湖湘学者和志士仁人身上体现尤为鲜明。曾国藩为自己立下了"不为圣贤，便为禽兽。莫问收获，但问耕耘"的座右铭；左宗棠有"视天下事若无不可为"的勇气；毛泽东留下了"世上无难事，只要肯登攀"的豪情。

2. 霸得蛮的职业意志

职业意志是指人们在职业实践中所表现出来的克服困难的毅力和坚持的精神，表现在持之以恒的自觉性和始终如一地忠于职守。"霸蛮"，并不是外在的凶狠，而是内里的执着与坚守。湖湘"霸得蛮"是指湖南人具有挑战极限的霸气与蛮劲，这是精神、气势、气质、作为、行动的统一体，也是一种气势和行为文化，是湖南士人生命情调中一种独特的铁血精神和强悍秉性。"霸得蛮"堪称湖南人和湖湘精神最传神的写照。毛泽东、蔡和森等优秀湖湘儿女霸蛮追求革命理想，改天换地，扭转乾坤；彭德怀、陈赓等湖湘将帅在强敌面前霸蛮攻坚克难，叱咤风云，惊天动地；周敦颐、郭嵩焘等湖湘士子霸蛮严己修身，出淤泥而不染，濯清涟而不妖，打造出湖南人廉洁自赏的风骨。

3. 扎硬寨、打硬仗的职业作风

职业作风是指从业者在其职业实践和职业生活中所表现的一贯态度，是职业道德在从业者职业行为中的习惯性表现。千百年来，湖南人民从不惧怕困难，敢于拼搏，勇于胜利，始终传承着"扎硬寨、打硬仗"的职业作风。从"楚虽三户，亡秦必楚"的典故到"若道中华国果亡，除是湖南人尽死"的使命感；从"各国变法，无不从流血而成，今中国未闻有因变法而流血者，此国之所以不昌也。有之，请自嗣同始"的慷慨赴死到"为有牺牲多壮志，敢教日月换新天"的豪情万丈。这一切无不是湖南人不怕死、敢打硬仗的真切写照。

"吃得苦、霸得蛮、扎硬寨、打硬仗"是一种执着追求事业的性格和精神，是湖南人突出的群体性格，也是湖湘文化的重要内涵，已成为湖南人民宝贵的思想财富，是工匠精神的湖湘底蕴。勤劳勇敢的湖湘儿女凭借着这股对待工作一丝不苟、精益求精的精气神推动着湘瓷、湘绣、湘茶、湘版图书、影视节目和浏阳烟花等"湘字号"文化产品远销世界各地。

二、湖湘优秀文化涵养高职学生工匠精神的必要性

1. 有助于提升高职学生职业道德素养

中华民族五千年生生不息，创造了博大精深的优秀传统文化、历久弥新的

革命文化、内容丰富的社会主义先进文化。正如习近平总书记在党的十九大报告所强调："中国特色社会主义文化，源自于中华民族五千多年文明历史所孕育的中华优秀传统文化，熔铸于党领导人民在革命、建设、改革中创造的革命文化和社会主义先进文化，植根于中国特色社会主义伟大实践。""中国传统文化博大精深，学习和掌握其中的各种思想精华，对树立正确的世界观、人生观、价值观很有益处。"所以要"推动中华优秀传统文化创造性转化、创新性发展，继承革命文化，发展社会主义先进文化，不忘本来、吸收外来、面向未来，更好构筑中国精神、中国价值、中国力量，为人民提供精神指引"。新时代，弘扬中华优秀传统文化，培养高职学生"工匠精神"，有助于提升学生职业道德素养。

2. 有利于湖湘优秀传统文化的传承与发展

习近平总书记在全国宣传思想工作会议中指出，"中华优秀传统文化是中华民族的突出优势，是我们最深厚的文化软实力""中华文化积淀着中华民族最深沉的精神追求，是中华民族生生不息、发展壮大的丰厚滋养"。新时代必须充分发挥优秀传统文化引领风尚、教育人民、服务社会、推动发展的作用。中共中央办公厅、国务院办公厅在2017年印发了《关于实施中华优秀传统文化传承发展工程的意见》，要求着力构建中华优秀传统文化传承发展体系。文化传承是一种文化传递的社会现象，而教育是文化传承的最佳途径。用湖湘优秀传统文化涵养高职学生工匠精神，不仅有助于湖湘优秀传统文化融入学生思想政治教育，提升大学生对湖湘优秀传统文化的认知度和认同感，有助于提升学生职业道德素养，也有利于在学校形成人人参与守护、传播和弘扬优秀传统文化的良好环境，有利于湖湘优秀传统文化的传承和发展。

三、用湖湘文化涵养新时代青年大学生工匠精神

新时代大学生工匠精神的培养是一个系统工程，但优秀传统文化的涵养是教育活动重要且不可或缺的一环。工匠精神的培养，其实质也是优秀文化精神的传递。教育者将敬业价值观和勇于创新的品质等社会发展对技能型从业者的要求内化为高职学生自觉的精神追求，传输的是文化内容，体现的是"以文育人""以文化人"的过程，与文化具有同质性。作为教育工作者，我们要高度重视优秀文化对学生职业道德培养的影响和作用，努力用湖湘优秀传统文化智慧的声音、深刻的思想，弘扬社会主义核心价值观，传递正能量，涵养学生工匠精神。

1. 以"忠诚"为核心的政治意识涵养学生爱岗精神

湖南人具有强烈的心忧天下、爱国忧民情结，"心忧天下"的"忠诚"精神

是湖南人的情怀。从屈原的"长太息以掩涕兮，哀民生之多艰"到范仲淹的"先天下之忧而忧，后天下之乐而乐"；从左宗棠的"身无半亩，心忧天下"到毛泽东的"身无半文，心忧天下"，湘人的爱国爱民、忧国忧民之心跃然纸上。新时代，青年大学生要坚持以"忠诚"为核心的政治意识涵养爱岗敬业精神，立足本职，忠于职守，主动将爱国之情、强国之志、报国之行融入中国特色社会主义事业、建设社会主义现代化强国、实现中华民族伟大复兴的奋斗之中。

2. 以"担当"为核心的责任意识涵养学生敬业精神

纵观近代史，在外敌入侵、民族危机严重之时，湖南涌现了大批志士，他们前仆后继，为了国家和民族，置个人安危于度外，奋不顾身地投入救亡图强的斗争，如谭嗣同、陈天华、宋教仁及大批的革命英烈。正如毛主席诗中所说："为有牺牲多壮志，敢教日月换新天"。"敢为人先"的"担当"精神是湖南人的胆识，担当体现的是湖南人的血性和追求。蕴含在湖湘优秀传统文化之中的"担当"精神，要求青年大学生"要树立与这个时代主题同心同向的理想信念，勇于担当这个时代赋予的历史责任"，心系天下，关心国家发展与社会进步。

3. 以"求是"为核心的求实意识涵养学生职业意志

"实事求是"的匾额，自辛亥革命以后一直高高地悬挂在湖南的千年学府岳麓书院的讲堂上。近代以来，曾国藩、郭嵩焘、曾纪泽等赋予了求是以新的含义。毛泽东对实事求是的再诠释，影响广泛而且深远。实事求是就是认识客观事物，探索其发展规律性，强调一切从实际出发，理论联系实际，在实践中检验真理和发展真理。"经世致用"的"求是"精神是湖南人的智慧。新时代，中国制造走向中国创造必然需要培育更多的高技能人才。作为未来中国制造的中流砥柱，青年大学生要以大国工匠为榜样，在各自专业领域精雕细琢，精益求精，以"求是"为核心的求实意识涵养职业意志。

4. 以"图强"为核心的创新意识涵养学生职业使命

"坚韧不拔"的"图强"精神是湖南人的意志。蔡伦改进造纸术，魏源首倡"师夷长技以制夷"，谭嗣同大声疾呼"冲决网罗"变法图强以救亡。在民主革命时期，黄兴、蔡锷等一大批民主革命家，毛泽东、蔡和森、刘少奇、彭德怀、贺龙等一大批无产阶级革命家，他们敢于破除旧思想，创新图强，为中华民族的崛起而奋发图强。"敢为人先、敢为天下先"的开拓创新进取精神是千百年来湖湘文化的深厚积淀。湖湘文化中以"图强"为核心的创新意识是青年大学生创新精神、创新意识和创新能力培养的沃土。

参考文献

[1] 孔子.论语[M].杨伯峻，杨逢彬注译.长沙：岳麓书社，2018.

[2] 黎贤钛.中国哲学的企业文化[M].杭州：浙江大学出版社，2013.

[3] 孔子.四书五经[M].北京：中国华侨出版社，2014.

[4] 赵扬.《论语》中诚信观对当代大学生的启示研究[J].文化创新比较研究，2009(06)：35－43.

[5] 吕雯瑜.传统儒家和谐观及其当代价值[J].河北青年管理干部学院学报，2018(01)：96－100.

[6] 老子.道德经[M].陈忠译评.长春：吉林文史出版社，2004.

[7] 吕不韦.吕氏春秋[M].庄适选注，卢福咸校订.武汉：崇文书局，2014.

[8] 施丁.中国史学之精华与传统[M].北京：社会科学文献出版社，2014.

[9] 刘知几.史通[M].白云译.北京：中华书局，2018.

[10] 司马迁.史记[M].韩兆琦评注.长沙：岳麓书社，2012.

[11] 邢春如.中国艺术漫谈：中国书法艺术透析[M].沈阳：辽海出版社，2011.

[12] 吴根有.郑板桥的诗与画[M].南京：南京出版社，1998.

[13] 叶朗，朱志良.中国文化读本（普及本）[M].北京：外语教学与研究出版社，2016.

[14] 陆明.建筑背后的故事[M].北京：西苑出版社，2007.

[15] 陈晓燕.传达于传统民居建筑中的"工匠精神"[J].就业与保障，2019(24)：86－87.

[16] 刘次沅.诸史天象记录考证[M].北京：中华书局，2015.

[17] 刘安.淮南子[M].陈广忠译.北京：中华书局，2012.

[18] 朱定华.华夏神医：扁鹊的故事[M].长春：吉林科学技术出版社，2012.

[19] 王莲凤.放弃科考成为伟大医学家：李时珍[M].北京：中国社会出版社，2012.

[20] 孟元老.东京梦华录[M].北京：中国画报出版社，2013.

[21] 干春松，张晓芒.中国传统文化百科全书[M].北京：经济科学出版社，2013.

[22] 刘啸.老北京记忆[M].北京：当代世界出版社，2017.

[23] 周啸天.中国节日[M].北京：天地出版社，2009.

[24] 江玉祥，牛会娟，张茜.中国传统岁时节俗[M].成都：四川人民出版社，2019.

[25] 周丽霞.精湛绝妙的民间工艺[M].北京：现代出版社，2018.

[26] 廖春妹.刺绣[M].重庆：重庆出版社，2019.

[27] 宋应星.天工开物[M].北京：人民出版社，2015.

[28] 白英.中国手艺人[M].北京：五洲传播出版社，2017.

[29] 杨佳梅，张润平.中国瓷器简明读本[M].北京：新华出版社，2016.

[30] 胡元斌.淳朴湖湘：湖湘文化特色与形态[M].北京：现代出版社，2014.

[31] 吴武英，叶春林.湖湘文化涵养新时代青年大学生工匠精神[J].当代教育实践与教学研究，2020(08)：219－220.

中国文化读本（职教版）